Thomas Wörtche

Das Mörderische neben dem Leben

Ein Wegbegleiter
durch die Welt der Kriminalliteratur

Libelle

For my beautiful blueeyes, who knows why

Inhalt

Kriminalliteratur tanzt, schwimmt und rudert auf
vielerlei Grenzlinien. Ein Vorwort   7

TWs seltsame Rankings   20

Sprengfallen. Eric Ambler und die Poetik des
Pragmatischen   50

Das Versagen der Kategorien. Über Georges Simenon   59

It Does Make Sense! Chester Himes und sein
20. Jahrhundert in den USA und Europa   74

Rätsel Ripley oder Ripley, revisited   90

Das Mörderische und das Komische   102

Kriminalliteratur, weltweit   116

The making of metro ...   131

Krimis und Kriminalliteratur   140

Desaster as usual. Science-Fiction, Kriminalliteratur
und eine ungeklärte Nachbarschaft   155

Die Verweigerung von Eindeutigkeit.
Der argentinische Zeichner Alberto Breccia und sein
Beitrag zur Ästhetik des 20. Jahrhunderts   173

Gewalt im Reich der Töne.
Ein unbequemes Radiofeuilleton mit Musik   185

Quellennachweise   202

Kriminalliteratur tanzt, schwimmt und rudert auf vielerlei Grenzlinien

Ein Vorwort

Kriminalliteratur ist die Literatur, die – weltweit gesehen – am meisten gelesen wird. Immer noch. Die Konkurrenz aus Fantasy (im Gefolge von Harry Potter und dem Herrn der Ringe) und Romance (Liebesromane, bei uns charmant »Nackenbeißer« genannt) war hart, hat sich aber als Modetrend wieder zurechtgemendelt. Neue Konkurrenz erwächst der Kriminalliteratur allmählich aus dem großen, vielfältigen Genrezusammenhang der Crime-Fiction selbst, aus ihren multimedialen Spin-offs sozusagen: Komplexe Comics kommen nach den dürren Jahren der Manga-Alleinherrschaft wieder, viele mit kriminalliterarischen Stoffen und Motiven. Die Science-Fiction hat zunehmend einen Tinge of noir angenommen. TV- und Film-Konzepte werden ästhetisch zunehmend innovativer, und Computerspiele beginnen gerade erst mit ihrer kreativen Evolution – und zwar explosionsartig. Dennoch behauptet sich die klassisch dargebotene Kriminalliteratur, vornehmlich als Kriminalroman – vermutlich, weil sie keine Modewelle ist. Wenn auch eine Menge ihrer Produkte dem blanken Kalkül des mehr oder weniger gelungenen Trenddesigns folgen. Das aber gehört schon immer zum Spiel und sieht nur zeitgeistig verschieden aus.
Ein Buch wie dieses gönnt sich den Luxus, Kriminalliteratur und das Nachdenken über sie als zunächst einmal (allgemein-)konsensfreie Zone zu betreiben. Ein betriebswirtschaftlich kamikazeskes Projekt, vielleicht, aber schon okay, Verleger und Autor lassen sich – Suspense muss sein – gern davon überraschen, wie viele stille Sympathisantinnen und Sympathisanten dennoch darauf warten. Leute, die sich eben auch mit dem, was sie tun,

denken und leben, in zunächst (allgemein-)konsensfrei erscheinenden Zonen bewegen. Für sie sind die bisher weit verstreuten Texte in diesem Band versammelt. Ein paar von ihnen, an den verschiedensten Orten erschienen, manche verschollen und wiedergefunden, manche eher prominent geworden, werden in der Buchfassung haltbarer. Auch wird die schiere Dauer etlicher Diskussionen sichtbar. Manche Argumente, denen man heute wie selbstverständlich begegnet, tragen hier ihr Copyright nebst Datum auf der Stirn – und das mag 10 bis 15 Jahre oder noch länger in der Vergangenheit liegen. Im letzten Jahrhundert also.

Das 20. Jahrhundert war auch das Jahrhundert der Kriminalliteratur. Es war noch vieles viel Wichtigeres mehr. Seine gewalttätige Signatur hat sich indes eine literarische Form geschaffen: den Kriminalroman. Da beginnen die Probleme schon. Die Kriminalliteratur ist, genauer betrachtet, keine Form. Sie ist nicht die »eine Form«. Das ist ein Missverständnis. Auch von diesem Missverständnis handelt dieses Buch. Es ist nämlich ein erfreuliches Missverständnis, ein unterhaltsames und ein produktives. Aber nach 150 Jahren Kriminalliteraturgeschichte, in der Jetztzeit, fängt die Rede vom »Krimigenre« an, ein wenig ärgerlich zu werden, weil immer wieder aufgewärmt wird, was eh nie so richtig gestimmt hat. Die Geschichte der Kriminalliteratur ist keine von den Weltläufen und den anderen Signaturen der Zeit isolierbare Geschichte, keine Evolutionsstory eines reinen Unterhaltungsgenres von E. A. Poe bis Fred Vargas, exterritorial zu anderen historischen, kunst- und literaturhistorischen, zeitgeschichtlichen und politischen Parametern. So etwas wird Ihnen hier auch nicht angeboten, *sorry to say*.

Denn auf den ersten Blick ist ja klar: Eine Father-Brown-Geschichte von Gilbert K. Chesterton und ein Roman von Derek Raymond, ein Miss-Marple-Roman von Agatha Christie und ein nicht-linearer Roman aus dem Harlem-Cycle von Chester Himes, ein Hausfrauen-Grimmi von Inge Noll und ein polyphoner Berlin-Roman von Pieke Biermann, ein ambitionierter Backstein von Elizabeth George und ein provokativer Radikal-Roman von

Helen Zahavi, ein Ekel-Schlocker von Karin Slaughter und ein politischer Roman von Raúl Argemí, Faschistoides von Mickey Spillane und Bizarres von William Marshall, antisemitischer Quack von Ernest Tidyman und moderner NYC-Tribalismus von Jerome Charyn mögen das eine oder andere Standardmotiv (A ermordet B, C jagt D) teilen. Aber keine »Form«, Struktur, Erzählperspektive, keine gemeinsame Poetik oder gemeinsame »ideologische Grundentscheidung«, keine gemeinsame Funktion, und schon gar keinen gemeinsamen Blick auf die Welt. Never ever. Wohl aber teilen sie Themen, Konstellationen, Widersprüche und Problemfelder – auf allen Ebenen. Kriminalliteratur, mit einer gewissen intellektuellen Wollust genossen, ist ein wunderbar funkelndes, facettenreiches Ding. Man kann sie von allen Seiten betrachten, man kann sich von ihr holen, was sie finden lässt. Reduzieren aber auf die Frage »Wer war's?« darf man sie nicht. »Wer-war's?«- und »Ohne-Krimi-geht-die-Mimi...«-Albernheiten sind vermutlich unausrottbar, harmlos wie Gartenzwerge oder wie den Kölner Dom aus Streichhölzern nachbauen oder Bierfilze sammeln.

Wer sich mit der 17-millionsten Variante der »Wer-war's?«-Frage nicht beschäftigen mag, darf sich bei der Lektüre von intelligenter Kriminalliteratur dafür wahlweise delektieren an den Spannungsfeldern von Realität und Fiction, von Gewalt und ihrer Darstellung, von Ordnung und Chaos, von Aufklärung und Gegenaufklärung, von Erhellung und Verschleierung, von Ideologie und Ironie, von Transzendenz und Kontingenz, von Suspense und Langeweile, von Subtilität und Action, von Tempo und Entschleunigung, von Loyalität und Verrat, von Macht und Grausamkeit, von Terror und Horror, vom Verhältnis der Geschlechter, von Narration und Ästhetik, von Vor-, Post- und Metamoderne, von Komik und Tragik, von Kitsch und Kunst, vom Hohen Ton und von Vulgarität, von Seriosität und Trivialität, von gutem und schlechtem Geschmack, von Multimedia, von Bildern und Zeichen ... Und deswegen geht auch kriminalliterarisch gesehen vorläufig noch das 20. im 21. Jahrhundert weiter

– seine Strukturen, Themen, Problemlagen haben sich bis jetzt vom Datum nicht beirren lassen und machen uns kontinuierlich weiter zu schaffen.

Wovon in den folgenden Texten wenig die Rede sein wird, weil sich das von selbst versteht: dass es neben der Kriminalliteratur noch andere Literatur und Kunst gibt, die ebenfalls die Themen Verbrechen, Tod, Gewalt, Mord, Gier und niedere Triebe behandeln, ohne deswegen irgendwie kriminalliterarisch verdächtig zu sein. Das gilt vor allem für die Kunst und Literatur früherer Zeiten ab Homer, Sophokles, Euripides und Aischylos. Ja: auch Shakespeare, Dostojewski und Doderer, die Märchen der Gebrüder Grimm und die Bildwelten von Callot, Goya, Dix und Grosz und Co. Ja, die Bibel und vor allem das Alte Testament.

Ebenso wenig interessieren uns hier die diversen Realismus- und Widerspiegelungsdebatten, die tendenzielle Vermischung von fiktionalen Texten und »realen« Ereignissen in den kultursemiotischen Auslegungsalgorithmen, die Genre- und Gattungsdebatten und ihre Defizite, auch nicht die einschlägigen Essays von Brecht, Bloch, Kracauer & Co.

Wir müssen auch nicht breit ausführen, dass es nirgendwo auf diesem Planeten ein einigermaßen brauchbares Übersichtswerk über die globale Kriminalliteratur gibt, wohl aber – bis auf den deutschsprachigen Raum – ein paar hilfreiche Steinbrüche zur angelsächsischen, franko- und iberophonen Kriminalliteratur, meistens als »Encyclopedia of ...«, »Encyclopaedia of ...« oder »Dictionary of ...« und gerne auch als Mega-Bibliographien. Solche Werke sind extrem nützlich, aber sie müssen enorme Mengen von Material sammeln und verarbeiten. Abertausende Titel im Jahr, weltweit und ohne Ende ... Da bleiben wenige Ressourcen fürs Reflektieren.

Selbst an einem so unschuldigen, emsigen kleinen Internetportal wie dem »Branchendienst« für Kriminalliterarisches, den »Alligatorpapieren« aus Wuppertal, kann man tagtäglich diesen Material-Tsunami und die daraus resultierende Überforderung beobachten. Immerhin erscheinen in Deutschland, arg vorsichtig geschätzt, pro Monat mehr als hundert einschlägige Primärtitel.

Wichtiges und Gutes steht neben reinem Quatsch und sinnfreien Marginalien, scheindemokratisch gleichwertig angeordnet; quasijournalistische Kolumnen neben echten, halbanalphabetisches Gebrabbel neben anständigen Texten. Die schiere Menge der Produktion nivelliert alles auf den kleinsten gemeinsamen Nenner hin. Das ist beileibe nicht kriminalliteraturspezifisch, trifft aber günstig auf einen Zeitgeist, demzufolge es keine Kriterien gibt, sondern nur zielgruppengenaue gelungene oder verfehlte Ansprachen.

So hängen dann letztendlich Primärproduktion, Sekundär- und Tertiärproduktion am selben Tropf: dem Diktat der Quote resp. der Verkaufszahlen.

Natürlich erzielt man mit »barrierefreien« Texten mehr Auflage und Clicks, nicht etwa nur aus Kalkül, sondern weil eine analoge Schlichtheit zwischen Produzent und Rezipient herrscht – das ist das Geheimnis von vielen Bestsellern. Wenn wirklich ein Autor namens Andreas Franz der meistverkaufte deutsche Krimi-Autor ist (man kann seine Bücher jenseits aller ästhetischen und anderen Barrieren zu lesen versuchen...), dann erscheint eine solche Kongruenz als hochplausibel.

Ja, ich weiß auch, welche Namen von Sekundärarbeitern, Nach- und Be-denkern man jetzt als Gegenbeispiele anführen wird ...
Auf diesem Gebiet kann ich Ihnen leider auch keinen Konsens anbieten: Ich bin mit nichts davon wirklich zufrieden oder gar einverstanden. Und weiß gleichzeitig doch, dass hinter dem sekundärliterarischen Defizit ein produktionsökonomisches, ein wertungstheoretisches und ein forschungsstrategisches Problem steckt. Weil die Akademie, die z.B. eine Geschichte der Kriminalliteratur finanziell stemmen könnte, den Gegenstandsbereich nicht genug kennt, vor allem, was die lebensweltlichen Kontexte angeht. Weil die Internationalität der Kriminalliteratur die Grenzen der Einzelphilologien sprengt. Und weil die Literaturwissenschaft, die seit Jahrzehnten abgetakelten Forschungsparametern (Literatursoziologie!) nachgelaufen ist, sich nicht wirklich für diesen noch lebenden Gegenstandsbereich interessiert hat, dessen Kanonisierungs- und Nobilitierungs-Status noch un-

klar und somit prekär ist. Ausnahmen wie Jochen Vogt oder Hans Richard Brittnacher und eine Handvoll anderer bestätigen die Regel.

Außerakademisch, also privatwirtschaftlich kann kaum jemand ein kriminalliterarisches Grundlagenprojekt finanzieren – welcher Autor kann schon 5 bis 10 Jahre Lebenszeit einsetzen für einen Vorschuss, der kaum die Kaffeekosten für einen Monat deckt? Zudem zahlt kein Verlag der Welt für ein Projekt, das 80% der weltweiten Krimiproduktion (und mit viel Pech 90% der Hausproduktion) als Schrott & Schotter bezeichnen müsste.

Nein, die Sekundärbearbeitung von Kriminalliteratur hat sich ihrem Gegenstand angeglichen – sie ist verstreut, unsystematisch, vermischt und disparat. Auch dieses Buch kann davon keine Ausnahme sein.

Dennoch lohnt es sich, über Kriminalliteratur nachzudenken, sie ist eine zu gewichtige Größe, um nur als selbstbezügliche Marginalie gesehen zu werden.
In ihrer Geschichte hat Kriminalliteratur immer in enger Abhängigkeit zu ihren Kontexten gestanden, konstitutiv. Egal, wie dieses Verhältnis aussah, es gab immer eines, auch in den trivialsten Ausprägungen von Krimi. Ohne die Katastrophe des Ersten Weltkrieges hätten die Golden-Age-Krimis der Damen Christie und Sayers nicht die antimodernistische Wendung genommen, indem sie nette, gepflegte Morde nach dem industrialisierten Massenschlachten des Krieges als idyllische Unterhaltungsspiele inszenierten, die der letztendlichen Versicherung dienten, dass die Welt schon wieder in Ordnung komme, wenn nur ein genialer Mann oder eine handfeste Frau das Geschäft der Verbrechensbekämpfung privatisiere. Dashiell Hammett reagierte auf die Erfahrung seiner Jahre, dass Big Business und Organisiertes Verbrechen analog funktionieren. Die Polit-Thriller seit John Buchans Zeiten waren treue Begleiter, Deuter und Propheten ihrer jeweiligen politischen und wirtschaftlichen Großwetterlagen. Der französische Néo-Polar schuf die kriminalliterarische, dialektisch-kritische Begleitung für 68 und die Folgen. Die Um-

brüche in der US-amerikanischen Innenpolitik der Reagonomics gebaren den Serialkiller-Kult. Das Anti-Thatch-Writing der Brits brachte mit einer gewissen Konsequenz den »neuen britischen Polizeiroman« auf den Plan, der heute wiederum von Autoren wie David Peace bierernst oder von Stuart MacBride eher komisch demontiert wird. Und unsere deutsche Bespaßungs-Marketing-Gesellschaft wartet mit Halden recycelter Regio- und anderer Blödelkrimis auf.

Das alles gilt nur mit Blick auf »den Westen«. In anderen Weltgegenden und politischen Systemen reagierte Kriminalliteratur in jeweils anderen Funktionen auf die dortigen (und die von der Großmachtpolitik dort verursachten) Konfliktlagen auf ihre Weise – James McClure und Tom Sharpe mit Häme und Spott in Südafrika während der Apartheid, Deon Meyer mit Verunsicherung heute; Rubem Fonseca mit gewalttätigem Spott in Brasilien, Jorge Luis Borges mit dem Rückzug in hermetische, imaginäre Welten in Argentinien, Yasmina Khadra mit verzweifelter Komik in Algerien, Paco Ignacio Taibo II mit magischem Gewaltrealismus in Mexico City und Garry Disher mit Seziermesserprosa auf australische Verhältnisse today.

Diese wenigen Beispiele zeigen lediglich die Richtung des einen Vektors an: von der Realität in die Literatur. Das ist schon spannend genug.

Spannend wird es aber auch, wenn man dem Vektor in der anderen Richtung nachgeht. Von der Literatur in die Realität. Damit meine ich natürlich keine lebenspraktischen Anleitungen zum Bankraub oder zum Gattenmord – und wenn Sie's nicht sein lassen können, halten Sie sich um Himmels willen nicht an die Vorlagen und Rezepte von AutorInnen des Golden Age, bei denen war Realitätsbeugung mit dem Ziel der glatten Auflösbarkeit eines Mordrätsels an der Tagesordnung. Versuchen Sie sich aber auch nicht an Ein-Mann-Kriegen wie Lee Childs intelligenter Superheld für abgeklärte Geister, Jack Reacher.

Ich möchte auch nicht überbewerten, dass sich die Sakko-Mode deutscher Polizisten seit den 1980s, seit »Miami Vice«, sichtbar ins Multicolorale geändert hat und dass ein paar italienische

Mobster sich ihre Redeweise und Körpersprache weniger aus Mario Puzos »Godfather« geholt haben denn aus Coppolas Film. Das fiel schon den Wanzenlegern des FBI in den 1970s auf, bis endlich vor kurzem das deutsche Feuilleton hyperventilierte vor begeisterter Aufregung, nur weil Roberto Saviano in seinem Camorra-Buch ähnliches über junge Mafia- resp. Camorra- resp. 'Ndrangheta-Azubis berichtete: Die kleinen Strolche wollen wie Gangster aus einschlägigen Filmen und den »Sopranos« aussehen, reden und töten. Mit anderen Worten – Fiction kreiert Moden und damit Partikel von Weltbildern. Das ist aber wenig trennscharf, wenn es um Crime-Fiction geht, und vermutlich überhaupt so alt wie das Verhältnis von Kunst und Publikum.

Der Vektor weist auch nicht von der Literatur in die Realität, wenn man Kriminalliteratur sozusagen als transzendentes Exempel liebt. Oft hat in der Kriminalliteratur das Leben, die Welt, die Existenz ein Telos, einen Kick ins Transzendente: die restlose Aufklärung eines Mordfalles, die gerechte Bestrafung eines Täters, das Wiederherstellen einer Ordnung, der Glaube an das letztendlich Gute oder dass irgendwo doch Gerechtigkeit sei. Es sollte uns zu denken geben, dass schon einer der Gründertexte des Genres, »The Murders in the Rue Morgue«, diese teleologische Tendenz ironisch sabotiert. Das Vieh war ein Affe. Und seitdem ist es auch ein Qualitätskriterium für gelungene Kriminalliteratur, wenn sie mit ihren teleologischen Tendenzen ironisch umgeht.

Bezeichnenderweise wird gerade die Rolle des Zufalls in Kriminalromanen gerne als Manko und als unglaubwürdig gerügt. Als ob wenigstens Kriminalliteratur ein Kontingenz-freier Ort sein sollte, inmitten des Meers aus Kontingenz und Ironie, und ganz ohne präexistente Verbindlichkeiten. Richard Rorty, der Philosoph der Kontingenz und nicht zufällig neben Ludwig Wittgenstein eine nicht explizierte, aber stets präsente Lichtquelle in den folgenden Texten, wäre entgeistert gewesen: Kriminalliteratur ist nämlich eher die Literatur der Kontigenz als die Literatur irgendeines höheren Sinns. Deswegen tendiert sie, wenn sie gelungen ist, eher zu gebrochenen, ambigen, ironischen oder komischen Texten. Die Vielfalt ihrer Erscheinungen hingegen lässt sich wahrscheinlich am besten mit Wittgensteins »Familienähnlichkeiten« deskriptiv in den Griff bekommen, und seine Auffassung von Literatur als sozialem Prozess bleibt grundlegend. Die Manipulation des Zufalls, die doppelte Ironie, dass ein Zufall kein Zufall ist, dies aber zufällig so passieren kann, ist das Eröffnungsmotiv eines der großen Romane des 20. Jahrhunderts: »Chinaman's Chance« von Ross Thomas, natürlich ein Kriminalroman. Der fängt mit einem toten Pelikan am Strand von Malibu an, und das scheint zunächst arg zufällig. Nicht umsonst ist Ross Thomas der skeptischste unter allen Skeptikern. Skeptisch, was Erklärungen, Auflösungen, Verlautbarungen und glückliche Fügungen angeht, deren manipulative Mechanismen man nicht erkennt. Skeptisch selbst gegenüber der Kontingenz des Daseins. Interessant wird es also, wenn man versucht, den skeptischen Anteil zu finden, der in jeder ernst zu nehmenden Kriminalliteratur steckt. Sozusagen den Geist, der stets verneint: Nein, mit der Aufklärung eines Mordes, mit dem Überführen des Täters ist das Morden nicht zu Ende und die Welt längst nicht in Ordnung. Nein, hinter den Erklärungen für Gewalt und Verbrechen, Mord und Massaker, die wir offiziell bekommen, bleiben die entscheidenden Dinge verborgen. Nein, Skepsis ist nicht lediglich als billig zu denunzierende Paranoia abzutun. Nein, wir müssen uns nicht über jeden dahergelaufenen Skandal wundern, wenn er gerade mal platzt – Konzerne und Staatskonzerne, die ihre Mitarbeiter abhören und bespitzeln oder so. Nein, wir gehen davon aus, dass Insidergeschäfte an der Börse, die Millionen von Existenzen ruinieren, systemisch »normal« sind. Nein, wir wissen schon, dass Rohstoffkriege uns als »Stammesfehden« in unseren Leitmedien verkauft werden. Nein, Sklavenarbeit für unsere Billigklamotten, normaler »Körperverbrauch«, wie neulich ein Kultursemiot schnöselte, und Gesetze zur »inneren Sicherheit«, die angeblich der »Terrorabwehr« dienen, aber stattdessen Datenerhebungen für den privatwirtschaftlichen Gebrauch und für die innenpolitische Überwachung sind – nein, das alles sind keine Fiktionen. Sondern Realitäten, die nicht weniger scheußlich werden, nur weil wir de facto mit ihnen leben können. Wir glauben auch nicht, dass das Outsourcing von hoheitlichen Akten, die Verprivatisierung des staatlichen Gewaltmonopols, um rechtsfreie Räume für was auch immer zu schaffen, eine harmlose Angelegenheit ist. Diesen ganzen Gruselkatalog des völlig normalen Lebens auf diesem Planeten darf man, nein, muss man empört zur Kenntnis nehmen. Nie aber verwundert oder überrascht oder naiv prustend oder erschrocken quiekend. Denn das alles ist bekannt.

Wir würden, hätten wir alle unseren Eric Ambler, unseren Ross Thomas, unseren Robert Littell so eifrig und aufmerksam gelesen, wie wir Steuerratgeber lesen oder Sexturnbücher, keine Energie mit glotzendem Staunen und aufgedrehtem Empören vergeuden, sondern die Politiker vom Acker jagen, die sich öffentlich darüber irritiert zu zeigen wagen, dass es korrupte Manager oder Ministeriale gibt.

Man könnte das alles wissen. Nicht, weil viele von uns viele unschöne Dinge erlebt haben und nicht alle Menschen ihre Kenntnisse von Gewalt und Verbrechen nur aus Büchern beziehen. Sondern weil, wenn man sie denn an diesem Punkt ernst nimmt, Kriminalliteratur auch und unter anderem eine probate Einübung in nicht-naives Denken ist. Nicht, weil die Frage nach dem Täter für den Alltag wichtig wäre. Sondern weil für den Umgang mit der Welt, in der wir leben, das Bewusstsein dafür nicht ganz unerheblich ist, dass Gewalt und Verbrechen konstitutiver Bestandteil menschlichen Zusammenlebens sind. Und nicht Abweichungen, Anomalien, Skandale, die man abschaffen oder finalisieren könnte. Jan Philipp Reemtsmas magistrales Buch »Vertrauen und Gewalt« kreist nicht umsonst um das Problem, dass das Perhorreszieren von Gewalt in unseren westlichen, modernen Gesellschaften zwar auf den ersten Blick ethisch-emotional begrüßenswert und erfreulich ist, ihre andauernde, gar obsessive Problematisierung – Reemtsma spricht gar von der »großen Obsession der Moderne« – aber den genauen Blick auf ihre Phänomenologie verstellt. Und damit einem weiträumigeren Verständnis von Gewalt (in all ihrer Ausdifferenziertheit) im Wege steht.

Die Wechselwirkung von Fiktion und Realität erscheinen mir an diesem Punkt ganz deutlich. Die Fiktion schafft sozusagen den erkenntnistheoretischen Rahmen oder stellt Rahmenoptionen dafür bereit, wie man mit gewissen Realitäten umgehen könnte, welche Optionen man hat, Gewalt einzuschätzen, zu werten, sie produktiv einzusetzen, ohne jeweils ordnungspolitischen Aprioris zu folgen.
Zurück aus solcher Abstraktion. Wolfgang Sofsky hat den Umstand sehr schön auf den Punkt gebracht, dass Ordnung und Gewalt sich bedingen: »Ordnung ist zur Eindämmung von Gewalt unerlässlich; aber umgekehrt ist Gewalt notwendig für den Bestand der Ordnung.« Diese karge, aber treffende Erkenntnis steckt natürlich in aller Kriminalliteratur, seit Beginn des Genres. Die jeweilige Offenheit, mit der dieses Paradox behandelt wird, ist ein Qualitätskriterium. Die Energie, mit der das schaudernde Abwehren von Gewalt betrieben wird, ist ein Ideologieindiz. Wer Schlachte-Orgien in einlässlicher, wollüstiger Schwelgerei inszeniert, wie Henning Mankell oder Thomas Harris, der tarnt diese Obszönitäten hinter der Persona dessen, der doch nur zeigen will, wie scheußlich Gewalt ist. Als ob das 20. Jahrhundert auch im 21. dies nicht wisse. Wer fröhlich und beiläufig im ironischen Modus töten und Gewalt ausüben lässt, wie Lee Child seinen Helden Jack Reacher, der hat die anthropologische Verhaltensoption »Gewalt« als solche akzeptiert. Und damit als eine unter anderen zur Disposition gestellt und sie damit in die Conditio humana eingebunden. Danach kann man etwas machen mit ihr. Auch viel Unfug natürlich, so viel Risiko ist immer – aber souverän eben und nicht ideologisch oder sensationalistisch blockiert.
Deswegen ist die Kriminalliteratur dort, wo sie doch ganz unschuldig sein will, am ideologischsten. Frommes Wunschdenken und reine Propaganda für verlogene Weltbilder, oder für ordnungspolitische Neurosen. Oder ein reines Verkaufsprodukt wie Kreuzworträtselhefte.
Kriminalliteratur wird zum belanglosen oder auch bedenklichen »Grimmi« dort, wo sie prätendiert, dass das Gute siegt, wo die

Ordnung wieder hergestellt wird, die Monster »Serialkiller« heißen, »das Böse« psychopathisch ist, das Morden eine künstlerische Tätigkeit und das Aufklären ein Puzzlespiel. Daran schließen sich dann auch die verlogenen Schlagworte an, vom tröstenden Eskapismus der Kriminalliteratur oder von ihrem utopischen Drive, dass dereinst der Neue Mensch der bessere wäre. Das trifft auf Agatha Christie genauso zu wie auf Petra Hammesfahr, das trifft auf die ganzen tristen Pseudonoirs der Jetztzeit zu, auf die mechanisch gewordenen Polizeiromane genauso wie auf die Ekel-Fraktion aus der Geisterbahn, die nur schockieren will, aber es nicht mehr kann, weil too much blood jeden Choque kaputt kriegt.

»Grimmis« tun dann genau das, was Reemtsma und Sofsky (und andere einschlägige Köpfe von Elias Canetti bis Zygmunt Baumann) bemerkt haben: Sie hysterisieren und funktionalisieren Gewalt angstlusthaft so oder so – die jeweilige ideologische Ausrichtung im Spektrum meinetwegen von Mickey Spillane (rechts) bis Robert B. Parker (links) ist dann schon fast egal. Ungebrochener Exzess, cozy-hafte Verharmlosung und Skandalisierung sind als Techniken der lauthalsen Problematisierung die sichersten Hinweise auf Spielarten von Kriminalliteratur, in denen als harmlose Unterhaltung daherkommende Ideologie auch ästhetisch beträbliche Produkte hervorbringt.

Dieses kriminalliterarische Paradox hat Konsequenzen: Wie man dazu neigt, Gewalt durch Abweichungsmodelle der philosophischen, anthropologischen, soziologischen, rechtsphilosophischen oder juristischen Art zu verstehen, so neigt man dazu, eine »Gattungs«- oder »Genre«-Theorie zu entwerfen, die Kriminalliteratur ebenfalls als »Abweichungsphänomen« zu fassen trachtet. Die Norm, von der da abgewichen wird, ist die seriöse Literatur, die »Hochliteratur«. Weil für diese keine belegbaren und konsensfähigen Parameter existieren, ja, mehr noch, weil es konstitutiv für die »Hochliteratur« der Moderne-plus ist, solche Parameter zu zerstören, bleiben nur letztendlich begründungslose, eher über Aufmerksamkeits- und Prestigewerte nach Georg Francks »Ökonomie der Aufmerksamkeit« zu beschreibende Kriterien übrig. Sie haben notfalls mit den Texten so gar nichts zu tun. It's all about prestige, wie ein kluger Engländer einmal sagte.

Dies wiederum verzahnt sich mit den Produktionsbedingungen der Kriminalliteratur. Denn Kriminalliteratur muss auf den Markt achten, das beeinflusst ihre Textorganisation. Sie ist nicht subventioniert. Wenn sie im Laufe ihrer Evolution denn doch eines Tages subventioniert wurde (den Zustand haben wir heute beinahe schon erreicht), also mit Stipendien, Preisen etc. ausgestattet ist, möchte sie auf den Markt verzichten und »literarisch« werden, um damit die Anerkennung der an subventionierter Literatur geschulten Multiplikatoren zu erreichen. Als Kriminalliteratur ist sie dann meistens erledigt, als fahle »Gegenwartsliteratur« west sie durch die Goethe-Institute – Jan Costin Wagner war so ein Fall und all die »literarischen« Krimis, die von notorischen Literati verfasst wurden und immer wieder werden.

Aber so seltsam verknotet sind die Wege nun einmal – zumindest kann man Kriminalliteratur auch aus diesen Blickwinkeln betrachten. Aber wie man's auch dreht und wendet: Sie ist realistische Literatur, in spezifischer Weise mit Realiäten verbunden. So entfaltet sich ihr ganzes, schönes amphibisches Wesen in voller Pracht. Ich hätte diesen Begriff von »amphibisch« gern selbst erfunden, er stammt aber von dem englischen Literaturwissenschaftler Joseph Peter Stern, der damit den Status von Realismus trefflich beschreibt – als Doppelbezug auf die lebensweltliche Realität einerseits und auf literarische oder künstlerische Verfahren, die wir »realistisch« nennen, andererseits. Genau so muss sich Kriminalliteratur bewegen können: in den bewegten Wogen der Lebenswelt und im schlammigen Grund der literarischen Formen und ästhetischen Prinzipien. Ihre Themen und ihre Produktionsbedingungen gehören in das eine Element, ihre Textgestalt, die Interpretierbarkeit, ihre Funktionalisierung, ins andere. Ihre Vermarktbarkeit bezieht sie aus beiden. Kriminalliteratur tanzt, schwimmt und rudert auf vielerlei Grenzlinien.

Ein paar davon möchte dieses Büchlein mit Ihnen zusammen besichtigen.

Berlin, im Juni 2008

TWs seltsame Rankings

Rankings sind beliebt, Listen wunderbar unterhaltsam zu lesen. Vor allem daraufhin, wer gerade nicht in ihnen auftaucht. Die »in«- und »out«-Listen der zeitgeistigen 1980s haben die Büchse aufgemacht. Pandora war's damals nicht, eher der Vorsatz, sich zu amüsieren.

Wir wissen natürlich, dass Listen und Rankings eine Form von Scherz & Frohsinn sind und dass man kein ästhetisches oder kanonisches System herstellen kann, indem man Namen und Buchtitel untereinanderschreibt. Das sieht nur so aus, im besten Falle sortiert es ein bisschen den ganzen Tsunami von Hype, Vorlieben, Moden, Trends, Bestsellern, Meinung, Glaube und Propaganda.

TWs Rankings sind dagegen streng objektiv, metaphysisch abgesichert, ehern, in Marmor gemeißelt und unfehlbar. Sie konzentrieren sich mal auf Autoren, mal auf Romane. Und manche warten sogar mit Begründungen auf ...

10 deutschsprachige Classics von Glauser bis Steinfest

Ein wenig Literaturgeschichte vorab darf sein: Schon vor Döblin, Doderer, Wassermann & Co., also im 19. Jahrhundert, gab es Kriminalliteratur-analoge Produktionen, sogar in großer Zahl. Im Gefolge der 1848er Revolution waren sie u. a. publizistisch merkwürdiger- und interessanterweise im weiteren Umkreis der »Gartenlaube« angesiedelt. Es gab Krimi-affine Texte im Gefolge von Romantik und Schauerromantik und im Zuge »realistischen« (hier: als Epochenbegriff gemeint) Erzählens. Selbst im Nationalsozialismus gab es Kriminalromane in erklecklicher Quantität und von jener dubiosen Qualität, die Liebhaber zu dem Prädikat

»immerhin« zu provozieren scheinen. Ich würde sie gerne weiterhin scheußlich nennen dürfen.

Aber wie man's auch dreht und wendet, wie verdienstvoll, kenntnisreich, arkan und obskur die Ausgrabungen – von Dieter Paul Rudolph schwerpunktmäßig fürs 19. und frühe 20. Jahrhundert, von Carsten Würmann schwerpunktmäßig für die Zeit von 1914 bis 1945 – und die bibliographischen Anstrengungen von Mirko Schädel auch sein mögen, eine Erkenntnis bleibt: Zu einer ausgereiften »Tradition« hat das alles nicht gereicht, denn eine »Tradition« ohne Folgen ist keine.

Der deutsche Kriminalroman in Ost und West musste sich nach 1945 neu erfinden und erfand dabei manchmal das Rad neu – oder schielte auf ausländische Vorbilder. Das war legitim. Und hätte vielleicht sogar produktiv sein können. Und natürlich spielte der tiefdeutsche Horror vor der Kombination von Intelligenz und Unterhaltung, von Witz und Thrill eine Rolle. Dazu kam und kommt der fatale Gedanke, man müsse unbedingt überall Weltspitze sein – flächendeckend. Also auch beim Krimi. Also ist jeder Verkaufserfolg gleich ein Spitzenprodukt, global gesehen. Wer gegen diesen süßen Wahn Widerworte erhebt, womöglich noch mit Gründen, ist ein Nestbeschmutzer, ein Ketzer. Das Spiel kenne ich seit 20 Jahren, so lange bin ich »dabei«. Dabei käme ich nicht im Traum darauf, nationalliterarische All-Urteile abzugeben wie: Der deutsche Krimi taugt nichts. Falsch! Es gibt unendlich viele deutsche Krimis, die unterirdisch schlecht sind. Richtig! Und es gibt andere, die exzellent sind, und manchmal eben auch erfolgreich. Reiht man diese Bücher (also nicht den Hype des Tages) aneinander, dann bekommt die Entwicklung des Genres ein Gesicht.

Wir bleiben dabei schön auf dem Teppich: Von aller künstlerischen Produktion hat nur ein gewisser Prozentsatz Bestand – von der »deutschen Lyrik« genauso wie vom »deutschen Kriminalroman«. Also kann ich nur diejenigen Schriftstellerinnen und Schriftsteller nennen, die ich mit guten Gründen für entscheidend wichtig halte – gemessen an ihrer literarischen Qualität, an ihrer Innovationskraft und ihrer gedanklichen Schärfe.

Es sind dies, in der Reihenfolge ihres Auftretens auf der literarischen Bühne:

Friedrich Glauser
Der Begründer des modernen, deutschsprachigen Kriminalromans. Die fünf Romane um den Wachtmeister Studer, der 1936 seinen ersten Auftritt hatte, sind Meisterwerke mit unbegrenzter Haltbarkeit. Selbst ein Außenseiter, schrieb Glauser in spröder, sensibler Prosa über Irren- und Armenhäusler, über die Unangepassten und die, die nicht funktionieren, wie man zu funktionieren hat. Er definierte den Blick, den Kriminalliteratur zu haben hat: von unten auf die Gesellschaft.

Johannes Mario Simmel
Ein Buch reicht für den Pantheon – »Es muss nicht immer Kaviar sein« von 1960. Der Zweite Weltkrieg als Schelmenstück & Polit-Thriller, sehr komisch und tragisch, Lust an intelligenter Intrige und Gegenintrige, Cleverness als Tugend und das ganze garniert mit Sinnenfreuden der erotischen und kulinarischen Sorte. Plus eine ganz und gar undeutsche Weltläufigkeit und eine neue Interpretation des Subgenres Spionageroman.

Friedhelm Werremeier
Wichtiger als die Erfindung des ersten »Tatort«-Kommissars Trimmel war Werremeiers Gespür für Themen, die ein aktuelles Unterfutter für Kriminalromane sein können. White-Collar-Kriminalität, Umweltkriminalität, Fußball als verbrecherische Veranstaltung usw. nach dem Grundsatz: Immer dem Geld folgen. Das, kombiniert mit intelligenten Plots, ergab eine Chronique scandaleuse der Bundesrepublik, nachdem das Wirtschaftswunder sauer geworden war.

Ulf Miehe
Mit nur drei Büchern schloss er die deutsche Kriminalliteratur an den internationalen Roman noir an, ungezwungen und organisch. Seine Romane verzichteten auf die Fall-Aufklärung-

Klammer und zeichneten mit präziser, gehämmerter Prosa eine Welt außerhalb der üblichen Wahrnehmungsraster. Nicht das wirklichere »wirkliche Leben«, sondern das Leben, wie es auch sein kann. Knapp, atmosphärisch dicht, literarisch ohne Prätention, ohne die Tröstungen der Form, ohne die Scheuklappen der Sinnstiftung.

D. B. Blettenberg
Er öffnete die Fenster zur Welt, kombinierte Polit-Thriller und Abenteuerroman und etablierte einen immer sarkastischer werdenden, lakonischen Erzählton. Seine erfahrungsgesättigten Romane aus Asien, Afrika und Lateinamerika räumten mit exotistischen und drittweltistischen Romantizismen auf, begrenzten deutsche Schweinereien nicht auf Deutschland und erweiterten die Grauzonen von Legalität noch um ein paar erfreulich skeptische Schattierungen.

Gisbert Haefs
Der Homo ludens der deutschen Kriminalliteratur erfand das monströse Universalgenie Balthasar Matzbach, und dessen Streiche sind eine zwerchfellerschütternde und wunderliche Kombination aus angelsächsischem Deduktionswahn, französischer Karnevalisierung und enzyklopädischer Verschrobenheit. Matzbachs schräge Manierismen verhindern jedoch nicht, dass die deutsche Wirklichkeit hin und wieder kräftig Prügel bezieht.

Frank Göhre
In seiner St.-Pauli-Trilogie verdichtete er das Nebeneinander, die Zufälligkeiten und Koinzidenzen des alltäglichen Wahnsinns zu reinem Suspense. Dialog ist alles, der psychologische Realismus wird außer Kraft gesetzt, das Streetlife in Literatur komprimiert. Das Verbrechen ist nicht »Fall«, sondern Kontinuum und soziale Praxis, seine Dimensionen reichen in jeden Winkel der Gesellschaft – der Kiez wird zum Weltdorf und nicht zur regionalen Folklore.

Pieke Biermann
Führte die Realität der Polizeiarbeit u. a. vermittels des Personals ihres Kommissariats in die deutsche Kriminalliteratur ein und die exakten sozialen Realitäten von Berlin, einschließlich Huren als stolze Hauptfiguren. Sie mobilisierte virtuos sämtliche Verfahren der Moderne: Polyphonie, Rollenprosa, Montage, radikale Komisierung etc., Verzicht auf »Erklärungen« und epische Breite, öffnete damit die Feuilletons für deutsche Kriminalliteratur, machte sie international sichtbar und erreichte gleichzeitig ein breites Publikum.

Friedrich Ani
Kriminalromane müssen nicht notwendigerweise und immer mit Mord zu tun haben. Die zehn Tabor-Süden-Romane waren der schlagende Beweis dafür. Der elegische Dekalog war der radikale Anti-Zeitgeist, der den Vergessenen, Verschwundenen, Marginalisierten ihre Leben in einer toll und gnadenlos gewordenen Gesellschaft wiedergab. Kriminalliteratur als Trauerarbeit, durch die eigenwillige, nuancenreiche Prosa und Plotführung in kein bisher bekanntes Muster von Noir zu pressen.

Heinrich Steinfest
Der sanfte Terrorist und höfliche Pöbler über die Zumutungen des Lebens in unseren Zeiten. Zeit und Raum werden zerdehnt, seziert, neu angeordnet und paradox verzwirbelt. Das Ungeheuerliche lauert überall und gebiert manchmal Gelächter, manchmal Grauen. Die Traditionen heißen Wittgenstein, Musil, Hermanovsky-Orlando – und die erscheinen plötzlich Krimi-kompatibel. Und am Ende stehen auch keine Krimis, aber ohne Zweifel Kriminalromane.

15 begründete Vorlieben, international, in Büchern ...

15 Kriminalromane, die das Genre vorangebracht haben und die kaum in Bestsellerlisten zu finden waren. Sozusagen die heimlichen Macher, die wirklich wichtigen, keineswegs grauen Eminenzen. Und zwar in den letzten zehn, fünfzehn, zwanzig Jahren. Was sehr viel älter ist, heißt dann Klassiker – auch wenn es »vergessene Klassiker« en masse gibt. Aber das wäre ein anderes Buch.

15 Kriminalromane, die nicht Teil von Serien sind, höchstens Teile aus abgeschlossenen, mehrbändigen Projekten oder erste Romane, aus denen später dann Serien wurden. Kriminalliteratur wird nämlich zunehmend nur noch »seriell« wahrgenommen. Das ist sinnvoll, weil manche Serie konzeptuell gedacht und gemacht ist. Viele Serien sind von gemischter Qualität. Im Großen und Ganzen sagt da ein Einzelstück wenig. Ein Serienkonzept kann zudem kontraproduktiv sein, weil oft gilt: Success gives birth to the formula (Paco Ignacio Taibo II). Dann reiht sich zuweilen ein dämlicher Roman mit dem nämlichen dämlichen Personal an den anderen, nur weil die Dinger sich gut verkaufen. Kein Thema für eine Liste. Deswegen hier die schönsten Einzelstücke und Konzept-Teile. Ein Serien-Ranking wäre nett, aber ein anderes Buch.

15 Kriminalromane, unter denen Sie die üblichen Verdächtigen nicht finden werden. Was hätten Sie schließlich davon, wenn ich Hammetts »Red Harvest« zum siebenmillionsten Mal als »megawichtig« und »doll« bezeichnen würde, oder Einschlägiges von Georges Simenon, Patricia Highsmith oder Chester Himes? Ich weiß das, Sie wissen das, na also ...

15 Kriminalromane, Meisterwerke, Lieblingslektüren, aber strikt alphabetisch:
(01) Thomas Adcock: Hell's Kitchen (Sea of Green, 1989).
Dt. von Jürgen Bürger, 1993.
Hohes artistisches Niveau plus erstaunliche Nachrichten aus einer fremden Welt plus wütend-aufklärerischer Furor machen den

Erstling des in New York lebenden Erzählers Thomas Adcock, »Hell's Kitchen«, zu einem großen Roman voller düsterer Wunder. Hell's Kitchen ist ein Viertel auf der West Side von Manhattan (offiziell heißt es heute Clinton), nach dem die großen Immobilienhaie vom obszönen Zuschnitt eines Donald Trump gieren. Das Leben in Hell's Kitchen ist, und war schon immer, wie der Name sagt, nicht gerade idyllisch. Aber noch hoffnungsloser ist es für die abertausend Obdachlosen, die die Reagonomics vermehrt und gnadenlos produziert haben. Sie fristen ihr Dasein noch am Rande von Hell's Kitchen, in einer zehn Meter tiefen Schlucht, in einem von Straßen und Eisenbahngleisen überzogenen, von gespenstischer Vegetation überwucherten Canyon, der »der Dschungel« genannt wird. Über dieses Soziotop erzählen Thomas Adcock und seine Hauptfigur, der Detective Neil Hockaday, der in Hell's Kitchen aufgewachsen und jetzt wieder dorthin zurückgekehrt ist – als Mitglied der Street Crimes Unit Manhattan, genannt SCUM-Patrol (scum = Abschaum). Hockaday ist das sozio-topo-historische Gedächtnis von Manhattan, das die Geschichte seiner Menschen am Alltagsleben konkret festmachen kann. An den Kneipen, Nachtbars, Straßenecken, kleinen Geschäften und an der Kriminalität, die ein organischer Teil der Historie und der Gegenwart (und gewiss der Zukunft) von New York ist.

Das ist die vertikale Dimension, die Adcock mit dem akribischen, minutiösen Blick des Fußgängers schildert. Die horizontalen Stränge seines dichtmaschigen Erzählens spannen sich in alle Richtungen: nach Harlem etwa, in die Stadtpolitik, in die Nationalökonomie und in das schäbige Geschäft mit der Religion. Alles hat mit allem zu tun, die Gegenwart ist ohne Geschichte nicht zu verstehen. Um zu kapieren, warum in Harlem gemordet wird, muss man wissen, was etliche Meilen weiter südlich unter der Stadt vor sich geht, und was es mit den irischen Gangs der 30er- und 70er-Jahre auf sich hatte, was wiederum Konsequenzen für die 34. Etage eines Protztowers auf der Third Avenue hat. Alles ist komplex, nichts bedeutungslos. Und deshalb sind auch die Obdachlosen keine Statisterie, sondern Individuen, denen Adcock Stimmen, Gesichter und Geschichten gibt. Wenn man sich für sie interessiert, bemerkt man ihren Einfluss und ihre politische Macht. Das ist nur eine der sehr ernst zu nehmenden politischen Implikationen des Romans, der deswegen auch exemplarisch (zum Beispiel für Berlin) ist, weil er so detailgenau mit New York verfährt. Seine Poesie indes entwickelt »Hell's Kitchen« nicht aus den genreüblich mythisierenden Verfremdungen, sondern aus den visionären Möglichkeiten des Konkreten.

(02) Robert W. Campbell: Asche (Juice, 1988).
Dt. von Jörn Ingwersen, 1993.
Robert W. Campbell zeigt vieles und erklärt sehr wenig. Das ist eine Essenz seiner Kriminalromane, mit denen er nach seinen Jahren als immerhin Oscar-nominierter Drehbuchautor seit 1986 eine zweite Karriere als Romancier begonnen hat. Sein Programm ist die Ent-Dämonisierung des Bösen. Das »Böse« rechnet bei Campbell meistens in Dollars, während nicht nur ein großer Teil der US-amerikanischen Gegenwartsliteratur es zur selben Zeit mit allerlei pseudopsychologischen Verbrämungen tief im Urschlamm der Seelen verbuddelt hatte.

Campbell hat einen giftig-bösen Blick dafür, wie Geld und Gier Seelen korrumpieren, und dafür, was eine ausschließlich ökonomisch orientierte Weltsicht mit Menschen macht. Davon handelt der Roman »Asche«.

Das Buch erzählt zum Beispiel von einer »feindlichen Übernahme«: Ein Kredithai kapert sich eine Porsche-Vertretung, um sie auszuschlachten. Es erzählt auch von der Struktur- und Personalunion zwischen Politik und organisiertem Verbrechen, von der gewollten Lächerlichkeit einer lediglich propagandistischen Polizeiaktion dagegen und von der hämischen Rache der kleinen Polizisten, die den ganzen Dreck auszubaden haben. »Asche« erzählt von den vielfältigen Formen der Gewalt, die organischer Teil des Geschäfts sind.

Weil Campbell dies alles ohne jedes hysterische Pathos inszeniert und ohne die Unterstellung, dahinter gäbe es noch eine metaphysische oder transzendente Dimension, muss der Roman nie

Gewalt zum sensationellen Moment pointieren oder den Plot der Geschichte zum einzigartigen Fall stilisieren. Erzähltechnisch hat das die Konsequenz, dass Campbell mehrere Handlungsstränge in kurzen Einzelszenen gegeneinanderschneidet. Diese Einzelszenen wiederum sind nicht stringent dem oder den »Fällen« (die Porsche-Übernahme macht nur einen Teil des Romans aus) zugeordnet und somit auch nicht lediglich Funktion. Sie lassen »poetische« Reste, merkwürdige Überhänge, rätselhaftes Surplus stehen, die nicht einer angeblichen »Krimi-Struktur« untergeordnet sind. Diese winzigen, aber deutlich spürbaren Momente sind kalkuliert gesetzt. Der Roman hat keinen Leerlauf, keine Geschwätzigkeit, vor allem keine Umständlichkeit des Szenenaufbaus und -ablaufs. Sein Timing ist perfekt. Die Dialoge sind, wie Dialoge sein sollen, knapp, auf den Punkt gesprochen, genau unterscheidbare Charakterisierung der Personen und Handlungstreiber in einem.

»Asche« strahlt eine merkwürdige Kühle ab. Der Roman zeigt Terror, aber er terrorisiert den Leser nicht. Er zeigt Emotionen (Hass, Angst, Liebe, Feigheit, Bösartigkeit, Berechnung, Sympathie), aber er schürt keine Emotionen. Er ist dennoch nicht emotionslos, weil er »poetische Gerechtigkeit« als Möglichkeit gegen reale Ungerechtigkeit mobilisiert. In einem Interview sagte Campbell einmal, wegschauen heiße: zulassen. Er schreibe über Sachen, vor denen die meisten Menschen lieber die Augen verschließen. Die Distanziertheit, mit der er das tut, ist nicht inhuman, nur unbequem. »Asche« ist ein klarer Roman. So klar wie Salzsäure.

(03) Liza Cody: Schwesternkrieg (Monkey Wrench, 1994).
Dt. von Regina Rowlinson, 1995.
Liza Codys Roman »Monkey Wrench« (schauen Sie doch mal ins Wörterbuch) der auf Deutsch »Schwesternkrieg« heißt, hat keine schicke, zeitgeistige Heldin. Eva Wylie, so heißt sie, ist ein Brecher, eine Catcherin, die von ganz, ganz unten kommt.
Von dort unten in London, wo das ganze Elend, das Thatcherismus und Postthatcherismus angerichtet haben, voll eingeschlagen ist, wo es eiskalt ist und wo es ums schiere Überleben geht.

Dort tummeln sich Straßenratten, gefährliche Wahnsinnige, dort müssen Huren unter miesesten Bedingungen arbeiten, dort gibt's keine erlesenen Scheinprobleme von Seelchen, die sich selbst für cultivated halten. Gewalt ist eine Umgangsform, auch unter Frauen. Kurz: Liza Codys England ist planetenfern von dem ihrer gepflegt morden lassenden Kolleginnen (allerlei Geschlechts) – und genauso weit entfernt von den Märchen und verlogenen Konfliktlagen des gesamteuropäischen, gar weltweiten »Frauenkrimis«.

Für Eva Wylie hat Liza Cody mit ihrer Erfolgsformel gebrochen – den Romanen um die Privatdetektivin Anna Lee. Die kommt zwar in »Monkey Wrench« noch am Rande vor, aber sie heißt vom Standpunkt von »Killerqueen« Eva Wylie bezeichnenderweise »die Feindin«. Auf jeden Fall ist es mutig, dass Liza Cody mit dieser Figur zu neuen Ufern aufgebrochen ist. Auch wenn's nur ein Triptychon ist, dessen Mittelstück eben aus »Monkey Wrench« besteht.

Die Fall-Aufklärung-Struktur interessiert kaum mehr – logisch in einer Welt, wo mittels Gewalt kommuniziert wird; der mittelständisch-»feministische« Standpunkt wird sozusagen einem Härtetest unter realen Bedingungen ausgesetzt, wobei manche lieb und tantig gewordenen Konsense flugs über Bord gehen; aus der unauffälligen Erzählsprache der »alten« Liza Cody hat sich, mit der Stimme der hässlichen Catcherin ohne goldenes Herz, eine »neue« entwickelt. Und die erzählt widerborstig und sentimental, düster und komisch, immer auf dem Punkt und mit kluger Balance von Drive und retardierenden Momenten.

Radikale Neugier auf die »niederen« Bereiche des menschlichen Lebens führt einmal mehr zu präziser Prosa und vor allem zur Schilderung vielfältiger Differenzen und Unterschiede. Angesichts des schäbigen Elends kommt man mit Typologien und Klischees nicht weiter. Eva Wylie weiß noch lange nicht alles über diese Welt, und Liza Cody stellt sich nicht über sie, weil auch sie nicht alles weiß. Aber beide benutzen Witz und Schlagkraft, um mehr über die Welt herauszufinden. Wir Leser dürfen davon profitieren.

(04) Didier Daeninckx / Jacques Tardi: Den Letzten beißen die Hunde (Le Der des ders, 1997).
Dt. von Martin Budde, 1998.

Manche Dinge passieren zwangsläufig: So mussten eines Tages der Comic-Künstler Jacques Tardi und der Romancier Didier Daeninckx zusammenkommen. Tardis Schaffen kreist seit den 70er Jahren obsessiv um den »Großen Krieg«, den Ersten Weltkrieg, für ihn das Initial-Skandalon des Jahrhunderts. Didier Daeninckx hingegen ist der große Nestbeschmutzer in Prosa. Sein Romanwerk seit den frühen 1980er-Jahren lässt sich als eine Art »Gegenschichte« Frankreichs lesen, wider die offiziellen und bequemen Mythen des Landes. Kollaboration, Algerien und die unendlichen Skandale der innenpolitischen Art sind die thematischen Vorlagen für seine Romane mit dem bösen Blick und der gnadenlosen Recherche. Es handelt sich dabei durchweg um Kriminalromane, mit denen er stets schneller und gründlicher zur Sache ging, als die nachbearbeitenden öffentlichen Diskussionen und die entsprechenden Beiträge der »Hochkultur«.

In Tardis Adaption von Daeninckx' Roman »Le Der des ders« aus dem Jahr 1984, mit dem deutschen Titel »Den Letzten beißen die Hunde«, sind beider ätzende Energien wunderbar gebündelt. Die Rahmenhandlung spielt vom 6. bis zum 14. Januar 1920. Dann explodiert eine Handgranate – und die Arroganz der Macht hat gesiegt. Sie wird das, so deutet Tardi damit an, noch eine ganze Weile tun. Auch weil sie für ihren Sieg die Hilfe von der ganz falschen Seite bekommt. Auch das ein Thema von Daeninckx, den Tardi liebevoll als »L'Humanité«-Redakteur eingebaut hat. Daeninckx hat sich in seinen Büchern immer geweigert, die diversen Schweinereien der orthodoxen Linken zu unterschlagen. Das macht ihn bis zum heutigen Tag nicht gerade zum Darling solcher Kreise.

Die Binnenhandlung hat mit einem eher unbekannten Vorkommnis im Ersten Weltkrieg zu tun: An der Westfront gab es ein russisches Expeditionskorps. Im September 1917 meuterten diese Truppen, wählten Räte und setzten ihre Offiziere ab. Die französische Armee kartätschte den Aufstand nieder und presste die Überlebenden in Strafbataillone. Davon möchte man nach dem Krieg natürlich nichts mehr wissen – hier setzt die Story an. Die berühmten Grautöne Tardis sind harten Schwarz-weiß-Kontrasten gewichen, was sich technisch daher erklärt, dass der Strip zunächst auf Zeitungspapier erschienen ist. Aber obwohl die Hauptfigur, der Privatdetektiv Eugène Varlot (im Roman: Griffon), ein metaphorisch grau in grau angelegter Charakter ist, machen die harten Kontraste hier Sinn: Varlots Gegenspieler, Oberst Fantin, der das Massaker angerichtet hat und sich später, als er mit zurückschießenden Deutschen zu tun bekommt, in die Hosen scheißt (als Running Gag verbergen sich Toiletten hinter allen Türen von Fantins Haus), ist die Schweinebacke par excellence. Im harten Kontrast werden die Fronten ganz deutlich. Der Comic als ästhetisch opulenter, spannender Krimi und damit als funktionierendes Geschichts-Korrektiv.

(05) Pablo de Santis: Voltaires Kalligraph (El calígrafo de Voltaire, 2001).
Dt. von Claudia Wuttke, 2005.
Nichts ist schwieriger als das Leichte. Oder wie Pablo de Santis einmal sagte: »Damit die Leser weiterlesen, muss man langsam und aufmerksam schreiben.« Vor allem gilt das, wenn in einen leichten, schlanken, schnellen und spannenden Roman wie »Voltaires Kalligraph« fast das ganze 18. Jahrhundert hineingepackt ist und unsere Vorstellung vom 18. Jahrhundert gleich mit und das Ganze mit den Augen des 19. und des 20./21. Jahrhunderts gleichzeitig gesehen wird.
De Santis hat die magische Fähigkeit, das ganz Normale einen kleinen Millimeter zu verrücken und es dadurch in einem sehr seltsamen Licht erscheinen zu lassen. Bei »Voltaires Kalligraph« ist das Normale sozusagen das, was wir über das Zeitalter der Aufklärung gelernt haben.
Zum Beispiel der »Fall Calas« – ein Justizskandal, der das vorrevolutionäre Europa erschüttert hat wie kaum ein anderer. 1761 trugen sich Ereignisse in Toulouse zu, an deren Ende die grausame Hinrichtung des Jean Calas stand. Formalrechtlich völlig un-

korrekt, moralisch-ethisch empörend, willkürlich. Voltaire machte den Skandal in seinem berühmten Traité sur la tolérance öffentlich und kämpfte für die Rehabilitierung von Calas, die 1765 dann auch erfolgte. In der Tat bediente er sich dazu eines Netzwerks von Zuträgern und rührte sich selbst nicht von seinem Schweizer Schloss Ferney weg. Aber dass er am Ende die Hinterbliebenen der Familie Calas als Schauspielerinnen bei seinem kleinen Privattheater beschäftigt habe – dies ist ein typischer DeSantis-Dreh, der leicht ins Gruslige schlägt.

Oder zum Beispiel die Automaten: Julien Offray de la Mettries berühmtes Buch »L'homme machine« (1748) gab die rational-mechanistische Vorlage für allerlei Automaten, in denen man den Triumph der Mechanik, des Machbaren über Irrationalismus und Metaphysik zu sehen glaubte; mechanische Menschen wie Vaucasons Flötenspieler, der Schreiber von Vater und Sohn Jaquet-Droz oder Wolfgang von Kempelens Schachtürke waren Sensationen an Europas Höfen. Das Grauen vor ihnen aber wurde erst ein Thema des 19. Jahrhunderts – E. T. A. Hoffmanns »Der Sandmann« und »Die Automate«, Edgar Allan Poes »Maelzels Schachspieler« oder Ambrose Bierces »Moxons Herr und Meister« waren Schlüsselwerke der Rationalismus-Kritik des romantischen 19. Jahrhunderts oder Warnung vor einer allzu technologiegläubigen Zeit wie Villiers de L'Isle-Adams »L'Ève Future«. Das leichte Schaudern, das uns de Santis' Automaten bescheren, speist sich aus der Perspektive des 19. Jahrhunderts, aber nicht nur: De Santis setzt noch einen drauf und verschiebt seine Perspektive bis zu dem amerikanischen Schriftsteller Philip K. Dick und dessen Androiden und Replikanten, die die Unterscheidbarkeit von Mensch und Maschine unmöglich machen.

Ein drittes und letztes Beispiel: Der nette Ex-Henker Kolm, der dem wackeren Dalessius, der Hauptfigur des Romans, zur Seite steht, ist als »Soziotyp« ein naher Verwandter der Henkerssippe Sanson, deren Memoiren, hauptsächlich im 18. Jahrhundert spielend, ein großer Bucherfolg des 19. Jahrhunderts waren. Für Kolm endete sein Traum von einer perfekten Tötungsmaschine fatal, und es blieb dem berühmten Dr. Guillotine überlassen, dem

Hinrichten einen quasidemokratischen Charakter zu verleihen. Das Schöne an Pablo de Santis' Roman ist nun, dass er mit all diesen kulturhistorischen Anspielungen, Verweisen und Tricks so herumspielt, dass wir uns in einer fast klassischen Gothic Novel zu befinden glauben – mit mörderischen Mönchen, festungsartigen Klöstern, Theaterdonner, Leichen transportierenden Linienkutschen, bizarren Bordellen und tausend anderen, sehr komischen Einfällen. Komik und Ironie lagen aber den »Originalen«, also den Schauer- und Geheimbund-Romanen von Schillers »Geisterseher« bis Walpoles »Castle of Otranto« doch sehr fern. Der Hintergrund, den de Santis zeichnet, die Macht- und Positionskämpfe des Klerus gegen die aufklärerische Dynamik der Enzyklopädisten um Diderot, d'Alembert und eben Voltaire ist so präzise ausgepinselt, dass wir an einem Kalligraphen, der nicht dem Druck, sondern der Schrift vertraut, gar nichts mehr besonders finden. Auch wenn der Voltaires Herz in ein unbenanntes Buenos Aires verschleppt, obwohl wir doch sicher wissen, dass es von einem gewissen Monsieur de la Villete vergoldet und dem uns aus unserem Roman bekannten Kammerdiener auf Schloß Ferney, Wagnière, zur treuen Verwaltung übergeben wurde, der damit aber nichts Rechtes anzufangen wusste.
Pablo de Santis schon.

(06) Garry Disher: Drachenmann (The Dragon Man, 1999). Dt. von Peter Friedrich, 2001.
Der australische Schriftsteller Garry Disher hat es mit einem Subgenre zu Ruhm und Anerkennung gebracht, das zwar immer zur populären Kultur gehörte, aber nie wirklich populär war: dem Gangsterroman.
In den Büchern um den Profi-Gangster Wyatt entwickelte Disher seine klare, kühle und präzise Prosa, dem Erzählstoff perfekt angepasst. Wyatts ausgetüftelte Coups funktionieren, weil sie Garry Disher literarisch genauso sorgfältig geplant und kalkuliert hat. Insofern ist der Sprung vom Gangster- zum Polizeiroman, denn »Drachenmann« ist ein perfekter Polizeiroman, nur auf den ersten Blick verblüffend.

Ähnlich wie Privatdetektivromane haben Gangsterromane die Tendenz zur Zentralperspektive, zum autoritären Blick auf das Erzählte. Polizeiromane fächern Perspektiven eher auf. Ein kalkulierender Schriftsteller wie Garry Disher kann also seine Fähigkeit, sorgfältig gedrechselte Abläufe und Verfahren zu schreiben, sozusagen eine Ebene höher ins Spiel bringen. Die Sorgfalt und Meisterschaft des Plottings bezieht sich jetzt auf ganze Erzählstränge, die Disher miteinander verwebt.

Sein erster Polizeiroman faltet diesen Konstruktionsplan sehr schön aus. Die Fälle, die Detective Inspector Hal Challis und seine Truppe zu bearbeiten haben, passieren alle gleichzeitig – eine Serie von Morden, eine Serie von gewaltsamen Einbrüchen, eine Serie von Brandstiftungen. Während der Aufklärung dieser Verbrechen ereignen sich neue, die nur sehr mittelbar miteinander zu tun haben. Am Ende aber hat alles mit allem zu tun, dennoch gibt es keinen Superschurken, keinen Masterplan, sondern nur einen kleinen Designer-Rucksack aus Leder, der als klassisches Leitmotiv durch den Roman wandert. Die literarische Textur ist so dicht gewebt, dass sie einerseits realistisch wirkt, andererseits und gleichzeitig auf ihre Literarizität hinweist. Das ist dann eben kein naiver Realismus mehr, sondern Kunst.

Aber »Der Drachenmann« ist beileibe kein Meta-Thriller, sondern folgt den Genre-Konventionen sogar da, wo man es nicht erwarten würde. Es ist für einen Serialkiller-Roman inzwischen absolut ungewöhnlich, dass der Killer nicht nach langer Jagd sozusagen als Diabolo ex Machina aus dem Hut gezogen wird, sondern schon immer und lange unbemerkt an den Rändern der Handlung und manchmal auch mittendrin teilnimmt. So entsteht ein Whodunit in einem Romantyp, der eigentlich gegen den klassischen Whodunit konzipiert war. Allein schon das zu beobachten ist hochspannend – so spannend wie die Frage nach dem Täter.

Noch schöner: Der scharfe Detailrealismus, der uns den südaustralischen Hochsommer mit seiner Hitze und Wasserknappheit fühlbar werden lässt, die strikt anti-folkloristische Schilderung der Gesellschaft und die vielen knapp, aber plausibel gezeichne-

ten Figuren lassen das Stahlskelett der Konstruktion beim Lesen vergessen. Der Human Factor wird ebenso breit aufgefächert wie Perspektiven und Handlungen. Die frustrierte Jungpolizistin verwandelt ihren Frust in gute Arbeit, und die gute, erfahrene Polizistin klaut aus reichlich egoistischen Motiven Geld von einem Tatort. Hal Challis schließlich, die Hauptfigur mit der problematischen Vorgeschichte und dem Wunsch, nur noch sein altes Flugzeug restaurieren zu dürfen, ist vom Human Factor zum optimistischen Melancholiker (oder zum melancholischen Optimisten) geläutert.
Selbst der Zufall wird von Dishers Konstruktion erfasst. Ohne Zufall keine Verbrechen, ohne Zufall keine Polizeiarbeit und ohne Zufall auch keine spannenden Romane. Dishers kalkulierte Zufälle wirken realistisch und sind doch literarisch. Und somit haben wir mit dem »Drachenmann« einen relativ seltenen Glücksfall – einen realistischen Roman, der seine überzeugende Realitätstüchtigkeit und seine Spannung nicht über Kolportage-Elemente bezieht, sondern über seine künstlerische Machart.

(07) Joe Gores: 32 Cadillacs (32 Cadillacs, 1992).
Dt. von Stefan Huck, 1994.
Verbrechen haben literarisch gesehen den schönen Vorteil, dass sie einem Roman den Bauplan diktieren können – das Skandalon, um das herum alles andere sich ergibt und/oder aus dem es herleitbar ist, das Skandalon als Zentralperspektive sozusagen. Das allmähliche Aussterben der ernst zu nehmenden Literatur, die nach diesem Schema verfährt, hat damit zu tun, dass ein solches Skandalon nicht mehr glaubwürdig ist. Glaubwürdige Geschichten aus glaubwürdigen Welten funktionieren mittlerweile nach anderen Gesetzen.
Joe Gores, von dem neben anderen wichtigen Büchern (zum Beispiel »Interface«, mit dem er schon 1974 hellsichtig den guten, alten Privatdetektivroman als erledigten Fall abgehakt hat) auch »Hammett«, die Romanvorlage zu dem Wim Wenders zugeschriebenen gleichnamigen Film stammt, erzählt in »32 Cadillacs« eine solche glaubwürdige Geschichte. Eine ganze Schar

hochtalentierter Roma ergaunert aus nicht ganz uneigennützigen Motiven (und auch nicht aus ganz eigennützigen, nebenbei) 32 hoch wertige Cadillacs, die Damen und Herren der Repo-Agentur Daniel Kearny Associate versuchen, sie mit allen Mitteln wieder zurückzuholen. Die Roma sind sich untereinander alle nicht allzu grün (warum auch?), die Repo-Leute ebenso wenig. Also beginnt ein fröhliches Intrigieren und Gegenintrigieren, Koalieren und Kontrakoalieren, Hereinlegen, Aufs-Kreuz-Legen, Über-den-Tisch-Ziehen. Allianzen wechseln blitzschnell, für ein Interesse findet sich gerne ein übergeordnetes.

Die Situationen, in die alle früher oder später kommen, sind haarsträubend bis abwegig, und Auswege gibt es immer nur für jemanden, der/die intelligenter, einfallsreicher, d. h. kreativer ist. Klar, dass Intelligenz und Kreativität nicht nach dem »Gut«-»Böse« Schema verteilt sind, denn solche Parameter (ebenso wie legal und illegal, legitim und illegitim) sind nutzlos, wenn alle beteiligten Personen ums Überleben kämpfen. Daniel Kearny fürchtet um seine Firma, Bankmenschen fürchten um ihren Job, die Roma um ihren Lebensunterhalt, desgleichen die Repo-Leute um ihre Provisionen.

Nun kann man den Kampf ums Dasein in einem Land ohne nennenswerte soziale Netze entweder als finstere Tragödie in schwarzer Hoffnungslosigkeit inszenieren oder aber als elegante, leichtfüßige Komödie, die über die Miserabilität der Welt nur noch lachen kann.

Gores, ein lebenserfahrener Mann, der selbst als Privatdetektiv gearbeitet hat, hat sich für die zweite Möglichkeit entschieden. Wenn eine Gesellschaft konstitutiv kriminell ist, dann heißt das auch, dass Handlungsoptionen offenstehen, an die man in harmlosen Zeiten noch nicht mal zu denken gewagt hat. Und diesen Umstand nützen seine Heldinnen und Helden aufs Genüsslichste – und siehe: Die Komik, die mannigfaltigen Perspektiven, die Gores durch seine Figuren auf die Möglichkeiten von Welt bietet, eröffnen genauere Ansichten auf das, was sein könnte, als alle bemühten literarischen Exerzitien um Moral und Sicherheit.

(08) Imre Kertész: Detektivgeschichte (Detektívtörténet, 1977/2001).
Dt. von Angelika und Peter Máté, 2004.

Antonio Rojaz Martens, die Hauptfigur, war zwar einmal Polizist, dann aber Scherge einer nicht näher spezifizierten lateinamerikanischen Diktatur. Gerade hat das Regime gewechselt; Martens sitzt selbst in der Zelle und erwartet ein Schicksal, das er nur zu gut kennt. Er wird vermutlich erschossen werden. Seine Lebensbeichte, oder was er dafür hält, hat er niedergeschrieben. Diese Manuskript-Fiktion macht den Hauptteil von Kertész' schon 1976 entstandenem Text aus. Das Skandalon dabei ist die »Salinas-Akte«. Enrique Salinas ist der Sohn des reichen Kaufhausbesitzers Federigo Salinas. Als junger Mensch und Bruder Leichtfuß, als zur Empörung bereiter Idealist und anständiger Kerl will Enrique unbedingt gegen die Diktatur rebellieren. Sein Vater mag zwar das Regime nicht, gehört aber ansonsten zu dessen Profiteuren. Um seinen Sohn vor unbedachten Handlungen zu schützen, inszeniert er eine Schein-Widerstandsgruppe, die überhaupt nichts tut, außer Enrique subversive Aktionen vorzugaukeln. Zum materiellen Profit gesellt sich für Salinas sen. ein moralischer, weil er in den Augen seines Sohnes als anständiger Mensch dastehen möchte.
Natürlich helfen solche Manöver niemandem. Durch einen Zufall platzt das Spiel. Opposition oder Scheinopposition ist egal, Vater und Sohn enden vor dem Peloton. Das Buch von Kertész siedelt eher nächst Kafkas »Prozeß« denn an irgendwelchen Diktatorenromanen aus Südamerika oder Polit-Thrillern. Die ungarischen Leserinnen und Leser haben 1977 die Message genau verstanden und sich höchstens gewundert, dass oder wie es den Zensur-Apparat passieren konnte. Als Anatomie totalitärer Strukturen und deren Auswirkung auf Individuen ist der knappe Text brillant.
Gleichzeitig ist »Detektivgeschichte« aber auch ein kontextuell gebundenes Buch. So konnte, ja musste man damals, 1977, in einem totalitären Regime über das Funktionieren totalitärer Regimes wohl schreiben, um überhaupt darüber schreiben zu kön-

nen. Das fiktive Südamerika war Ungarn bzw. die Staaten des Warschauer Pakts. Mit der Veränderung des politischen Kontexts geht der subversive Aspekt der Erzählung verloren, es bleibt das allgemein Gültige, eben das Psychogramm eines Folterknechts und Schergen.

Eine wirkliche Detektivgeschichte, wie immer wir die uns vorstellen mögen, würde anders verfahren: Sie könnte eine ähnliche Handlung im Hier und Jetzt ansiedeln, und das Hier und Jetzt genau benennen, das heißt ihre Kontexte in den Text hineinziehen. Sie könnte mittels ihres narrativen Drives die Allgemeingültigkeit ihres Sinns in Action auflösen, sie könnte ihn durch unterhaltendes Erzählen gar »zeigen«, sie könnte dies allerdings nur in einer demokratischen Gesellschaft tun.

Insofern ist Imre Kertész' »Detektivgeschichte«, gerade weil sie keine »wirkliche« Detektivgeschichte ist, ein Beleg ex negativo für die demokratische Basis von Kriminalliteratur. Dass Kertész diese subversive Ironie sehr absichtsvoll in den Titel des Buches gepackt hat, macht es umso erfreulicher.

(09) Robert Littell: Die kalte Legende (Legends, 2005).
Dt. von Ulrike Wasel und Klaus Timmermann, 2006.
Ein Mann steht vor der Hinrichtung; seine Exekutoren klemmen ihm eine Zigarette zwischen die Lippen, mit den Worten: »Das ist Tradition. Der zum Tode Verurteilte hat Anspruch auf eine letzte Zigarette.« Das passiert dem CIA-Agenten Martin Odum 1993 in Russland, unweit der ehemaligen Datscha von Lawrenti Berija, die nun von einem russischen Großgangster bewohnt wird. Es passiert aber auch, mit denselben Worten kommentiert, dem Pinkerton-Spion Lincoln Dittmann, der in der Schlacht von Fredericksburg 1862 von den Südstaatlern erwischt wird. Odum und Dittmann akzeptieren gerne, nur der IRA-Bombenexperte Dante Pippen hätte daran keine Freude gehabt – er hat sich das Rauchen abgewöhnt, als er 1994 ein Palästinenser-Camp in der Bekaa-Ebene infiltriert. Und als Lincoln Dittmann 1991 den aufstrebenden Osama Bin Laden trifft, ist die härteste Droge Kräutertee. Odum, Pippen und Dittmann sind drei Geheimdienst-

Legenden desselben Mannes, dessen echter Name uns und vielleicht auch ihm unbekannt bleibt. Er hat alle drei Legenden so perfekt internalisiert, dass ein eigenes Ich völlig verschwunden ist. So weit geht seine Identifikation mit den von einem Team skurriler Spezialisten ausgeklügelten Deckbiographien, dass selbst Dittmanns Macke, bei der Schlacht von Fredericksburg dabei gewesen zu sein (und dort Walt Whitman getroffen zu haben) völlig authentisch ist. Nur bei Odum gibt es eine Gedächtnislücke, die zu füllen ihm seine Ex-Chefin bei der CIA, ein Eiswürfel kauendes Wesen namens Crystal Quest, streng untersagt. Unter Androhung von Liquidation. Dennoch nimmt Odum als Privatdetektiv einen Job an, der ihn hinter einem russischen Gangster herjagen lässt. Und damit, ohne es zunächst zu wissen, auch hinter sich selbst – wer auch immer das sein mag.

Robert Littell gehört zu den ganz Großen des Polit-Thrillers. Seine Romane erfordern, wie die von Ross Thomas, den kompetenten, mitdenkenden und informierten Leser, der kaum etwas erklärt, aber viel erzählt bekommt. Sie sind Gegenstimme zu offiziellen Sichtweisen von Politik; ihre intellektuellen Konzeptionen sind brillant. So wie hier: Um überleben zu können, dürfen Odum & Co. sich nicht auf die Suche nach ihrem »Ich« begeben, sondern sie müssen alle Fähigkeiten ihrer verschiedenen Personae zusammenlegen, um zu überleben. Die »multiple Persönlichkeit« nicht als psychopathologischer Ausnahmezustand, sondern als Antidot gegen die Zumutungen der Moderne. Und somit der Sieg des Individuums über Systeme, Organisationen, Staaten. Darin liegt sogar ein Stückchen Utopie.

(10) William Marshall: Manila Bay (Manila Bay, 1986).
Dt. von Anke Caroline Burger, 2000.
Der ideale Kriminalroman müsste gleichzeitig das Genre revolutionieren (und die nicht genregebundene Literatur gleich ein bisschen mit) und alle seine bisherigen Errungenschaften bündeln. Er müsste spannend und entspannend sein. Er müsste neue Erkenntnisse über Welt und Gesellschaft vermitteln und alles, was wir über die Conditio humana wissen, nicht vergessen. Er

müsste komisch und tragisch sein. Er müsste peniblen Detailrealismus pflegen und Halluzination von Dingen jenseits aller Realismen sein. Er müsste eine Moral haben und alte wie neue Konzepte von Moralität, von Legitimität und Legalität und deren Antithesen diskutieren. Er müsste einen gewissen Gerechtigkeitssinn befriedigen und nicht aus den Augen verlieren, dass es ungerecht zugeht auf der Welt.

Er soll Helden und Schurken allerlei Geschlechts beherbergen, doch die sollen keine eindeutigen Charaktere sein. Er soll Haupthandlungen und Nebenhandlungen verwirrend und doch glasklar miteinander verweben, falsche Spuren auslegen und die richtigen dennoch nicht durcheinanderbringen. Er soll Rätsel über Rätsel aufwerfen, und er soll sie wieder auflösen. Aber nicht total, weil das unglaubwürdig wäre. Außerdem soll er schnell erzählen und doch episch. Er soll uns Weltgegenden zeigen, die wir nicht kennen. Aber wer sie kennt, soll sie auch wiedererkennen können.

All dieses und noch vieles mehr ist der ideale Kriminalroman. Den gibt es verständlicherweise – so – nicht.

Aber es gibt immerhin die Romane von William Marshall.

»Manila Bay« ist schon deshalb fast ein Idealtyp des Genres, weil er eigentlich gleich drei ausgewachsene Kriminalromane enthält: die Geschichte vom Kampfhahn Mendez, die Geschichte vom Straßenräuber und die Geschichte vom korrupten philippinischen Minister. Jede dieser drei Geschichten hat einen Anfang (ein Rätsel), eine dramatische Handlung (der Prozess der Aufklärung mit Fortschritten, Rückschlägen und Triumph) und ein überraschendes, aber ganz und gar logisches Ende, das jedes Element der jeweiligen Geschichte notwendig braucht, wie sich dann zeigt. Dass Marshall dann auch noch die Geschichten Nummer zwei und drei so terminiert, dass sie bruchlos in die Handlung von Nummer eins einmünden, das ist dann eine Stern- und Lehrstunde in Erzähltempo und Erzählökonomie – weit über das Genre Kriminalroman hinaus.

Ein »Klassiker« ist »Manila Bay« aber auch, weil hinter dem ganzen gebündelten Irrsinn, hinter einbeinigen Kampfhähnen,

Stinkbomben und Kopfjägern mit Plastikbeilchen, und hinter der rasend schnell geschnittenen Erzählung aus äußerem und innerem Mono-, Dia- und Polylog etwas sehr Seltenes lauert: ein ganz und gar klassischer Kriminalroman, in dem Helden Verbrechen aufklären und in dessen literarischer Verwebung alles auf dieses eine Ende hin angelegt ist. Marshall ist insofern »klassischer«, als Agatha Christie es je war.

Damit hat er auch gleichzeitig den Beweis geliefert, der Schubladendenkern quer liegen mag: Die klassische Form des »Whodunits« ist keineswegs an langweilige, schrumpf- und pseudorealistische Prosa, an uninteressante Geschichten über uninteressante, papierne Leute an papiernen Plätzen und Orten gebunden. Er muss auch nicht Scheinkonflikte behandeln (wer hat Onkel Edwin umgebracht?), sondern kann die Zeitgeschichte – wie hier den Vietnamkrieg – ernst nehmen. Dadurch bekommt Marshalls traurige Ballade von den Boatpeople eine tragische Dimension, die wiederum verbietet, die komischen Momente des Buchs als reines Geblödel abzutun. Weil man sich aber prächtig unterhält bei der Lektüre, landet noch ein schwerer Schlag auf dem digitalen Weltbild: Unterhaltung kann zwar Fun sein, aber nur, wenn eine Portion Nightmare vor Blödigkeit schützt.

(11) Andreu Martín: Die Stadt, das Messer und der Tod.
(El Hombre de la Navaja, 1993).
Dt. von Marion Lüttke, 1994.
Der Held von Andreu Martíns Roman »Die Stadt, das Messer und der Tod« ist El Hombre de la Navaja, der Messermann. Der Messermann schleicht durch die Straßen Barcelonas und killt Frauen. Oder? Möglicherweise gibt es ihn gar nicht, den wahnsinnigen Killer, das Phantom, das Monster. Möglicherweise sind die zwölf Miniaturen, die Andreu Martín zu einem Alptraum aus Komik und Grauen montiert hat, jede für sich ganz differenziert zu verstehen: als Gestammel eines Durchgeknallten, als Protokoll eines banalen Doppelmords, als Psychogramm eines Möchtegern-Killers, als reine Fiktion eines fiktiven Schriftstellers. Wer weiß?

Und wer weiß schon wirklich etwas über einen Serialkiller? Die diversen ExpertInnenrunden, die Martín uns ständig aus dem Radio und aus dem Fernsehen mit ihrem Geplapper überziehen lässt –, marxistische Positionen hie, feministische da, und alle gleich idiotisch –, diese Experten wissen schon mal gar nichts. Nichts wissen auch die Verfasser von Kriminalromanen, denn »die Realität ist nicht einmal so, wie sie sein sollte«.

»Die Stadt, das Messer und der Tod« hat alles in tausendfache Brechungen aufgelöst, was die Definitionsgrundlagen eines »Thrillers« ehemals ausmachte: Tat und Aufklärung, Verbrecher und Held, Sozialanalyse und positive Gewissheit über die Aufklärbarkeit der Welt, Rätsel und Ratio, Anfang und Ende – an Martíns Buch zerplatzen diese Raster, sie werden irrelevant. Was bleibt, ist die konkrete Topographie von Barcelona, die Atmosphäre des Vieldeutigen, Bedrohlichen, in der ein Gespräch im Metzgerladen zum reinsten Horrortrip gerät, und eine Galerie von Figuren, die man höchstens vorschnell als völlig abgedreht bezeichnen könnte, bis man merkt, wie alltäglich diese reizenden Leute doch sind. Aber auch diese Existenzialismen werden von Andreu Martíns ständiger Spottlust überzogen. Gewiss ist gar nichts mehr.

Bis auf eines: Der Roman ist trotz allem keine leblose Metafiction. Das verrückte Kaleidoskop aus Gewalt, Bedrohung und Irrsinn zaubert ein fiebriges Panorama des ganz normalen urbanen Wahnsinns, vor dem die Ordnungsstrukturen konventionellen Erzählens schon längst kapituliert haben. Wahrnehmung ist zu großen Teilen medial verfasst – alle Personen haben über den Messermann gehört oder gelesen, so wie die Serialkiller-Romane von Thomas Harris & Co. in aller Bewusstsein sind. Aber hinter den Fiktionen stecken Realitäten, wie der untalentierte Killerazubi schmerzhaft lernen muss – zumindest in der Fiktion des Romans, der auch nur mit dem Waterman-Füller geschrieben ist, zumindest im Roman.

»Die Stadt, das Messer und der Tod« ist auch ein überaus spottlustiger Text über die Zumutungen, die man dem braven »Krimi« aufgebürdet hat – nämlich zu erklären, wie die Welt wirklich sei (in diesem Fall: einen psychopathischen Killer zu deuten). Zwölf Perspektiven bietet Andreu Martín an, nicht nur, um sie sofort wieder zu dementieren, sondern um sie, noch mehr tricky, alle die eine Wahrheit ergeben zu lassen: dass es keine einzige, aber eine Menge ganz fürchterlicher Wahrheiten gibt. Wer sich jetzt endgültig im Labyrinth von Martíns Spielen um Schein und Sein, um Dichtung und Wahrheit verloren und mutlos fühlt, sei getröstet: Das Buch ist kein bisschen prätentiös oder platt konstruiert, sondern spannend und komisch, pathetisch und cool, schlicht: umwerfend packend und unterhaltend.

(12) James Sallis: Driver (Drive, 2005).
Dt. von Jürgen Bürger, 2007.
Der Driver fährt Fluchtautos bei Raubüberfällen. Er ist Spezialist, Profi, teuer. Er macht seinen Job, alles andere interessiert ihn nicht. Er handelt nicht auf Weisung. Offizielle moralische Kategorien gibt es nicht in seiner Welt. Er folgt nur seiner eigenen Moral. Er redet wenig. Wenn er aber um seine Existenz kämpfen muss, tut er das. Die Parallelen zu dem Film »The Driver« von Walter Hill aus dem Jahr 1978 sind bemerkenswert. Auch dort agiert ein wortkarger Fahrer von Fluchtautos, der nur gut seinen Job erledigen und dafür viel Geld kassieren will. Im Film wie im Buch ist die Welt nicht so geschaffen, dass die jeweiligen Fahrer mit ihren Konzepten und ihrer Haltung durchkommen könnten. Der Roman »Driver« (der im Original neutraler »Drive« heißt) hat aber noch einige implizite Bezüge mehr zum Film: Der Driver arbeitet als Stuntman für die Studios, als Action-Fahrer, als Double für Stars der B- und C-Productions (so wie der Film »The Driver« ein B-Movie war). Einer seiner wenigen Sozialkontakte ist der Drehbuchautor Manny Gilden: »Driver war noch weit vom Ende entfernt. Es dauerte Jahre, bevor er um drei Uhr an einem klaren, kalten Morgen in einer Bar in Tijuana zu Boden ging. Jahre, bevor Manny Gilden sein Leben verfilmte.«
Selbst in weniger auffälligen Szenen zitiert Sallis ständig Film- und Bilderwelten mit großem kommunikativen Potenzial. Und meistens sind diese Zitate nicht ganz eindeutig. Wenn der Driver

etwa das Haus gegenüber mustert, in die einzelnen Fenster, in einzelne Leben hineinschaut, ruft Sallis die einschlägigen Bilder von Alfred Hitchcocks »Rear Window« oder John Carpenters »Someone's Watching Me« auf, lässt allerdings auch an Edward-Hopper'sche Einsamkeits-Tableaus in kalten Farben denken. Dass allerdings der Sallis'sche Driver ein Mensch mit schwarzer Haut ist, kommt auch unserer eigenen Wahrnehmungsroutine ein bisschen in die Quere.

In der coolen Stilisierung des Production Designs, in dem Quasibezug zu einem Kultfilm für Aficionados, in lauter kleinen Momenten der Irritation steckt eine produktiv-bösartige Pointe: Man kann »Driver« lesen als lakonisches, prägnantes, temporeiches und radikal-ökonomisches Erzählen. Als bewussten Rückgriff auf die Erzähltraditionen des Genres, als es noch nicht von blutspritzenden, kiloschweren Märchenbüchern über Serialkiller und ähnliche Geisterbahnexistenzen dominiert wurde. Sallis evoziert ein Gegenprogramm – die kleine schmutzige Geschichte über Outlaws und Outsider, unkompliziert, mit narrativem Drive, mit Action als Hauptvektor, ohne psychologische Ambition. Im Grunde ruft er also das wirkliche Goldene Zeitalter des Genres auf, als es noch nicht nur den Marketingstrategen gehörte und als Genre zur authentischen Gegenwartsliteratur hätte werden können. Deswegen widmet Sallis den Roman auch Ed McBain, Donald Westlake und Lawrence Block, »drei großen amerikanischen Schriftstellern«. Aber, und deswegen ist der Roman gemacht, wie er gemacht ist, eine solche Naivität ist nicht mehr zu haben. Oder war es noch nie. Also zwingt uns James Sallis, sehr genau auf Faser und Textur seines multimedial vermittelten Erzählens zu schauen.

(13) Paco Ignacio Taibo II: Vier Hände (Cuatro Manos, 1990). Dt. von Annette von Schönfeld, 1996.
Schon bei der allerersten, unvoreingenommenen, noch unverstellten Lektüre wird klar, warum wir da einen »großen« Roman vor uns haben. Eine Orgie des Erzählens – wollüstig, undogmatisch, amüsant, witzig, menschlich, rührend, spannend, bösartig,

intelligent, populär, kunstvoll gemacht, bild- und sprachmächtig und kein Gran elitär. Es wimmelt in »Vier Hände« von historischen Figuren – Leo Trotzki, Stan Laurel, Houdini und Pancho Villa geben sich die Kapitel sozusagen in die Hand; der Spanische Bürgerkrieg, der mexikanische Bürgerkrieg, die Machenschaften der CIA, Nicaragua, der Stalinismus in Osteuropa sind neben dem Hier und Heute (von 1990) die Schauplätze. Und die Unterhaltungsstoffe für Millionen wie Emilio Salgaris »Sandokan«-Romane, die Musik von Antonio Carlos Jobim, die Entfesselungstricks von Houdini oder die Laurel-&-Hardy-Filme bilden die Textur, in die Taibo seine glitzernden und glänzenden Ideen Faser für Faser hineinwebt. Und dann ist das Ganze auch noch ein waschechter Polit-Thriller. Einer von der Sorte, der aus Paranoia kein klaustrophobisch enges Verschwörungspathos für bierernste Möchtegern-Durchblicker macht, sondern, weil ironisch und spöttisch, eine demokratische Tugend. Denn »Vier Hände« erzählt auch ganz plausibel und realitätstüchtig die Geschichte, wie ein Geheimdienst mittels subtiler Desinformation einen politischen Widersacher und dessen Sache diskreditieren und aus dem Spiel nehmen will. Dass dies ein permanent aktuelles Thema ist, muss man hier nicht eigens erwähnen.
Warum aber nennt man Paco Ignacio Taibo II, angesichts eines so monumentalen Buchs, nicht in einem Atemzug mit den üblichen Verdächtigen des lateinamerikanischen Romans, mit García Márquez, mit Vargas Llosa oder Carlos Fuentes? Taibo schreibt ganz und gar absichtlich Kriminalliteratur. In unendlich vielen Interviews hat er immer wieder betont, Kriminalliteratur und damit sein eigenes Werk sei »marginal«. Marginal, weil sie im Wertekanon der Literaturen randständig sei. So was wird gerne geglaubt, zumindest in deutschsprachigen Gefilden.
In den USA zum Beispiel sieht das schon anders aus, zumal die New York Times regelmäßig Taibo-Bücher bespricht. Nicht gerne gehört hingegen wird die Folgerung aus dieser scheinbaren Selbst-Marginalisierung: Wenn Kriminalliteratur marginal sein sollte, dann steht sie in Opposition zum Nicht-Marginalen, zum Kanon, zum Gesicherten. Und weil dies alles nicht naturgesetz-

lich so ist, sondern wie alles menschliche Tun interessengeleitet, hat diese Position eine massiv politische Implikation. Wie immer man die beschreiben will: Diese ironische Selbstpositionierung hat die zeitgeistige, freiwillige Bagatellisierung des Krimis als kuschelige Evasiv-Literatur jetzt schon prächtig überlebt.

(14) Luis Ferdinand Verissimo: Der Club der Engel (O Clube dos Anjos, 1998).
Dt. von Barbara Mesquita, 2001.
Eine Clique schon etwas ältlicher und moralisch ziemlich verkommener, aber begüterter Herren veranstaltet pro Monat ein Dinner. Sie nennen sich als schale Referenz an ihre auch nicht so säuberliche Jugendzeit »Der Hackfleisch-Club«. Eigentlich mögen sie am liebsten gebratene Bananen, aber jetzt sind sie schließlich wer – durch Erbschaft, Betrug, glücklichen Zufall, Verrat oder Gier: Die gebratenen Bananen werden durch allerlei edle Gourmandisen ersetzt. Aber ob die reichlich schrägen Herren wirklich etwas von Essen verstehen, ist nicht ganz klar. So geht das fröhliche Fressen über Jahrzehnte, als plötzlich (oder gar nicht so plötzlich) einer der schmuddeligen Kerle an Aids stirbt. Nachdem alle mit großem rhetorischen Tralala ihre tiefe Betroffenheit ausgedrückt haben, trifft es sich gut, dass der Ich-Erzähler David – ein fettes, schlecht angezogenes Schmutzel mit reicher Gattin – ein merkwürdiges Kochgenie kennen lernt. Denn das Fressen muss weitergehen und voilà, Lucídio, der geheimnisvolle Fremde, scheint ein Meisterkoch zu sein. Er wird engagiert, und von nun gibt einer aus dem Hackfleisch-Club pro Dinner im wahrsten Sinn des Wortes den Löffel ab. Aber wie, aber warum?

So ungefähr ist das Ausgangsszenarium von Luis Ferdinand Verissimos schmalem Roman »Der Club der Engel«. Tun wir mal einen Moment so, als wüssten wir nicht, dass Verissimo neben Rubem Fonseca der ätzendste Speier und Spötter der brasilianischen Literatur ist, der mit planem »Genre« so gar nichts im Sinn hat, dann sehen wir hier einen klassischen Krimi-Plot. Zumal, so viel sei verraten, der Autor später auch noch artig Motivation,

Grund und Ausführung der Morde nachliefert. Wenn auch wegen deren Abgedrehtheit eher parodistisch. So, wie Verissimo seine Helden und deren moralischen Haushalt gnadenlos maliziös beschreibt, wie er den verständnisvollen und müden Fatalismus, mit dem die Herren sich ermorden lassen, plausibel macht, und wie er in den Porträts seiner Gestalten einen politischen Kommentar zur Lage seines Landes abgibt – ohne dies mehr als am Rande zu erwähnen –, liegt es nahe, dass dieser Kriminalroman in einer anderen Klassifizierung gesehen werden sollte: Verissimo klinkt sich bewusst in die schöne Tradition von Texten ein, die seit Jonathan Swifts »Bescheidenem Vorschlag ...« gerne unter »schwarzer Humor« anthologisiert werden. In die Tradition schwer kategorisierbarer Texte also, die meistens doppelte Subversion treiben. Zum einen an jenen intellektuellen, moralischen oder politischen Standards ihrer Zeit, die als Commonsense gelten, zum anderen an den literarischen und ästhetischen Formen und Normen, die dafür geeignet scheinen. Der schon erwähnte Swift gehört ebenso in diese Kategorie wie Solitäre à la Thomas de Quincey, Oscar Panizza, Guillaume Apollinaire, Franz Kafka oder – zeitgenössischer – Jack O'Connell. Verissimos Quasi-Krimi bietet »Gesellschaftskritik« an der brasilianischen »Elite«, ohne die üblichen Instrumente und ohne die üblichen Verfahren und literarischen Standards der Gesellschaftskritik. Er bietet ein Mordrätsel ohne die Genugtuung der Auflösung, obwohl er eine solche liefert. Denn auf die Enträtselung folgt noch eine Pointe, auf die das Buch sozusagen vom Titel aus hingeschrieben ist (die aber nicht verraten wird). Verissimo treibt mit allem, was artifizieller und engagierter Literatur gleichermaßen heilig ist, Spiel, Spaß und rohen Frohsinn.

(15) Donald Westlake: Der Freisteller (The Ax, 1997).
Dt. von Johannes Schwab, 1998.
Burke Devore ist ein netter Kerl. Für seine Familie würde er alles tun. Das muss er auch, als er mit 51 Jahren und nach einer gesicherten Mittelstandskarriere im mittleren Management einer Papierfabrik schwupps entlassen wird. Um wieder an einen Job zu

kommen, entfernt er alle potenziellen Mitbewerber und den Mann, der auf seiner neuen Lieblingsstellung sitzt. Final. Leicht fällt ihm das nicht, aber ein Mann muss tun, was ein Mann tun muss. Was sich, so zusammengefasst, reichlich dürr anhört, wird in Donald Westlakes Roman »Der Freisteller« zu einem komplexen, grimmig-komischen und sehr gemeinen menschlichen Stück Literatur. Es ist kein Zufall, dass in Zeiten, in denen der historische American Noir der 30er-, 40er- und 50er-Jahre gerade in der »Library of America« liebevoll kanonisiert worden ist, wieder aktuelle Romans noirs geschrieben werden, ohne jeden nostalgischen Touch. Donald Westlake, auch alias Tucker Coe und Richard Stark u. a., einer der Hacks auf stetig hohem Niveau, die die amerikanische Gegenwartsliteratur eher am Leben halten als die kulturbetriebskompatiblen Auster, Brodkey, Brodsky & Co., kennt man hierzulande höchstens als Lieferanten der Vorlage von John Boormans Film »Point Blank«. Oder als Analysebeispiel bedenkentragender Medienpädagogen für die schlimmen Folgen von Schundromanen.

Dass »Der Freisteller« Westlake allerdings in die feinen amerikanischen Feuilletons katapultierte und dort wahre Lobeshymnen auslöste, verdankt sich sicher nicht einem prätentiösen Kunschtgetue, sondern der klaren Radikalität, mit der er sein Thema angeht. Der Hintergrund ist klar: Die Wirtschaftsdaten der USA und die sozialen Realitäten klaffen erheblich auseinander. Gleichzeitig heizt eine heuchlerische Propaganda Family-Values an, die angesichts der Destruktionskräfte der Shareholder-Values nur höhnisch zu verstehen sind. Für ein paar Dollar mehr Dividende für ohnehin schon Reiche werden menschliche Existenzen sehenden Auges ruiniert. Burke Devores Ehefrau schildert in einem virtuosen, seitenlangen Monolog, wie die keinesfalls dramatische, nur eisig wühlende »Feinarbeit« aussieht, wenn die Familie den Frust eines ausgemusterten, weggeworfenen, aber durchaus kompetenten Familienvaters abkriegt. Der zudem aus einer Generation von Männern kommt, die mit »positivem Denken«, fetischhafter Leistungsfixierung und dem stillen Glauben an die schöne Welt der Schlafstädte aufgewachsen ist. Jetzt drücken Hypothek und Schulkosten für die Kinder. Die soziale Isolation greift um sich, man kann seine Freunde nicht mehr einladen. Kleinere Reparaturen am Auto werden zum Problem. Die Frau muss Geld verdienen, die Gewichte in der Ehe verschieben sich, Rollen kollidieren. Die McJobs sind demütigend, hoch qualifizierte Ingenieure stehen mit dämlichen Mützchen da und braten Hamburger. Das alles kapiert und sieht Devore klar wie Salzsäure. Er kapiert aber auch, dass er an den großen Strukturen nichts ändern will. Der amerikanische Traum vom Selfmademan wird zur tödlichen Falle. Devore betreibt keinen Aufstand gegen den Dow Jones, sondern schießt sich den Weg frei. Bevor schöne Debatten über gesellschaftliche Werte geführt werden können, müssen die Menschen anständig leben dürfen. Notfalls mit Gewalt. Die hämischste Pointe des Buches ist, dass Devore damit durchkommt.

Westlakes Roman ist kein schmalziges Sozialdrama, sondern ein Stück Literatur, das die Qualität des Noir aufs Schönste aktualisiert: mit genau kalkulierten, knappen Mitteln gesellschaftliche Themen in Action und Stimmung umsetzen zu können. Dahin zu gucken, wo die »Hohe Literatur« nicht hinreicht, und so Texte hervorzubringen, deren ästhetische Essenz kleine scharfe Granatsplitter sind. »Der Freisteller« tut weh.

Sprengfallen
Eric Ambler und die Poetik des Pragmatischen

Willkommen in der vieldeutigen Welt von Eric Ambler! Den ersten seiner 18 Romane, die alles Schubladendenken über Polit-Thriller, Spionageromane und andere Kategorien ins definitorische Delirium treiben, hat er 1936 veröffentlicht. Diese 18 Romane reichen aus, um ihn zu einer zentralen Gestalt des 20. Jahrhunderts zu machen.

Das ist er nicht nur, weil er den so genannten Polit-Thriller nach den eher rustikalen Anfängen von Erskine Childers, William LeQueux oder John Buchan zu einer wichtigen Form der Gegenwartsliteratur gemacht hat. Ohne Ambler kein John Le Carré, kein Frederic Forsyth, kein Robert Ludlum und letztlich kein Tom Clancy. Diese absteigende Linie nur, um sichtbar zu machen, dass sich die Wirkmächtigkeit einer Schlüsselfigur auch (und gerade) an ihren trivialsten Nachfolgern bemisst. Mit anderen Worten: Ein großer Teil der heutigen Bestsellerei müsste eigentlich Copyright-Tantiemen für eine Idee an Ambler überweisen.

»Ambler und immer wieder Ambler«, pflegte nicht ohne Grund Ross Thomas, der neben Graham Greene und Robert Littell in der Ambler-Klasse spielte, in Interviews auf die unvermeidliche Frage nach seinen literarischen Einflüssen zu predigen. Er meinte damit auch, man solle immer mal wieder bei Ambler nachlesen, bevor man irgendwas als innovativ oder kühn oder originell feiert, was gerade die feuilletonistische oder zeitgeistjournalistische Aufmerksamkeit auf sich gezogen hat.

Ambler und immer wieder Ambler auch bei einer ganzen Reihe von Debatten, die immer wiederkehren. So, als habe es ihn selbst nie gegeben.

Überall, wo es um Realität und Fiktion geht, um Realismus und Realität, um Spiel, Schein und Trug, um das Gerangel, wer über die »Wirklichkeit« verfügt, wer die »Wirklichkeit« macht, wer die Macht hat, sie zu interpretieren – überall dort wird man auf Ambler'sche Spuren stoßen. Und wenn sie noch so verschüttet sein sollten.

Verschüttet (oder zugebuddelt?), weil Amblers Romane Eigenschaften in sich vereinen, die zusammengenommen wohl für eine gewisse Sorte von Lesern und Verächtern so unerträglich sind, dass man sie gleich lieber verdrängt, anstatt sie zu genießen. Sie sind extrem unterhaltsam und vergnüglich, spannend und komisch, wütend engagiert und von ironischer Distanz. Sie erzählen kunstvoll gebaute Geschichten aus manchmal exotischen Gegenden, sie sind von großer gedanklicher Präzision und Schärfe, ihre Sprache ist so klar wie die Gedanken, die sie vermittelt. Ihre ideologische Basis ist die lebenspraktische Vernunft, ein robuster, wenngleich bis ins Letzte reflektierter Pragmatismus.

All diese vorzüglichen Eigenschaften benutzt Ambler allerdings dazu, in den Köpfen seiner Leser Verwirrung zu stiften, Zweifel und Skepsis, ja Desorientierung der sozialen und ethischen Art. Gegenüber einem Denken nämlich, das Gewissheiten und feste Weltbilder durchsetzen möchte oder auf solchen basiert. Also gegen alle Autoritäten und auf allen Gebieten, wozu selbstverständlich auch Ästhetik und Moral gehören. Deswegen ist Ambler'sches Denken immer präsent, wenn demokratische, also unbequeme Tugenden gefragt sind. Ob wir es gerade wahrnehmen oder nicht.

Man kann das 20. Jahrhundert, vor allem seine zweite Hälfte, mit den Augen Eric Amblers betrachten. Das heißt nicht, dass das Jahrhundert so verlaufen ist, wie Ambler uns das an sorgfältig und maliziös ausgewählten Fallbeispielen angeboten hat. Man hat schon oft darauf hingewiesen, dass Amblers Romane ihre Brisanz aus den hellsichtigen, vorurteilsfreien und illusionslosen Analysen seiner Themen (z. B. Politik und Wirtschaft, deren Zusammenhang er zum spannenden Romanstoff gemacht hat) beziehen. Das ist richtig, andererseits tut sich eine typisch Ambler'sche Falle auf.

Wenn wir uns über nichts mehr wundern, wenn uns kein noch so übler Trick, keine noch so ungeheuerliche Abgreife in Politik und Wirtschaft der offiziellen und eher inoffiziellen Art mehr wirklich verblüffen kann, dann hat daran nicht nur die Realität, die uns ständig neue, staunende »Ahas« abfordert, ihren Anteil, sondern eben auch die Bücher von Eric Ambler, aus denen wir gelernt haben, dass derlei normal ist.
Es geht dabei natürlich nicht um die offen zutage liegenden Gräuel und Gräulichkeiten. Um die für möglich zu halten, gerade in ihrer exzessivsten Widerwärtigkeit, müssen gerade wir Deutschen nur einmal kurz das Gedächtnis anschalten.
Nein, die Romane von Eric Ambler und gewisse Ausschnitte aus der Wirklichkeit stehen in einem durchaus verzwickten Verhältnis. Seine Kunst besteht darin, aus all dem Literatur zu machen, was der wohlverstanden kritische Geist über diese gewissen Ausschnitte der Wirklichkeit wissen könnte, wenn er nur wollte.
Ich möchte nicht wissen, wie viele Erfinder schräger Anlagemodelle mit deutlich einbahnartig definiertem Cashflow ihre Geschäftsidee dem Konzept der »Fiktiven Werte« verdanken, das Ambler 1969 in »The Intercom Conspiracy« (dt.: »Das Intercom-Komplott«) entfaltet hat; und ob die Sandinistas in Nicaragua ihre Revolution von 1978/79 nicht bis in Details noch des Castings aus »Doctor Frigo« (1974) übernommen haben, erscheint zumindest einer Überlegung wert. Dann ist dort allerdings etwas schiefgegangen, die Sache ist aus dem Ruder gelaufen, wovor die Lektüre von »Dirty Story« (»Schmutzige Geschichte«) von 1967 die Mittelamerikaner und ihre Freunde im Pentagon hätte bewahren können, wenn sie denn das afrikanische Modell von Amblers Roman ernst genommen hätten. Wer weiß? Den sich daran anschließenden schmutzigen Krieg zwischen Sandinistas, Contras und interessierten Großmächten hätte Ambler mit den Worten »betrüblich« oder »bedauerlich« bezeichnet. Denn betrüblich und bedauerlich verläuft die Realität immer dann, wenn sich ein entscheidender Faktor einmischt, den die Ambler'schen Figuren zwar immer einkalkulieren, vor dem sie aber einen Heidenrespekt respektive kreischende Angst haben: die menschliche Dummheit

in ihren diversen Manifestationen des »zu-«: zu gierig, zu rachsüchtig, zu boshaft, zu machtgeil. – Woraus zugleich folgt, dass Gier, Rachsucht, Bosheit und Trieb zur Macht in richtig dosierter Form durchaus kreative Energien sein können. Arthur Abdel Simpson, Amblers kleiner, fetter, schwitziger Gauner aus »The Light Of Day« (dt.: »Topkapi«) und »Dirty Story« ist ja durchaus nicht dumm oder unbegabt. Er scheitert, weil er den Hals nicht voll kriegen kann. Und er überlebt, weil er im richtigen Moment ein paar Gänge zurückschalten kann. Gierig ist er schon und rachsüchtig auch. Erfolgreich ist er dann, wenn er diese Kräfte seinen Möglichkeiten gemäß richtig einsetzt. Diese Eigenschaft teilt Simpson mit Charles Latimer, der uns in »The Mask of Dimitrios« (dt.: »Die Maske des Dimitrios«) 1939 zum ersten Mal begegnet war und damals seine etwas großsprecherische Naivität und bratzende Eitelkeit im Duell mit einem alles in allem doch leicht überschätzten Gauner, eben dem ominösen Dimitrios, durchaus vernünftig einzusetzen wusste. Als er 1969, die Welt ist ein schönes Stück rauher geworden, dieselbe bauernschlaue Nummer an Leuten durchzuziehen versucht, die schon die deutsche Vernichtungsmaschinerie der Kriegsjahre überlebt haben, kann man dito von ihm nicht sagen: Er kommt dann weg, endgültig.

Wirklich? Zweifel sind angesagt. Zweifel ist eine der zentralen Kategorien bei Ambler. Man muss und man soll an allem zweifeln. Folglich auch an dem, was Ambler uns in seinen Romanen über die Wirklichkeit zu erzählen versucht. Er will, dass wir ihm glauben. Und wenn wir das festgestellt haben, werden wir nicht umhinkommen, festzustellen, dass er vielleicht etwas ganz anderes im Schilde führt. Wer Ambler-Romane für bare Münze hält, wer stur davon ausgeht, dass er uns allen Ernstes erzählen will, wie es »zugeht auf der Welt«, ist möglicherweise schon auf der falschen Spur.

»Nur ein Idiot glaubt, dass er über sich die Wahrheit schreiben kann«, ist einer der Schlüsselsätze Amblers im ersten Band seiner »Autobiographie«, der im Original nicht umsonst »Here Lies« heißt. Ein um wie viel größerer Idiot müsste also der sein, der glaubt, Ambler wolle dem Leser allerlei Geschlechts erklären, wie die Wahrheit über die Welt aussieht? Amblers Einübung in Skepsis und Zweifel als Grundeigenschaften des mündigen Bürgers darf schon gar nicht vor ihrem Medium Halt machen: seinen Romanen. Insofern könnte es sich, siehe oben, als durchaus fatal erweisen, ein schräges Anlagemodell oder eine Strategie der »Steuervermeidung« nach dem Muster des Carlos Lech aus »Send No More Roses« (dt.: »Bitte keine Rosen mehr«) zu basteln, einen Staatsstreich nach »Doctor Frigo« oder nach »The Night-Comers« (dt.: »Besuch bei Nacht«) oder eine internationale Konfliktlösung nach »Dirty Story«.

Man sieht das Problem schon, wenn man sich die gute alte Germanisten-Frage vorlegt: Wer erzählt eigentlich Amblers Romane? Würden Sie solchen Typen auch nur ein Wort glauben? Arthur Abdel Simpson, Paul Firman, von dem wir nur weitere Decknamen, aber keinen wirklichen kennen lernen, Piet Maas aus »A Kind Of Anger« (dt.: »Eine Art Zorn«), einem suizidgefährdeten Zwangsneurotiker, oder Michael Howell, dem titelgebenden Protagonisten und Schwafelkopp aus »The Levanter« (dt.: »Der Levantiner«)?

Schon das erste Kapitel des ersten Romans von Eric Ambler handelt davon, dass der Held keine Ahnung davon hat, was wirklich passiert ist, dass er seine eigene Biographie, von fremder Feder fixiert, lesen muss, ja, dass sogar ein notorisch unzuverlässiger Journalist eine Quelle ist, auf die der Held, Henry Barstow, Esq. sich über sich selbst verlassen soll. Der Roman »Dark Frontier« ist das Produkt einer Amnesie. Und dann tauscht Barstow seine Identität auch noch mit einem Serienhelden von Schundromanen. Ein gigantischer Scherz, mit dem ein schriftstellerisches Lebenswerk beginnt, ein leuchtendes Neonschild, auf dem »Achtung!« steht.

»Woher«, fragt denn auch einundvierzig Jahre später der abgebrühteste aller Ambler'schen Lügner, Mr. Paul Firman, der »kompetente Kriminelle«, auch Sie, liebe Leser, »beziehen Sie eigentlich diese absonderliche Idee, Sie hätten ein zwingendes Anrecht darauf, nichts als die Wahrheit erzählt zu bekommen?«

Aber auch so einfach liegen die Dinge nicht. Sogar mit der Wahrheit muss man rechnen. Vorausgesetzt, sie ist nützlicher als eine Lüge. Ambler liebt es, seine Romane aus zwei oder drei oder mehr Perspektiven zu inszenieren, einen Erzähler von einem anderen glatt dementieren zu lassen. Selbst wenn er, im womöglich vertracktesten aller seiner vertrackten Bücher, in »Send No More Roses«, den notorischen Lügner Firman die ganze Geschichte erzählen lässt und sich damit erzähltechnisch auf die erste Person Singular festgelegt hat, findet er noch eine Möglichkeit, andauernd und systematisch Zweifel zu säen. Diese Möglichkeit ist zudem dramaturgisch hochplausibel: Firman hat die Villa Esmeralda an der Côte d'Azur, in der beinahe der gesamte Roman spielt, von oben bis unten verwanzen lassen, und Firman hört die Dementis seiner eigenen Geschichten ab. Aus dem Munde derer, die er zu manipulieren versucht. Aber die abgehörten Geschichten dementieren ja auch die Glaubwürdigkeit von Mr. Firman selbst, also die des ganzen Romans. Also sich selbst. Nun gehört zum Plot von »Send No More Roses« wesentlich die Unterstellung, Firman sei ein ganz besonders kompetenter Krimineller, weil seine Geschäftsmethoden mit den Standards jedes Geheimdienstes mithalten können. Dazu gehört zweifelsohne das effektive Verwanzen und Abhören von Räumlichkeiten, wie uns Firman gerade demonstriert, indem er die Gespräche und Bettgespräche andere Leute abhört. Wie nun also: ein erzähltechnischer Kunstgriff oder ein Hinweis, wie es zugeht in der Wirklichkeit? Oder beides?

Es spricht viel dafür, dass Einstellungen zur, Wahrnehmungen von und Umgangsformen mit der Wirklichkeit existieren, die sich nur deswegen nicht in den einschlägigen Handbüchern, Lexika und Grundkursen finden, weil man sie für allzu literarisch hält. Ihr Verhältnis zu Fiktionen ist merkwürdig: Werden in Romanen vom Ambler'schen Typ nur Einstellungen, Wahrnehmungen und Umgangsformen so dargestellt, wie die Autoren sie bei echten, lebenden und handelnden Menschen vorgefunden haben? Oder erfinden solche Erzählweisen Wege zum Umgang mit der Wirklichkeit, um den pp. Lesern zu signalisieren, dass es andere Arten der Einstellung zur, Wahrnehmung von und Umgangsformen mit der Wirklichkeit als die, die wir alle zu kennen und zu beherrschen glauben, geben könnte? Also weniger solche, die auf hehren und schönen Begriffen basieren, die sich meistens sowieso nur dadurch auszeichnen, dass sie eher diffus oder emphatisch sind: das Gute, das Edle, das Bessere, das Schöne und Wahre, auf das mit anscheinend ermüdender Zwangsläufigkeit all jene Beschäftigung hinausläuft, die mit Kunst, also auch mit Literatur zu tun hat. Oder deren Gegenkonstrukt, das andere Extrem: das abgrundtief, das absolut Böse. Aber nie das Intelligente, Witzige, Pragmatische, Elegante – auch im Sinne von Grace under Pressure –, das Coole, das Lebenspraktische.

Es gibt sie ja, all die argen Triebkräfte: Gier, Machtstreben, Rachdurst, Bosheit. Oder schlichten Überlebenswillen oder Willen zum Überleben in weniger schlichtem Ambiente. Die abendländische (Moral-)Philosophie hat Riesengebäude errichtet, die solche Affekte bannen sollen. Geholfen hat's wenig, aber Begriffssysteme zur Erforschung von pragmatischen Kategorien gibt es eher wenige. So, als sei sie zu bannen, anstrengend genug. »Lasst Pragmatiker um mich sein!«, seufzt einer der Ambler'schen Protagonisten inbrünstig, als er in Kriegshandlungen gerät, die, wie immer, aus Ideologien und Wertvorstellungen, also aus Dogmen und Dummheit resultieren.

Aber vielleicht lassen sich solche pragmatischen Kategorien gar nicht theoretisieren. Vielleicht lassen sie sich eher immer wieder exemplarisch erzählen.

Das tut Eric Ambler mit seinen Romanen genauso wie mit seinen wenigen Erzählungen und den noch spärlicheren autobiographischen Plaudereien. Das Resultat ist ein Gesamtwerk, das einer Sprengfalle gleicht: Es sieht harmlos & bescheiden aus, ist aber in Wirklichkeit hochbrisant, extrem wirkungsvoll – und tödlich für eine bestimmte Art des Denkens bzw. des Nicht-Denkens. Gar nicht zufällig hat Ambler eine solche Sprengfalle in »Send No More Roses« beschrieben – der Gag dabei ist, dass die naheliegende Deckung, in die man sich nach Erkennen der Falle begibt, vermint ist. Und der zweite Gag, sozusagen die wirkliche Sprengfalle in der literarischen Sprengfalle, ist, dass in dieser Schilderung – lesen Sie bitte im siebten Kapitel des Romans selbst nach – ein kleiner tödlicher Irrtum steckt.

Amblers Wirkungskreis ist nicht zu überschätzen. Eric Ambler hat für die Literatur seines Jahrhunderts Maßstäbe gesetzt, und er hat einen Diskurstyp möglich gemacht, der heute noch so virulent ist wie 1936, als sein erster Roman »The Dark Frontier« (»Der dunkle Grenzbezirk«) erschienen war: Erzählende Literatur funktioniert als direkter Konkurrent zu journalistischen, politologischen, soziologischen, philosophischen und direkt politischen Versuchen, mit dem Ding umzugehen, was wir für die »Wirklichkeit« halten.

Nun gibt es die ja tatsächlich, allem multimedialen Getöse um virtuelle Realitäten zum Trotz. In den friedlicheren Zonen dieses Planeten schlägt sie sich z.B. im Kontostand nieder oder im Wohnkomfort (Eigenheim oder unter den Brücken). In weniger friedlichen Gegenden – wozu das gute alte Europa mittlerweile wieder mal nicht mehr durchweg gehört – ist der schlichte, nämlich reale Bauchschuss ein guter Prüfstein für »die Wirklichkeit«. Andererseits nehmen wir »die Wirklichkeit« nicht einfach so wahr, als ob sie gerade von einem fremden Stern heruntergefallen wäre. Politik und Wirtschaft zum Beispiel können wir so sehen, wie sie uns die parteipolitischen Verlautbarungen unserer hauptamtlichen Medienwelt zu präsentieren versuchen. Das funktioniert manchmal sogar: Wer hat den Propagandatrick von den »blühenden Landschaften« geglaubt? Wähler, und zwar viele Wähler. Er funktioniert auf dem Hintergrund einer Wahrnehmungseinübung. Ironisch oder tragisch: dass es funktioniert hat, war ein letzter Sieg der SED, die ihr Staatsvolk zwar nicht mehr von ihren Inhalten überzeugen konnte, aber immerhin von der unerschütterlichen Erwartung, dass eine Obrigkeit nicht ganz falsch liegen könne.

Ein Antidot dagegen wäre die Einübung in die Überzeugung, dass jede Obrigkeit oder wer immer die Machtmittel zu flächen-

deckender Verlautbarung hat, grundsätzlich mit Zweifel und Skepsis zu betrachten sei. Und zwar nicht nach Maßgabe der eigenen ideologischen Präferenz, sondern immer und jederzeit und unter allen Umständen.
Wobei wir wieder bei Ambler angekommen wären. Natürlich müssen und sollen wir damit rechnen, dass er eigentlich nichts anderes tut, als sich für uns Geschichten auszudenken, für die wir ihn bezahlen. Und natürlich denkt er sich diese Geschichten so gut aus, dass wir sie ihm abkaufen. Nicht als Geschichten, die Wort für Wort wahr sind. Sondern als Stories, die uns davor warnen sollen, irgendwem irgendwelche Geschichten zu glauben. Denn wenn wir ihm schon die Einzelheiten nicht glauben sollen, warum sollen wir dann glauben, dass er noch etwas anderes möchte, als zu erklären, wie es zugeht auf der Welt.
Das sollen wir glauben, aber nach seinen eigenen Gesetzen sollen wir uns davor hüten. »Judgment on Deltchev« (dt.: »Der Fall Deltschev«), so sagt Ambler in »Here Lies«, sei von ihm nicht als antistalinistischer, als antitotalitaristischer Roman gemeint gewesen, sondern als die »erfreuliche« Möglichkeit, nach dem Krieg zum Thriller-Schreiben zurückzukehren. Natürlich ist »Judgment on Deltchev« eine bösartige Attacke auf totalitäre Systeme. Explizit, engagiert, auf den Punkt gebracht. Was denn sonst?
Irgendwann und -wo ist die putzige Idee aufgekommen, Literatur sei eine andere Welt, ein haltbarer Gegenentwurf zur echten, ein utopisches, aber eben darum nicht minder reales Ding. Das stimmt (leider?) nicht. Sie ist ein Produkt, hergestellt und vertrieben in und von der echten Welt, dem Hier & Jetzt. Und deswegen können wir ihrer nicht sicher sein. Nie. Das ist die grundlegende Ambler-Formel, und damit ist er von Anfang an radikaler, origineller und innovativer als alle Baudrillards, Gibsons, H. Müllers und Virilios zusammen. Gerade weil er nie behauptet, es sei egal, was Literatur zu behandeln habe, nur das WIE sei entscheidend.
Bei Ambler behält das WAS sein volles Gewicht.

Das Versagen der Kategorien
Über Georges Simenon

Wie sich vielleicht schon zu Ihnen allen herumgesprochen hat, gelte ich als Spezialist für Kriminalliteratur, für Agenten- und Spionageromane, Science-Fiction, Comics und andere merkwürdige Dinge, die man gerne als »Populäre Literatur« bezeichnet. Da liegt ein Problem, das ich gleich zu Anfang wegräumen möchte, weil es unnütz ist und nur stört: Günter Grass zum Beispiel ist ein wirklich populärer Autor – jeder kennt ihn, jeder weiß zumindest die »Blechtrommel« zu nennen, aber niemand würde ihn der »Populären Kultur« zuordnen, sondern der gern als Gegenbegriff geführten »Hochkultur«. Dagegen ist selbst unter Anglisten der britische Lyriker John Harvey kaum bekannt. Er schreibt zudem hochintelligente Kriminalromane. Ich müsste mich also, vom Popularitätsquotienten her, mit Günter Grass beschäftigen, stattdessen kümmere ich mich um Leute wie John Harvey. Populäre Literatur?
Ich weiß natürlich, dass man unter »Popular Culture« etwas ganz Bestimmtes versteht – aber diese Übereinkunft war schon immer schief, weil sie im Grunde nichts anderes meint als ein verkapptes Werturteil. Eine raffinierte Graphic Novel (vulgo: Comic), die wir alle sofort der »Populären Kultur« zuschlagen würden, kann komplexer und ästhetisch vielschichtiger sein als das Gesamtwerk eines durchschnittlichen Lyrikpreisträgers. Ich glaube nicht, dass wir darüber ernsthaft diskutieren müssen. Dennoch wird diese gedachte Graphic Novel nicht Feuilleton-notorisch. Und das ist ein implizites Werturteil. Ich möchte dieses Problem hier nicht weiter vertiefen, sondern nur festhalten, dass ich mit dem Begriff »Populäre Kultur« für meinen Tätigkeitsbereich nichts anfangen kann und ihn deshalb suspendieren möchte. Das zweite Problem, das sich bei meinem Bearbeiten von »Kri-

minalliteratur« ergibt – ein Begriff, den ich hier umfassend benutze, auch um nicht jedes Mal »und Spionageroman und Polit-Thriller und Roman noir etc.« dazusagen zu müssen –, hört sich möglicherweise paradox an: Ich habe ich-weiß-nicht-wie-vieletausende einschlägige Texte gelesen, kenne vermutlich ein knappes Hundert ihrer Verfasser allerlei Geschlechts und allerlei Zungen persönlich und über Jahre hinweg, und ich habe das Privileg, bei mindestens einem Dutzend der feineren internationalen Namen Einblick in die »Schreibwerkstätten« zu haben.

Aber: Ich habe erstaunlicherweise immer weniger hieb- und stichfeste Vorstellungen davon, was denn genau ein Kriminalroman sei.

Schuld daran sind Autoren wie Georges Simenon – im europäischen Kontext.

Den außereuropäischen Kontext mit zeitgleichen Autoren von Dashiell Hammett bis Jim Thompson, Chester Himes et al. muss ich außen vor lassen. Nicht ohne den begründeten Verdacht, dass sich für sie ähnliche Vermutungen formulieren lassen, wie ich sie jetzt gleich für Georges Simenon riskieren möchte.

Natürlich weiß ich dennoch, was ein »Krimi« ist: ein Stück narrativer Prosa als Short Story oder Roman, bei dem am Anfang eine Leiche anfällt und wir am Ende wissen, wer der Mörder ist. Agatha Christie hat Krimis geschrieben, und Sir Arthur Conan Doyle und Rex Stout und heutzutage schreibt Elizabeth George welche. Krimis haben im günstigen Fall ein paar bizarre Figuren zu bieten, im ungünstigen Fall langweilen sie. Sie sind Teil einer legitimen Literatur – der so genannten Unterhaltungsliteratur. Sie wollen nichts außerhalb ihrer Unterhaltungsfunktion; und sie richten auch nichts Schlimmes an. Zumindest nicht in den Köpfen ihrer treuen Leser und Liebhaberinnen.

Unter Sekundärbearbeitern manchmal jedoch schon. Denn fatalerweise teilen solche »Krimis« ein paar inhaltliche Komponenten (also die grobe thematische Festlegung auf Leiche und aufklärende Instanz) mit den Texten anderer Autoren und -innen: Dashiell Hammett, Chester Himes, Jerry Oster, Jerome Charyn und zum Beispiel eben auch Georges Simenon. Aufgrund dieser thematischen Analogien und ein paar allerdings recht wackliger Strukturanalogien formierte sich plötzlich ein Ding namens »der Kriminalroman«. Mit einer anscheinend eigenen Geschichte, Prototypen, nationalspezifischen Ausprägungen (der US-amerikanische, der britische, der französische etc.) und Subsortierungen (der Whodunit, der Man-on-the-run, das Police procedural etc.) sowie allerlei tertiären Ordnungsmerkmalen (der Sozio- & Psycho-Krimi, das Court-Room-Drama etc.), nebst ein paar deutlich buchmarkttechnischen Etiketten (Frauenkrimi, Schwulenkrimi, Öko-Thriller etc.). Eine literarische Reihe also, die sich deutlich über die Gruppierung von Handlungselementen definiert, aber kaum über verschiedene ästhetische Verfahren und all jene Kriterien, die normalerweise in Gattungstheorien eine Rolle spielen. Man unterstellt dem »Kriminalroman« damit eine anscheinend autochthone Entwicklung, eine merkwürdig inzestuöse Evolution innerhalb seiner anscheinend ureigenen Parameter, die fensterlos monadenhaft, abgeschieden vom Rest der Welt – also der Welt der nicht-kriminalliterarischen Literatur und Kunst und der Welt der außerliterarischen Kontexte – vor sich hin mendelt. Der so entstandene Begriff »Kriminalliteratur« hat ein bestimmtes Textkorpus so fest im Griff, dass man immer wieder die wenigen Gemeinsamkeiten, also die Variationen bei der Anordnung bestimmter Handlungselemente, ventiliert und die beinahe unendliche Anzahl der ästhetischen Möglichkeiten, diese Handlungselemente (und viele andere Plot-Komponenten mehr) anzuordnen, unberücksichtigt lässt. Unter dem Begriff verschwimmen, so scheint mir, alle Unterschiede. Man diskutiert nicht nur Chester Himes in Relation zu Raymond Chandler, man diskutiert auch Jerome Charyn in Relation zu Edgar Wallace. Das heißt: Man diskutiert ästhetisch singuläre Texte oder Autoren zusammen mit dem ganzen Bodensatz trivialer und schlicht unbedeutender Texte von gleich zu gleich, weil es ja ein paar marginale Gemeinsamkeiten gibt.

Mehr noch: Quantitative Merkmale, die man aus einer Masse trivialer Texte destilliert hat, appliziert man auf Einzelwerke oder auch einzelne Autoren, die man dadurch als Prototypen zu bestimmen sucht. D. h., man macht Aussagen über die Romans policiers von Georges Simenon anhand von statistischem Material, das man aus tausend Heftchenromanen, in denen Polizisten vorkommen, gewonnen hat, und keine Aussagen über die Spezifik der Romane von Georges Simenon. Das ist so, als würde man die Geschichte des Romans im 20. Jahrhundert anhand von Thomas Pynchon und Heinz Konsalik, an Günter Grass und Rosamunde Pilcher, an Franz Kafka und Danielle Steel diskutieren. Ein paar Gemeinsamkeiten wie »Mann liebt Frau« wird man auch da finden.

Bei Georges Simenon glauben wir alle zu wissen, von was die Rede ist: vom gemütlichen Kommissar Maigret mit seinem Pfeifchen und seiner Madame, die ihm vorzügliche Hausmannskost zu bereiten pflegt. Wir kennen Maigret – aus Film und Fernsehen, mit den Gesichtszügen von Jean Gabin oder denen von Heinz Rühmann, schließlich »ikonographiert« von Rupert Davis – ausgerechnet in einer BBC-Fernsehserie. Wir wissen, dass Georges Simenon erstaunlich viel geschrieben hat, Maigrets & Nicht-Maigrets, angeblich ein karnickelartiges Sexualleben hatte, sich während der »Okkupation« Frankreichs recht uneindeutig benommen hat, möglicherweise Antisemit war und ... ja, was sonst noch?

Immerhin sprechen 500 Millionen in aller Welt verkaufte Bücher für sich – seit Charles Dickens ist Georges Simenon vermutlich der Autor, über den empirische Rezeptionsforscher nur noch sagen können, dass er in allen nur erdenklichen lesersoziologischen »Zielgruppen« präsent ist. Und dass er von einer Reihe hochkarätiger Geister verschiedenster Provenienz hoch geschätzt wurde: von Walter Benjamin, William Faulkner, Federico Fellini und Alfred Andersch gleichermaßen. Dashiell Hammett hielt ihn kurz & knapp für den »besten Krimi-Autor unserer Tage«. Aber ob er damit nur die Maigret-Romane meinte?

Von Simenons Maigret-Romanen hält sich hartnäckig das Gerücht, sie seien – je nach Lesart und wenn man Sortierungen vornehmen möchte – gemütliche »Romans policiers«, weil Mai-

gret beamteter Polizist ist. Oder aber »Whodunits«, deren generelle Qualität darin bestehe, dass der geneigte Leser mit dem Detektiv, also hier Maigret, darum wetträtseln darf, wer am Ende der Täter (meist der Mörder) ist, wobei das Geschlecht von vornherein keinen Hinweis bietet.
Von den Non-Maigrets hält sich der Eindruck, sie seien irgendwie »psychologisch«, dazu »realistisch« und »atmosphärisch genau«. Deswegen war man gerne bereit, die Aufarbeitung autobiographischer Themen und Probleme in den Non-Maigrets zu suchen. Ein Unterfangen, dem der psychologisch exhibitionistisch agierende Simenon gerne Vorschub geleistet hat. »Simenon auf der Couch«, heißt ein Bändchen, in dem akribisch Interviews mit gleich fünf Psychiatern versammelt sind. Romane wie »Der Schnee war schmutzig« erscheinen dann als eine Verarbeitung der problematischen Beziehung Simenons zu seinem Bruder, »Die Ferien des Monsieur Mahé« oder »Betty« sind so entschlüsselbar als künstlerische Artikulation sexueller Obsessionen. Dass es sich aber z. B. im Fall von »Der Schnee war schmutzig« womöglich um eine politthrillerartige Reflexion über die Besatzungszeit (mit den in Frankreich nicht gerne genommenen Themen Kollaboration, Verrat und Loyalität) handelt, fällt dann aus dem Blickraster heraus.
Die schiere Masse von Simenons Primär-Textproduktion (ca. 400 Romane, dazu 51 Kurzgeschichten) und die Vielzahl psychologischer Introspektion (zwei autobiographische Romane, vier Autobiographien, einundzwanzig Bände Memoiren auf Tonband) scheinen ein Aufeinanderbeziehen von Biographie, Psychologie und Werk nachgerade algorithmisch zu provozieren. Dass man zu jeder Behauptung Simenons über sein Innenleben garantiert irgendwo anders in diesem Megakonglomerat den glatten Widerspruch geliefert bekommt, wird allerdings meist elegant übergangen.
Ausgeschlossen von einem solchen interpretatorischen Zugriff bleiben die angeblich formelhaften Maigrets, während man umgekehrt in den Non-Maigrets, den so genannten Romans durs, alles andere zu finden hofft, nur keine Kriminalromane.

Das ist zumindest merkwürdig. Und hat letztlich mit den unerschütterlichen, zumeist still und heimlich wertenden Vorstellungen zu tun, die man sich von »Kriminalromanen« so zu machen pflegt. Das Prinzip funktioniert in beide Richtungen: Denn die unausgesprochene Übereinkunft, das eine Textkorpus seien »Krimis«, das andere nicht, steuert die Wahrnehmung dessen und den Diskurs darüber, was die einen zu leisten imstande sind, die anderen nicht. Die Non-Maigrets sind keine »Krimis«, also müssen sie mit Sinndimensionen versehen sein, die »Krimis« abgehen müssen. Und in Krimis sucht man a priori nicht nach solchen Dimensionen, weil man sie bei dem vagen Bild von diesem »Genre« gar nicht erwartet.

Kümmern wir uns zunächst um die Maigret-Romane & um ihren Status in der wie oben angedeutet konstruierten Reihe der Kriminalliteratur. Oder anders gefragt: Wo liegen ihre »Differenz-Qualitäten«?
Ein Blick in die literaturwissenschaftliche Forschung (zumindest in die deutschsprachige) zeigt schnell, dass da wenig zu holen ist: Ulrich Suerbaum erwähnt in seiner Gattungsanalyse »Krimi« Simenon ein einziges Mal an marginaler Stelle. Peter Nusser in seinem fatalerweise im Lehrbetrieb heftig benutzten Metzler-Bändchen behandelt die Maigret-Romane als Spätkömmlinge des »pointierten Rätselromans«, zusammen mit Dorothy Sayers. Absurder geht es nicht.
Bleibt nur Ulrich Schulz-Buschhaus' »Formen und Ideologien des Kriminalromans«, der die Maigrets zu beschreiben versucht als »realistische Kriminalromane«, deren historischer Verdienst darin liege, »Verbrechen« als etwas Alltägliches und nicht mehr als herausragendes Skandalon beschreibbar gemacht zu haben. Das ist, was die »Alltäglichkeit des Verbrechens« betrifft, evident, aber kein sonderlich taugliches Differenzkriterium.
Nach dem wahnwitzigen Gemetzel des Ersten Weltkriegs und seinen sozialen Folgen hat sich in Europa und den USA in allen Künsten – man denke an George Grosz, an Alfred Döblin und die Autoren des frühen »Hollywood-Noir« – sehr wohl ein pointier-

tes Bewusstsein für die Ubiquität verbrecherischer Strukturen artikuliert. Auch wenn nicht immer »Kriminalroman« auf dem jeweiligen Kunstwerk aufgedruckt stand. Als »Differenzkriterium« taugt das Argument eigentlich nur, wenn man es gegen die britischen Landhauskrimis der Zeit setzt. Das heißt aber auch, ohne Not den »Kriminalroman« als ein außerhalb seiner eigenen Entwicklungsgeschichte kontextfreies Konstrukt zu betrachten. Dafür ist Simenon allerdings ein ausgesprochen ungeeignetes Beispiel. Was den »Realismus« betrifft, ist Schulz-Buschhaus' These zumindest problematisch. Maigret ist eine hochartifizielle, stilisierte Figur, seine Darstellung der Polizeiarbeit ist nach »realistischen« bzw. »circumstantial«-realistischen Parametern eher surrealistisch – so sah Polizeiarbeit selbst in der autoritären französischen Republik nicht aus. Romane mit M. Maigret sind keine Romans policiers. Simenons Milieuschilderungen sind weniger dazu angetan, »echte« Bilder von Paris nachzuzeichnen, als Bilder von Paris zu entwerfen und durch die Art ihrer ästhetischen Eindrücklichkeit und die Quantität ihrer Präsentation nachgerade festzuschreiben. Man vergisst an dieser Stelle oft, dass Georges Simenon Belgier war und Frankreich, insbesondere Paris mit dem Blick von außen betrachtete und diesen fremdem Blick künstlerisch modellierte. Dennoch (oder gerade deswegen?) ist er einer der großen Imagemacher und Mythenspender des Jahrhunderts – und das hat mit »Realismus« nur vermittelt zu tun. Oder um mit Alejo Carpentier zu sprechen: Es ist ihm möglicherweise gelungen, das »Wesen« von Paris zu treffen. Dann allerdings schert er sowieso aus der Reihe der »Krimi«-Autoren aus – denn, so Carpentier, »es ist die Aufgabe des Romanschriftstellers, die Physiognomie seiner Städte in die Weltliteratur einzuschreiben und die Milieu-Schilderungen ad acta zu legen«.
Eine Korrespondenz im europäischen Sprachraum ließe sich dann zu Gilbert Keith Chesterton herstellen, dessen vorderhand als »Krimis« klassifizierte Father-Brown-Geschichten, dort, wo sie in London spielen, explizit ein Beitrag zur Poetik der Stadt sein wollen. Das wiederum korrespondiert dann allerdings weni-

ger mit Conan Doyle als etwa direkt mit Robert Louis Stevensons »Arabian Nights«. So gesehen gehörten Simenons Pariser Maigret-Romane in die Reihe europäischer (und weiter: globaler) Großstadttexte und müssten auf ihre Differenz-Qualitäten zu John Dos Passos oder Eduardo Mendoza gelesen werden.

Wenn man also »Kriminalliteratur« nicht als eigene Reihe begreift, sondern deren prominenteste Texte in etwas andere Kontexte stellt, dann kollabieren plötzlich die Zuordnungen und ganz andere werden sichtbar. Die meines Erachtens sinnvolleren.

Aber schauen wir uns Simenons Kontexte an: Die lange Reihe der Maigret-Romane beginnt 1930 – europäische Kriminalliteratur war bis dahin entweder als Action-dominierte Spielart à la John Buchan oder in der Tat als durch und durch artifizielle, energisch und explizit a-realistische, gar surrealistische Spielform bekannt. Stichworte: Conan Doyle, G. K. Chesterton, Fantômas. Sie hatte allerdings weder kanonische noch normative Werke hervorgebracht, zu denen Simenons Konzept in einem dialogischen Verhältnis stehen könnte.

Am anderen Ende der heimlichen literarischen Werteskala sind damals die Klassiker der Moderne schon geschrieben (Kafka, Joyce, Proust, Döblin); wenn auch noch nicht breitenwirksam durchgesetzt, so doch in intellektuellen Zirkeln durchaus präsent. Die Standards der autoreflexiven, sprachreflexiven Literatur sind gesetzt. Dass »Erzählen« ein hochgradig vermittelter Vorgang ist und künstliche »Erzählnaivität« nur um den Preis der Trivialität funktioniert, das weiß auch Simenon. Er hat bis dahin knapp einhundertdreißig Groschenromane verfasst, sich in allen wahrlich nicht naiv zu betreibenden Branchen des Journalismus herumgetrieben und macht sich mit der Figur Maigret auf, jetzt endlich »Literatur« zu verfassen. Fast gleichzeitig konzipiert er seine anderen Romane, von ihm Romans durs genannt – ebenfalls explizit als »Literatur«. »Krimis« kennt er, bis auf ein paar Texte von Conan Doyle, so gut wie gar nicht. Er verkehrt allerdings seit Jahren gesellschaftlich (Stichwort: nette, sozial wertvolle Orgien) mit den Pariser Literaten der Zeit, mit Camus, Gide, Cocteau. Nach knapp vier Jahren und einem guten Schock Mai-

grets stand ein Verlagswechsel an: von Fayard zum Olymp der französischen Verlagswesens, zu Gallimard. Ein paar Jahre später hielt Simenon sich für nobelpreisträchtig – was nicht lediglich eine spinnerte Idee war, sondern von keinem geringeren als André Gide forciert wurde.
In diesem Bezugsfeld, das planetenfern von der »Reihe der Kriminalromane« entfernt ist, entstehen immer mehr Maigret-Bücher, mit einem bestimmten schriftstellerischen Kalkül, das die ganze Reihe bis in die 70er-Jahre hinein begleiten sollte. Der verlässlichste Simenon-Biograph, der Brite Patrick Marnham, schätzt das Grundvokabular der Maigret-Romane auf ca. 2000 Worte. Das ist in der Tat wenig, und ein Blick in alle anderen veröffentlichten Texte Simenons zeigt deutlich, dass es sich dabei natürlich nicht um das gesamte Lexikon handelt, das ihm zur Verfügung stand. Die Beschränkung hat also Methode. Auch die Verwendung von Stereotypen und in fast allen Romanen wiederkehrenden Wendungen sind nicht etwa Ausweis schriftstellerischer Inferiorität (wie etwa Nusser tatsächlich zu glauben scheint und Schulz-Buschhaus extra ausführt). Sie sprechen vielmehr für ein literarisches Konzept, das sich nur schlecht mit den bis damals entwickelten »Poetologien« für Kriminalromane in Einklang bringen lässt, die allesamt nur auf der Inhaltsebene agieren und über den literarischen Charakter ihrer Texte überhaupt nicht nachdenken. Conan Doyle hatte ein wirklich begrenztes Lexikon, wie man an allen Texten aus den unterschiedlichsten Genres sieht, desgleichen Agatha Christie, während für Chesterton und Dorothy Sayers genau das Gegenteil gilt. Intendierter Minimalismus hingegen wurde für die »Kriminalliteratur« wichtig – das zieht sich in Frankreich hin bis zu den avantgardistischen Texten von Jean-Patrick Manchette und gilt für Simenon-Verehrer in aller Welt. Was man also als schriftstellerisches Unvermögen missverstanden hat (oder möglicherweise noch missverstehen möchte), hat Folgen gezeitigt: in Frankreich bei Autoren wie André Héléna und Leo Malet, bei den Briten Ted Lewis und Derek Raymond (d.i. Robin Cook), bei den Katalanen Andreu Martín und Francisco Gonzalez Ledesma, um

nur einige Beispiele zu nennen – auch wenn sie alle in ihren Büchern sehr unterschiedliche Ziele und Programme verfolgen, die man zu Simenon nicht in Kongruenz bringen kann. Obwohl: Es spricht viel dafür, das eine ganze Menge Rezeptionsschotter von den Maigret-Romanen weggeräumt werden muss. Zum Beispiel hat Simenon immer wieder erwähnt, er schreibe für die Petits gens, die kleinen Leute. Das würde allerdings jeder PR-erfahrene Schriftsteller angesichts dieser Auflagenhöhe auch sagen. Simenon hat damit immer wieder sein schmales Grundvokabular gerechtfertigt, was mir erst recht der Beweis für eine Intention scheint, aber für eine ganz andere: Es ist ja eher das Kennzeichen echter, plappernder Trivialliteratur pour les petits gens, möglichst wuchernde Metaphern, möglichst ungehemmte Adjektivorgien zu basteln, Phänomene, die es bei Simenon so gut wie gar nicht gibt. Aber nur diese Selbstdarstellung und nur dass Maigret ein »kleinbürgerliches« Dasein führt (d. h. seine Frau liebt und gerne gutbürgerlich isst), bedeuten doch nicht, dass die »Maigret«-Serie eine einzige Feier der kleinbürgerlichen Perspektive auf die Welt ist.

Der Figur Maigret fehlen deutlich die Komponenten, die den psychosozialen Haushalt des gemeinten »Kleinbürgers« ausmacht: Er empört sich selten – wir alle wissen, welche Rolle manipulierbares Empörungspotenzial gewisser sozialer Gruppierungen gespielt hat, auch in Frankreich. Auch Maigrets Verhalten gegenüber so genannten Randgruppen, insbesondere gegenüber Huren, aber auch gegenüber Clochards und sonstwie aus der Bahn Geworfenen, gegen kleinkriminelle Lumpis und ehrbare Gauner ist bemerkenswert tolerant und nicht-ausschließend. Das heißt aber auch: Er idolatrisiert sie nicht. Im Gegenteil – es finden sich unter den Maigret-Romanen wahre Exerzitien der genauen und kalten Auges vorgenommenen Beobachtung von Spießbürgern jeden Alters und jeden Geschlechts. Ganze Panoramen von Herzlosigkeit, kleinlich pissiger Bösartigkeit, dumpfer Xenophobie, von Neid, Missgunst, übler Nachrede und giftiger Geschwätzigkeit begleiten Maigrets Streifzüge durch die verschiedenen Arrondissements der Stadt und über Land. Die Petits gens haben oft widerwärtige Züge. Die Charakterisierung Maigrets als »allergewöhnlichster, staatsfrommer Kleinbürger, der nach ehrlichem Tagwerk für ehrlichen Lohn zu seiner Frau zurückkehrt«, die beispielsweise Ernest Mandel in seiner grotesken »Sozialgeschichte des Kriminalromans« prototypisch liefert, übersieht mit einer gewissen Grandezza diesen scharfen anti-(klein)bürgerlichen Aplomb. Vermutlich, weil Mandel Simenons Werk nicht als »Konzeptions-Art« versteht, sondern auf platteste Weise symptomatisch deutet: Alles, was der vom Lebensstil her als »großbürgerlich« (viele Frauen, schicke Autos, Unglück in der Ehe) eingeschätzte Georges Simenon nicht war, aber gerne sein möchte, all dies ist Maigret. Kein Mensch weiß zwar, wer Georges Simenon wirklich war (vermutlich ein Scheusal, aber was sagt das?), aber es passt zu der Einschätzung von »Kriminalromanen« als Schlicht-Texten, dass man ihnen zutraut, der Ort ungeschlachter Verkehrung von Wunschträumen, der Ort der dumpfen Vertextung psychologischer Grobraster zu sein.

Harsch zulangen kann der Commissaire bei der Großbourgeoisie, besonders wo ökonomische, politische und juristische Protektion strafverfolgerische No-go-Areas abzugrenzen versuchen. Man kann das als das Bedienen kleinbürgerlicher Ressentiments einer angestrebten Leserklientel zu interpretieren versuchen: »Die-da-unten« sehen halt gerne, dass »Die-da-oben« auch mal eins draufkriegen. Aber das trifft die Sache nicht, weil – auch das wissen wir über wirkliche Trivialliteratur – eine solchermaßen gedachte Klientel die oberen Schichten lieber in Glanz und Glitter vorgeführt bekommt als in ihrer Erbärmlichkeit. Und in genau der zeigt Simenon sie. Genauso wenig trifft das reziproke Argument, Simenon sehe sozusagen sozialkritisch die »Gesellschaft als durch und durch verfault« an – ein Argument, das ausgerechnet der schon zitierte Ernest Mandel so scharf formulierte. Betrachtet man jedoch die ca. 80 Maigret-Romane Stück für Stück, so wird bald deutlich, dass solche sozialgeschichtlichen Kategorien an der schieren Menge der behandelten Gesellschaftsausschnitte zerschellen. Ob hohe Politik (nach 1945 auch die Kollaborations-Thematik) oder »allgemein-menschliche«

Hinterhof-Dramen, ob »organisiertes Verbrechen« oder Wirtschaftskriminalität, Maigret hat mit allem zu tun. Nichts davon wird als Skandalon behandelt, nichts davon als bloß zynisch konstatierte Normalität: Verbrechen, so könnte man sagen, findet in demokratischer Breite statt. Und ist auch nirgends bei Simenon gegen ein besseres »Früher« oder ein schöneres »Morgen« abzusetzen. Eine geschichtsphilosophische Dimension, die eine Gesellschaft als »verfault« zu beschreiben erlaubt, fehlt völlig. Ein Konzept, das zu fixen sozialgeschichtlichen Aussagen führt, ist nur auf Kosten unzulässiger Reduktionismen zu skizzieren. Unzulässige Vereinfachungen muss auch verantworten, wer nach einer spezifischen »Maigret«-Formel sucht. Die beiden Grundantagonien »Verbrechen« und »Aufklärung« sind zwar in allen Büchern vorhanden. Aber die Dominanzen im jeweils konkreten Fall sind unterschiedlich. Wer der Mörder war, ist in vielen Fällen unerheblich. Der Leser weiß es, Maigret weiß es zu einem sehr frühen Punkt der Handlung. Und auch die Suche nach dem Motiv ist nicht so oft Thema eines Romans, wie man glauben möchte. Mit der beliebten Formel, dass eine grundsätzliche zweite Möglichkeit von »Kriminalliteratur« das Basteln an Psychopathologien von Tätern sein kann, kommt man nicht unbedingt weiter.
Es gibt eine ganze Reihe von Maigret-Romanen, deren Fabel etwas ganz anderes im Sinn hat, als der Begriff »Krimi« abzudecken vermag. Die Sozio- und Psychologie einer Hausgemeinschaft, das Herauspräparieren sozialer Rituale in ganz unterschiedlichen gesellschaftlichen Bereichen, die merkwürdigen Manifestationen sexueller Obsessionen – all das wird in Maigret-Romanen derart dominant ausgebreitet, dass eine Qualifikation als »Krimi« sich nur noch an der Figur Maigret und dem Anfall einer (oder mehrerer) Leiche(n) festmachen ließe. Was dann allerdings von der gleichen deskriptiven Relevanz ist wie die Feststellung, im Werk von Mario Vargas Llosa gebe es Geschlechterkonflikte.
Die spätestens hier sehr wohl berechtigte Frage, warum in aller Welt Simenon dann seine nunmehr in dreifache Anführungszeichen gesetzte »Krimi«-Figur Commissaire Maigret überhaupt be-

nutzt, wenn es ihm um ganz andere Dinge geht als um die Lösung von Kriminalfällen, die nun mal der Beruf des Polizisten sind, möchte ich auf zwei Ebenen beantworten:

1) Alles, was ich bis hierher über die Maigret-Romane gesagt habe, gilt cum grano salis auch für die Non-Maigrets, die Romans durs – abzüglich der beiden Komponenten »Maigret« und »Aufklärung«. Eine Fabel, die an irgendeinem Punkt kriminell wird (sei's mit Leiche, sei's mit anderen körperlichen und seelischen Atrocities, sei's mit anderen Deliktgruppen), haben sie (fast) alle. Sie spielen zwar gerne auf See, in überseeischen Ländern, an schicken und weniger schicken Ferienplätzen, im Krieg (dem konkreten Ersten Weltkrieg, zum Beispiel), in fiktiven Staaten (die das konkrete Frankreich der Jahre 1941–44 sind), auf Booten, Bergen und in Hotels, aber ihre unterschiedlichen Dominanzverhältnisse bezüglich des Elements »Verbrechen« unterscheiden sich in nichts von den Maigret-Romanen. Wer der Mörder ist, wird, um ein prominentes Beispiel anzuführen (»Die Verlobung des M. Hire«), sekundär im Vergleich zum Porträt eines einsamen Soziopathen, wenngleich die »Enquête« das Erzählskelett des Romans liefert.

Bezeichnenderweise hat man sich an einer Typologie der Romans durs gar nicht erst groß versucht. Obwohl dieselben Elemente zur Verfügung stehen, mit denen man die Maigret-Romane typologisiert und der Reihe der »Kriminalliteratur« eingeordnet hat. Stattdessen hat man sie zum Material-Thesaurus für Simenons mehr oder wenig verklausulierte Autobiographismen gemacht und aufgrund der fehlenden, oberflächlichsten »Krimi«-Signale aus der Reihe »Krimi« heraussortiert.

Hier spätestens rächt sich die Konstruktion einer losgelösten Evolution »Kriminalliteratur«. Denn offensichtlich hält Simenon »Verbrechen« für einen solch zentralen Teil der Conditio humana, dass »Krimi« oder »Nicht-Krimi« für die literarische Verarbeitung dieser Conditio humana keine Rolle spielt: Die Textsorte »Krimi« verhindert nicht, dass darin etwas weniger Kriminelles abgehandelt wird, wie andererseits die Textsorte »Nicht-Krimi«

Simenon nicht daran hindert, darin Hochkriminelles abzuhandeln. Die Reihe »Krimi« lässt sich nicht über ein paar Handlungselemente definieren, selbst nach ihren eigenen Maßstäben nicht. Mit allem, was über ein schlichtes Mordrätsel hinausgeht, ist sie kategorial überfordert. Dass bis heute Texte nach diesem Muster produziert werden, hat schlicht mit der Gleichzeitigkeit des Ungleichzeitigen zu tun.

Einer der konsequentesten Sprengmeister dieser evolutionären Fehlkonstruktion ist Georges Simenon. Auf dem europäischen Festland ein Solitär, aber ungemein folgenreich. Auch für alle Probleme, die sich fürderhin für die »Kriminalliteratur«, die nicht »Krimi« ist, ergeben werden.

Denn wir sind ja immer noch nicht wesentlich über die Frage hinausgekommen, wie man denn eine erzählende Literatur nennen soll, die sich einerseits dem Mainstream (wozu ich auch die jeweiligen »Avantgarden« zähle) willentlich oder gezwungenermaßen entzieht, wobei sie als Krimi, Thriller etc. pejorativ qualifiziert wird, andererseits aber im vollen Bewusstsein des ästhetiktheoretischen Status quo (Moderne, Postmoderne, Krise des Erzählens usw.) darauf beharrt, Sujets aus dem wirklichen Leben mit ästhetischen Mitteln zu erzählen. Und die dabei die Tatsache nicht aus den Augen verliert, dass ein Konstituens von »Realität« eben »Kriminalität« heißt. Ich weiß nur, dass es diese Literatur gibt. Mit großem Erfolg und weltweit.

2) Ich habe die Frage nicht vergessen, warum Simenon »Krimi«-Elemente benutzt, wenn er doch am kriminalistischen Rätsel gar nicht so sehr interessiert ist. Hier mischt sich eine Kategorie ein, die im idealistischen Diskurs so ziemlich die prekärste zu sein scheint, die aber dennoch ästhetische Programme zentral beeinflussen kann. Maigret war eine Figur, die »funktionierte«, die »ging«, durchaus auch im buchmarkttechnischen Sinn. Vornehm formuliert: Die Rezeptions- oder Leserlenkung mittels einer beim Lesepublikum eingeführten und beliebten Figur macht eine beinahe unbegrenzte Anzahl von Themenfeldern darstellbar. Maigret ist der Köder, der Haken für den Leser, an dem ein ge-

schickter Autor sein Publikum führen kann, wohin er will. Die vorbegriffliche Unterstellung, »Krimis« seien populärer Lesestoff, hat hier ihr produktives Moment. Dieses Moment kann aber gleichzeitig und paradoxerweise ein ästhetisches Programm tragen, das den Begriff »Krimi« weit übersteigt. Das ästhetische Programm funktioniert sogar, noch paradoxer, ohne die Signale, auf die man sich zur Definition von »Krimi« geeinigt hat. So waren auch die Romans durs extrem erfolgreich. Das hat, vermute ich, mit dem zentralen Thema zu tun: Die Ubiquität von »Kriminalität« in allen Textmilieus hat die Textsorten durchdrungen, Kategorien stumpf gemacht.

Deswegen steht Georges Simenon an einem wichtigen Punkt der europäischen Ästhetik. Er war zu einem frühen Zeitpunkt der (gar noch kommerziell erfolgreiche) Beleg dafür, dass Literatur sich außerhalb ästhetiktheoretischer, außerhalb institutionalisierter, außerhalb normativer Kategorien behauptet. Und dennoch selbst ästhetische Folgen haben kann.

Das, was man heute aus lauter Verlegenheit zwar nicht mehr »Krimi« nennen mag und stattdessen mit Hilfskonstruktion wie Kriminalliteratur oder Thriller eher umkreist, ist ein ernsthafter Konkurrent der so genannten Mainstream-Literatur geworden, für deren sekundäre Bearbeitung in der Tat genügend systematische oder historische Kategorien bereitstehen.

Auf die Bedeutung von Simenons Gesamtwerk für diesen Prozess passt beinahe unheimlich genau ein Satz des oben schon erwähnten Alejo Carpentier: »Alle großen Romane unserer Zeit haben den Leser veranlasst, als Erstes auszurufen: ›Das ist doch kein Roman!‹.«

It Does Make Sense!
Chester Himes
und sein 20. Jahrhundert in den USA und Europa

»Die Forcierung des Absurden ist das sicherste Mittel, wirkliches Grauen fernzuhalten, denn sie hält ihm den Unernst der Betrachtung immer gegenwärtig«, heißt es bei Thomas de Quincey. Das wirkliche Grauen spielt sich im wirklichen Leben ab. In Texten, zum Beispiel, muss es bearbeitet werden, um Literatur zu werden.
Chester Himes nannte den zweiten Band seiner Autobiographie »My Life in Absurdity«. Er verstand das Leben eines Schwarzen in einer rassistischen Gesellschaft wie der amerikanischen als absurd. Um aus dieser lebensweltlichen Absurdität Literatur zu machen, hat er die Absurdität forciert. Zwischen sich und seine Texte schiebt sich der »Unernst der Betrachtung«. Mit dem hat er blutig ernst gemacht.
Deswegen sind seine zehn Kriminalromane komische Romane: der so genannte »Harlem Cycle«, Himes' »Domestic Novels«. Der Zyklus besteht aus: »A Rage in Harlem« (1957), »The Real Cool Killers« (1958), »The Crazy Kill« (1959), »The Big Gold Dream« (1959), »All Shot Up« (1960), »The Heat's On« (1961), »Cotton Comes To Harlem« (1964) und »Blind Man With A Pistol« (1969). Das Fragment »Plan B« (1983) gehört dazu, ebenfalls »Run, man, run« (1959), obwohl darin das Stammpersonal, die beiden schwarzen Police Detectives, Coffin Ed Johnson und Gravedigger Jones, nicht auftreten.
Sie alle sind komische Literatur. In dem Sinn, in dem von Rabelais über Cervantes bis Kafka und Musil komische Literatur nicht bratzwitzisch sein muss. Verhandelt wird der Harlem-Zyklus, wenn überhaupt, aber unter dem Stichwort »Kriminalliteratur«. Das ist schon richtig so, hat aber zur Folge, dass er bloß in den

üblichen schwachbrüstigen »Geschichten der Kriminalliteratur« verhandelt wird. Was man dort zu Himes findet, ist im günstigsten Fall nicht hilfreich, indifferent, ahnungslos oder auch gleich offen rassistisch. Der kleinste gemeinsame »Konsens« dort lautet: Himes' Harlem-Romane sind brutale Polizeiromane, mit hin und wieder komischen Zügen. Sie schildern kein reales Harlem, das Himes nie betreten habe, bevor er die Bücher in seinem französischen Exil geschrieben hat. Ziehen wir den baren Unfug ab (Himes hat, bevor er nach Europa geflohen ist, in Harlem gewohnt, gelebt und gearbeitet), konzedieren wir ein für die Zeit recht erstaunlich robustes Gewaltlevel in den Romanen sowie die Tatsache, dass alle Polizei, Gewalt und Verbrechen zum Thema haben, dann bleibt als verantwortbare Essenz stehen, dass der »Harlem Cycle« in der Tat Kriminalliteratur ist.

Chester Himes hat auch andere Romane geschrieben: »If He Hollers Let Him Go« (1945), »Lonely Crusade« (1947), »Cast The First Stone« (1952), »The Third Generation« (1954), »The End Of A Primitive« (1955), »Pinktoes« (1961) oder »A Case Of Rape« (1963). Das sind weder Kriminalromane noch komische Romane. Sie spielen nicht in Harlem, sondern in Kalifornien und anderen Gegenden der USA und Europas. In allen erzählt Himes von seiner persönlichen »Absurdity« , von seinen Erfahrungen als schwarzer Mann. Deswegen kann man auch beruhigt die zwei Bände Autobiographie: »The Quality Of Hurt« (1972) und »My Life Of Absurdity« (1976) zu dieser Kategorie zählen. Sie sind, auch strukturell, eher Romane denn Dokumentation und wenig faktensicher. Wer über das Leben von Chester Bomar Himes einigermaßen gesicherte Fakten wissen möchte, darf diesen beiden Texten kein Vertrauen schenken, sondern muss sich durch Edward Margolies' und Michel Fabres Biographie »The Several Lifes Of Chester Himes« arbeiten bzw. auf die gerade entstehende Biographie von James Sallis warten, die in nächster Zeit bei Canongate/Payback Press in Edinburgh erscheinen wird. (1)
Die Fakten, die wir hier brauchen, sind schnell referiert: Chester Himes wurde 1909 in Jefferson City, Missouri, geboren. Die Fa-

milie Himes gehörte zum schwarzen Mittelstand. Auf eine gute Bildung der Kinder wurde geachtet. Chesters Bruder brachte es zum Professor. Er selbst begann 1927 ein Studium an der Ohio State University, wurde jedoch ein Jahr später schon wieder relegiert – wegen kleinkrimineller Umtriebe. 1928 beging er einen bewaffneten Raubüberfall, wurde prompt geschnappt und zu zwanzig Jahren »at hard labor« im Ohio State Penitentiary verurteilt.

Im Knast begann er, professionell zu schreiben, seine Kurzgeschichten erschienen u. a. im »Esquire«. 1936 wurde er vorzeitig entlassen, heiratete Jean Johnson in Cleveland und arbeitete in den nächsten Jahren in unterschiedlichsten, auch journalistischen Jobs (u. a. für die »Works Progress Administration«, eine Art New-Deal-Programm für Arbeitslose inklusive »arbeitslose« Schriftsteller). 1940 ging er nach Kalifornien, um dort in der kriegsbedingt boomenden Werftindustrie zu jobben.

Erfahrungen aus der Arbeitswelt, dazu die mit dem spezifisch kalifornischen Rassismus, mit Gewerkschaften und kommunistischen Aktivitäten, schlugen sich direkt und naturalistisch in den beiden Romanen »If He Hollers Let Him Go« und »Lonely Crusade« nieder. Die machten ihn einerseits zu einer gewissen Größe im Kulturbetrieb, andererseits zum Angriffsziel verschiedener Pressure-groups. Beide Romane vertrugen sich nicht mit den ideologischen und gesellschaftlichen Strömungen der Zeit. Himes hatte es sich sofort mit den kulturbetrieblichen und gesamtgesellschaftlichen Pressure-groups verdorben. Zwar war die Presse, insbesondere für »Lonely Crusade«, nicht so verheerend, wie er selbst in der Autobiographie behauptete, aber er fühlte sich zu Recht von allen Lobbies und jedem »Wir« ausgeschlossen.

Nicht nur die Linke gab ihm deutlich ihr Unverständnis zu spüren. Jüdische Zeitungen keilten zurück gegen den latenten Antisemitismus in Himes' Texten. Die WASPs reagierten sowieso pikiert, ebenso Teile der schwarzen Bewegungen, weil Himes immer wieder radikal personalisierend, später auch »theoretisierend«, auf das Thema »Interracial Sex« zu sprechen kam – in ei-

ner Weise, die beide Seiten aus unterschiedlichen Gründen nicht goutieren konnten.
Himes fühlte sich in den USA in die Ecke gedrängt, isoliert, sabotiert. Unter diesem Druck platzte seine Ehe. Am 4. April 1953 floh er, permanent in Geldschwierigkeiten, nach Frankreich, wo überraschend »If He Hollers« unter dem Titel »S'il braille, lâche-le...« reüssiert war. Die Probleme nahmen in Europa zunächst trotzdem nicht ab. Himes lavierte und sumpfte sich mit seinem gräulichen Französisch (das er nie richtig lernen mochte) durch die Pariser »Exilanten«- und Literatenszene. Erst 1957 überredete Marcel Duhamel, der bei Gallimard die renommierte Série noire herausgab, Himes zu seinen »Domestic Novels«. Als »A Rage In Harlem« 1958 als erster Titel eines englischsprachigen Autors überhaupt den »Grand prix de la littérature policière« gewann, wurde Himes in Frankreich allmählich zum gefeierten Kult-Autor.
Diesen Status konnte er in den nächsten Jahren in Europa festigen, aber nicht in den USA. Zwar kaufte Sam Goldwyn jr. 1970 sechs Filmstoffe von Himes, aber nur aus »Cotton Comes To Harlem« wurde unter der Regie von Ossie Davis ein nicht allzu erfolgreicher Kinofilm im Zuge der Blaxploitation-Welle. Ein zweiter Film, »Come Back, Charleston Blue«, nach Motiven von »Run, man, run« und einem eigenen Drehbuchentwurf von Himes, stürzte jämmerlich ab. 1978 heirateten Chester Himes und die Engländerin Lesley Packard. Sie verließen Frankreich und ließen sich bei Alicante nieder. Am 13. November 1984 starb Himes in Spanien.
So weit die Eckdaten, die einen markanten Punkt illustrieren: Es gibt zwei Himes, sozusagen. Den in den USA notorischen Verfasser von schwarzen »Arbeiter«- und »Sex & Gender«-Romanen. Und den in Europa gerühmten Verfasser von »Krimis«.
Man muss allerdings die Nuancen sehen: Europa meint Frankreich und teilweise Skandinavien. In den 70er-Jahren waren z. B. die westdeutschen Fassungen (respektlos und dumm gekürzt und in kontextkenntnisfreien, also unfreiwillig komischen Übersetzungen) ein erklecklicher Bucherfolg in Rowohlts schwarzer

Thriller-Reihe. Dort liefen sie als »Exoten« unter all der Konfektionsware und jenseits jeder literarischen Öffentlichkeit. Die bitteren Andekdoten (mit aller gebotenen Vorsicht zu genießen), die Himes u. a. von einem Besuch in Hamburg bei Reihenherausgeber Richard K. Flesch notiert, lassen, bei einiger Kenntnis der Szene, allerdings Schlimmes ahnen.

In den 80er- und 90er-Jahren wurde es ruhig um Himes; ein paar schauderhaft präsentierte Non-Crime-Titel vergurgelten bei Bastei; »Plan B«, ebenfalls schauderhaft übersetzt und lustlos präsentiert, floppte beim Alexander Verlag. Aus dem Diskurs über »Krimis« war Himes aus zeitgeistigen Gründen verschwunden: In der Welle des Grimmi-Geblödels hatte ein echter Schriftsteller schlechte Karten. Deswegen kann man nur hoffen, dass die endlich fällige Neuausgabe beim Zürcher Unionsverlag nicht in den Sog des bestenfalls gutgemeinten, aber folkloristischen Multikultigedödels gerät, sondern Himes wirklich sichtbar machen wird. (2)

Dass Himes allmählich auch in den USA wieder an Aufmerksamkeit gewinnt, hat vermutlich mit der Prominenz von Walter Mosley zu tun, der immerhin – als sein größter Profiteur – nicht müde wird, auf seinen großen »Ahnherrn« hinzuweisen. In der Tat wäre Mosley ohne Himes nicht möglich gewesen. Aber auch darin liegt eine gewisse Absurdität. Denn Mosley bezieht seine schwarze Chronik von Los Angeles, die er in den »Easy-Rawlins«-Romanen ausfaltet, ausdrücklich auf Himes' Beitrag zum Californian noir.

In seinem berühmten Los-Angeles-Buch »The City Of Quartz« hat Mike Davis ganz besonders »If He Hollers Let Him Go« für die Tradition des American resp. Californian noir reklamiert. Abgesehen davon, dass die Kategorie Noir im Fall von Himes einen Dreh bekommt, die sie im gemeinten Gegensatz zu Blanc nicht hat, ist diese Einschätzung schief: »If He Hollers« erzählt zwar in beklemmenden Bildern von einem Los Angeles, das nicht heiter sonnig, nicht optimistisch, nicht locker und leicht ist, sondern schwer, bleiern heiß, gewalttätig und deprimierend. Aber keineswegs enigmatisch, undurchschaubar, ambivalent oder moralisch uneindeutig – wie bei Chandler, Cain & den anderen Repräsentanten des Noir. Bei Himes sind die Dinge, wie sie sind – und darüber wütet er. Nicht die Stadt und ihre Einwohner sind irgendwie feindselig gegen einen einzelnen Außenseiter, sondern das gesamtgesellschaftliche Klima ist glasklar rassistisch. Die schwarzen Arbeiter werden absurderweise in der Industrie gebraucht, die gerade gegen den rassistisch mörderischsten Feind mobilisiert wird. Sie sollen funktionieren und ansonsten den Rand halten. »If He Hollers« zeichnet mit radikalen Bildern und Worten den inneren und äußeren Status quo dieser Gesellschaft. Ein naturalistischer Roman, der nicht irgendwelche »Schattenseiten« zeigt, sondern die offen hässliche Oberfläche, unter der nichts anderes mehr kommt. Das unterscheidet ihn (und später auch »Lonely Crusade«) von der Art Noir, die das Verborgene im Offiziellen artikuliert. Auch wenn dabei der rassistische Aspekt, wie bei Chandler etwa, genauso klar zutage tritt. Allerdings mit umgekehrten Vorzeichen.

»If He Hollers« ist offen autobiographisch und formal schlicht. Die eingelagerten Traumbilder sind 1:1-Metaphern, keine verschlüsselten oder verborgenen Hinweise auf eine Realität hinter der hässlichen Wirklichkeit. Der Roman ist ein Affront und als solcher gemeint. Weil er von einer wütenden, aber dezidert allgemeinen Position aus auch »falsches« schwarzes Leben im nirgends richtigen geißelt (am Beispiel einer schwarzen Arzt-Familie, die Himes als Prototypen der »Angepassten« fast karikiert), kann die ästhetisch inszenierte Erkenntnis kaum über ein »Ja, so ist es« hinausgehen oder eben ein ideologisch gegenläufiges »Nein, so ist es nicht« provozieren. Zwar schildert das Buch alle Absurditäten des schwarzen Alltags (was Schwarze dürfen, was Schwarze nicht dürfen und wie idiotisch dafür die Begründungen sind), aber es forciert diese Absurditäten noch nicht literarisch. Das wirkliche Grauen wird, im reinsten Sinn, widergespiegelt.

Das ist im Kontext der zeitgenössischen Literatur nichts Bemerkenswertes und spätestens seit Upton Sinclairs »The Jungle« ein eingeführtes Verfahren. Es ist auch im Kontext der schwarzen »Protest-Literatur« seit den Tagen der Harlem Renaissance nichts Innovatives. Seine Sprengkraft bezieht der Roman aus dem problematisierten interracial sex, an dem er die Absurditäten von Rassismus überhaupt durchspielt: Auf nichts sind weiße rassistische Frauen (hier auch noch eine aus Texas!) schärfer als auf den schwarzen Mann. Himes nimmt das Klischee ernst – und das machte den Roman zum mäßigen Skandal. Auf der Inhaltsebene. Aber wenn ein Thema so »abgearbeitet« ist, ist es auch der Roman. »If He Hollers« ist rückblickend gelesen ein beeindruckendes Stück Literaturgeschichte. Aber ohne den ästhetischen Mehrwert, der verhindert, dass aus einem Stück Geschichte ein Museumsstück wird.

Das gilt, cum grano salis, für alle Non-Crime-Romane von Himes. Alle provozieren, alle agieren aggressiv, alle sind jedoch in Diskurse übersetzbar. Ihr fiktionaler Status ist nicht unabdingbar für das, was sie zu sagen haben. Wie Himes interracial sex behandelt, lässt auf seine spezifischen Lebenserfahrungen schließen, aber damit bricht die Allgemeingültigkeit weg. Seine These lautet, dass nur der schwarze Mann via Sex die weiße Frau vom weißen Mann erlösen kann, ohne dass er selbst je erlöst wird. Es wäre sinnvoll, einem solchen Theorem psychoanalytisch oder psychohistorisch nachzugehen. Auch unter dem Aspekt, warum eine Koalition der Außenseiter (so sich weiße Frauen als solche verstehen wollen) immer wieder unmöglich zu sein scheint – um eine Vermutung von Hans Mayer zu zitieren. Oder: wie die verzwickten, negativen Dialektiken von Rassismus und Sexismus im Einzelnen genau verlaufen. Aber solch spannende Fragen können einen Punkt nicht wegdiskutieren: dass eine spezifisch Himes'sche Problematik in seinen Romanen immer in lediglich fiktionalisiertem Gewand als das Allgemeine auftaucht. Und zwar nicht als Erzählung, sondern als Exempel. Die Narration ist lediglich eine Darreichungsform, ohne eigene Semantik. Mit anderen Worten: Die Non-Crime-Romane von Himes sind autobiographisch dominiert. Sie haben keine oder nur fadenscheinig camouflierte Distanz zu ihren Themen und Thesen. Sie sind Reproduktionen des real Absurden, aber keine absurden oder sonstwie gebrochenen, literarischen Texte. »Unernst der Betrachtung« kann nicht stattfinden, weil ihre Fabeln existenzielle Anliegen von Chester Himes waren. Sie sind eher eine Goldgrube für den historisch-klinischen Blick auf Himes und auf die gesellschaftlichen Kräfte, die auf ihn einwirken.

Vor dem Hintergrund dieser »negativen« Überlegungen allerdings führen die Harlem-Romane, die Kriminalromane, ins Zentrum dessen, was Kriminalliteratur sein kann. Wegen seiner Leistung auf diesem Gebiet ist Chester Himes eine Schlüsselfigur. Das grundsätzliche Problem von Kriminalliteratur als populärer Literatur wird so recht sichtbar erst am Ende jenes Jahrhunderts, das das Genre hervorgebracht hat. Weil dieses kriminalliterarische Jahrhundert mit einer (konjunkturell bedingten) Popularitätswelle des Genres endet, treten auch die Anfänge, die Mitte, die Qualitäten und Defizite dieses Literaturtyps überdeutlich hervor. Eines Typs, der historisch bedingt ist und gleichzeitig den Formenreichtum von Literatur überhaupt erheblich erweitert hat. Die aktuelle Popularität von Kriminalliteratur, und damit ihre momentane Re-Trivialisierung (welch Ironie!), verweisen auch auf ein Dilemma ihrer Entwicklung. Kriminalliteratur hat als populäre Trivialliteratur angefangen. Durch ihre enorme formale Flexibilität hat sie immer wieder Erneuerer angelockt, die das Genre mit Komplexionen aufgeladen haben. Ihre Popularität jedoch verdankt sie den jeweils historischen Konsens- resp. Prätentionsformen und damit den Schlichtformen. Nicht Chesterton war der Bestseller seiner Zeit, sondern Conan Doyle; nicht E. C. Bentley, sondern Agatha Christie; nicht Hammett, sondern S. S. Van Dine; nicht Ross Macdonald, sondern Mickey Spillane; nicht Eric Ambler, sondern Ian Fleming; nicht Ross Thomas, sondern Robert Ludlum; nicht Sara Paretsky, sondern Patricia Cornwell, nicht Liza Cody, sondern Minette Walters; nicht Scott Turow, sondern John Grisham; nicht Derek Raymond, sondern Philip Kerr (ad infinitum) sind die nach schlichten Verkaufszahlen wirklich »populären« Autoren. Sie sind die Profiteure. Die kreativen Köpfe sind die jeweils anderen. Die setzen sich, wenn überhaupt, erst nach Jahrzehnten durch, als »Kult« oder als »Klassiker«. Ausnahmen wie Simenon bestätigen die Regel. Das wäre nicht weiter schlimm oder bemerkenswert, weil dieser Mechanismus für alle Literatur gilt: Was haben Kafka, Musil, Joyce & Co. zu Lebzeiten »verkauft«? Allerdings würde kein Mensch auf dem Gebiet der »seriösen« Literatur daraus ein Qualitätsurteil machen. Das Dilemma der Kriminalliteratur ist, dass ihre »populäre« oder »triviale« Herkunft zwar künstlerisch fruchtbar und konstitutiv sein kann. Erneuerungen kommen immer »von unten«. Aber triviale Herkunft und ständige Re-Trivialisierung blockieren eben auch die Wahrnehmung von qualitativen Differenzen. Wenn sich eine auf dem Markt erfolgreiche Trivialautorin wie Ingrid Noll als »bedeutende Erzählerin« außerhalb ihres legitimen Sub-Labels »Hausfrauenkrimi« feiern lässt, fällt es in der Tat schwer, unter eben dem Etikett »Kriminalliteratur als bedeutende Erzählform« seriöse und ernst zu nehmende Literatur zu vermuten.

Dieser fatale Mechanismus hat eine Menge mit Chester Himes zu tun. Tatsächliche Qualitäten von Kriminalliteratur werden nicht wahrgenommen. Noch nicht mal, wenn sie längst weit über das »Genre« hinauswirken. Und notfalls nicht einmal vom Produzenten selbst. Chester Himes hielt seine Non-Crime-Romane immer für seine eigentlich bedeutenden Werke, die »Detective Stories« dagegen nur für Nebenwerklein zur Geldbeschaffung. So können wir es auf jeden Fall immer wieder nachlesen. So hat er sein Verhältnis zu ihnen immer wieder öffentlich heruntergespielt. Sollte er es tatsächlich so gesehen haben, hat er sich selbst fatal fehleingeschätzt. Aber es gibt auch Hinweise, dass er durchaus ahnte, was er mit dem »Harlem Cycle« geschaffen hat. In einem unveröffentlichen Manuskript, das Margolies und Fabre im Nachlass gefunden haben, sagt Himes sehr wohl, dass »A Rage In Harlem« ein »Meisterwerk« sei – und zwar bevor der Roman von außen seine Lorbeeren bekam. Das ist jedoch nur ein Nebenindiz. Der wirkliche Beleg steckt in einer These von Himes, die er in mehreren Interviews und Statements immer wieder variiert hat: »American violence is public life, it's a public way of life, it became a form, a detective story form.«

Kriminalliteratur ist eine literarische Form. Aber keine, die so klar definiert ist, wie man gern vermutet. Ihr Thema, ob als Mordrätsel oder Psychothriller, ist immer Gewalt & Verbrechen. Die Geschichte der USA ist auch eine Kette von innerer Gewalt & Verbrechen: Genozide, Sklaverei, Bürgerkrieg, mehr Genozide, das »organisierte Verbrechen«, »War on drugs« und so weiter. Gewalt & Verbrechen sind für diese Gesellschaft konstitutiv. Das hat Konsequenzen für ihre Kunst und Literatur. Die »Gewalt als Lebensstil« sickert in alle künstlerischen Artikulationsformen ein. Der Kriminalroman ist ihre adäquate Form. Das unterscheidet ihn von anderen literarischen Formen. So weit hat Chester Himes recht. Aber schon mit dem Terminus »Detective Stories« gerät er angesichts seiner eigenen Produktion ins Straucheln.

Detektive, ob als private Kleinunternehmer oder als Angestellte, sollen, so legt die Genrekonvention nahe, Verbrechen & Gewalt zumindest aufklären, wenn nicht unterbinden. Coffin Ed Johnson und Gravedigger Jones, Angestellte der Stadt New York, Bezirk Harlem, arbeiten in einem Umfeld, das nicht nur virtuell, sondern manifest von Gewalt strukturiert ist. Diese Gewalt ist nur zu »verwalten«. Harlem ist ein topographisch beschreibbarer Teil einer Stadt, in dem vornehmlich Menschen schwarzer Hautfarbe leben – als Konsequenz einer grundsätzlich gewalttätigen Politik, über die man in jeder vernünftigen Stadtgeschichte nachlesen kann.

Man kann aber auch, wie Albert Murray, der Vordenker eines »schwarzen Neo-Klassizismus«, in seinem berühmten Buch »The Omni-Americans«, Harlem beschreiben als »industriefreie, ideal gelegene Wohngegend« mit perfekt organisiertem öffentlichen Nahverkehr, die sich durch Weltoffenheit, »Schönheit, Stil und Eleganz« ihrer Bewohner auszeichnet und wichtige Beiträge zur Kultur des 20. Jahrhunderts geliefert hat. »The Omni-Americans« erschien 1970, und das Harlem-Kapitel ist eine deutliche Polemik gegen Chester Himes, den Murray jedoch nicht namentlich erwähnt. Aber seine Polemik gegen eine »viktorianische« (Murray meint damit: lustvoll voyeuristisch nur aufs Laster starrende) Interpretation von Harlem als »Dark Ghetto« zielt überdeutlich gegen eine Inszenierung desselben Stadtteils als verkommenen Slum. So wie es Himes immer wieder im Harlem-Zyklus getan hat, ganz manifest noch einmal im berühmten (siebten) »Hitzekapitel« von »Plan B«. Oder in seiner programmatischen Reportage »Harlem ou le cancer de l'Amérique«.

Verkompliziert wird die Angelegenheit natürlich dadurch, dass beide Standpunkte so nicht stimmen: Himes preist im »Ersten Zwischenspiel« von »Blind Man With A Pistol« alle die Vorzüge Harlems, die Murray gerade gelobt hatte. Und dieser wiederum weiß natürlich sehr wohl, was in seiner Nachbarschaft (er wohnt seit Jahrzehnten in der 132. Straße) passiert. Die Verve jedoch, mit der Murray gegen Himes'sche Harlem-Bilder argumentiert, leitet sich direkt aus einem Dissens mit dessen literarischem Programm her: Wenn Murray den entscheidenden Beitrag der Schwarzen Kultur im »Höhenkamm« sieht (er setzt z. B. die symphonischen Arbeiten Duke Ellingtons analog zu den Romanen von Thomas Mann) und deswegen schon die Harlem Renaissance für trivial und überschätzt hält, haben literarische Formen der Uneindeutigkeit, der Mehrsinnigkeit und ohne elitäre Absicht keinen Platz.

Uneindeutig und mehrsinnig, mit einem schickeren Wort: polyvalent, aber sind die Bücher von Himes über die Gewalt in Harlem. Dort, wo die Gewalt am grausamsten ist, dort, wo Menschen durch Armut (als Folge von Rassismus, aber nicht nur) exzessiv brutalisiert sind, dort sind die Texte von Himes am komischsten. Der berühmte kopflose Motorradfahrer aus »All Shot Up«, der, eine Fontäne sprudelnden Bluts hinter sich herziehend, durch eine eisige Winternacht brettert und allerlei Schabernack bei Beteiligten und Unbeteiligten auslöst, ist nicht nur in Slapstick gewendetes Grand Guignol, sondern die von Thomas de Quincey geforderte »Forcierung des Absurden«. Sie bringt Erzählen und Erzähltes in ein erheblich inkongruentes Verhältnis.

Der abgeschnittene Kopf des Motorradfahrers rollt vor einer Kirche aus, an der das Thema der nächsten Predigt angeschlagen ist: »Beware! Death is closer than you think!« Der Körper auf dem Motorrad knallt in die Tür eines Juwelierladens, dessen Werbespruch tönt: »We will give credit to the Dead!« So inszeniert das Erzählen eines betrüblichen und unschönen Vorgangs zudem noch eine entlarvende Inkongruenz des Vorfalls mit dem Milieu, in dem er spielt. Indem es dieses Milieu wörtlich nimmt. Geldgier (oder Überlebensnot, denn der Motorradfahrer war ein kleiner Dieb) und Religion rücken in ein brutal analoges Verhältnis. Und natürlich geht es in »All Shot Up«, wie in fast allen Romanen des Harlem-Zyklus, auch um Religion als ein besonders abgefeimtes Mittel zur Ausplünderung von Menschen. Die soziale Ordnung beziehungsweise die »soziale Hierarchie« zwischen dem metaphysischen Jenseits der Religion und der ökonomischen Realität (Kredit für Tote) ist zerrüttet. Auf komischem Weg. Das ist pur die von Michail M. Bachtin beschriebene Strategie der »Karnevalisierung«, die sich mittels der vis comica subversiv den »sozialhierarchischen Beziehungen des gewöhnlichen Lebens entgegensetzt«.

Was sich an der Motorradfahrerstelle so praktisch und auf den Punkt gebracht zeigen lässt, ist nichts anderes als das »Generierungsprinzip« des ganzen Harlem-Zyklus. »Der Karneval ist die umgestülpte Welt«, heißt es bei Bachtin. In Himes' Harlem ist alles umgestülpt: Fromme Nonnen sind schmierige Betrüger, Politiker sind organisierte Gangster, Männer sind Frauen und umgekehrt, Kinder schlabbern aus Schweinetrögen, Polizisten sind Mörder und Mörder Polizisten, und am Ende von »Blind Man With A Pistol«, als eine Riesenschießerei losgeht, die ganz Harlem in Flammen zu setzen droht, weiß niemand, warum und wieso und weshalb. »That don't make any sense«, heißt es am Ende des Romans.

So weit war in der gewaltbearbeitenden Form »Kriminalliteratur« bis dato noch niemand gegangen. Zwar hatte schon Hammetts »Continental Op« die üblichen Grenzen des literarisch »Erträglichen« überschritten, um die Strukturanalogien von Politik und

Verbrechen zu zeigen, zwar hatte schon John Latimer mit einigem Erfolg versucht, die komischen Seiten des Grauens literarisch zu artikulieren, aber erst Himes hat willentlich und systematisch die »Sinn stiftende« Kriminalliteratur in höhnisches Lachen über diesen Anspruch und über die Welt aufgelöst.
Mit »Sinn stiftend« meine ich dabei nicht nur die ordnungspolitisch einwandfreien Phantasien von Agatha Christie bis Mickey Spillane, die vermutlich der Grund sind, warum »Krimifreunde« sich gerne auf suspekte »Krimileser« wie Konrad Adenauer beziehen. Ich meine auch die »sozialkritischen« Sinnstiftungen, die im vergeblichen Kampf des Einzelnen (wie bei Chandler & Co.) gegen ein übermächtig gewordenes »Verbrechen« zumindest die utopische Melancholie desjenigen setzen, der »es wenigstens versucht hat«. Mit Himes ist der Glaube an einen archimedischen Punkt außerhalb »des Verbrechens« gekündigt, von dem aus man es zumindest klar erkennen oder gar weghebeln kann. Coffin Ed und Gravedigger Jones sind mindestens genauso »verbrecherisch« wie ihre jeweiligen Gegenspieler – oder auch nicht. Auch ihre Brutalität scheint in der Komik auf, mit der sie auf die brutale Welt um sich herum reagieren. »Ich hätte mir lieber die asiatische Grippe nehmen sollen«, lautet Gravediggers Kommentar zum Kopf des Motorradfahrers.
Spätestens an dem Punkt jedoch kommt die Moral ins Spiel. Bedeutet die komische Inszenierung der »umgestülpten Welt« ein Sympathisieren mit den schlimmen Zuständen?
Die Frage ist rhetorisch. Dass im Grauen das Komische und im Komischen das Grauen sichtbar wird, ist Ergebnis einer literarischen, einer erzählerischen Operation. Diese Operation lässt sich nicht in diskursive Binaritäten wie »wahr« und »falsch«, »gut« und »böse« zerlegen. Das macht ihren literarischen Rang aus. Die, so verstanden, »unernste Betrachtung« garantiert im Fall Chester Himes den Unterschied zwischen Literatur und Biographie. Der biographische Untergrund, auf dem Himes schreibt, muss sich nicht mehr distanzlos in der Abarbeitung autobiographischer Themen ausdrücken – die Spielform »Kriminalroman«, mit all ihrem kommunikativen Potenzial eröffnet eine distanziertere,

weitere und somit genauere Perspektive und bietet by doing eine mögliche Antwort auf die Frage an, wie man eine rassistische, d. h. verbrecherische Gesellschaft »erzählen« kann, ohne Ideologien zu (re-)produzieren.

Das kommunikative Potenzial der Form stellt die Eckdaten bereit (Großstadt, Polizei, Verbrechen) und schafft den Bezug zum »niederen Milieu« (normale Menschen, die »normal« leben, lieben, stehlen, sterben und reden: Himes' Personal spricht natürlich Streetslang). Es bietet weiterhin die Möglichkeit, größere Zusammenhänge in Action aufzulösen und mit den Mitteln von Thrill und Suspense relativ nahe an einem möglichst breiten Publikum zu bleiben. Was schlicht heißt: einem Publikum, das – im emphatisch demokratischen Sinn – keine Spezialkenntnisse braucht, um Freude an Texten zu haben; Spezialkenntnisse sind allerdings auch kein Hindernis. Dieses kommunikative Potenzial lässt, und Himes demonstriert es brillant, der Inszenierungskunst eines Schriftstellers alle Freiheit. In sie kann er sogar seine privatesten Obsessionen einflechten.

Die Polyvalenzen der karnevalistischen Inszenierung, in der sich »das Geheiligte mit dem Profanen, das Hohe mit dem Niedrigen, das Große mit dem Winzigen, das Weise mit dem Törichten« (Bachtin) vermengt, machen sogar die »Thesen« über die Welt, die Himes außerhalb seiner literarischen Texte oft schroff, fatal und widersprüchlich artikuliert, »sagbar«: Wenn man z. B. weiß, dass Himes einige Zeit im Knast eine glückliche (und nicht nur notgeile) schwule Beziehung hatte, rücken seine anscheinend homophoben Schilderungen von Schwulen und Lesben noch deutlicher in den karnevalistischen Kontext: Diese Figuren agieren dann als selbstverständlich vorhandene, miese oder anständige Menschen wie andere auch. Auch bei solchen Reizthemen der Political Correctness entfällt der archimedische Punkt der ideologischen Bewertung: »Jegliche Distanz zwischen den Menschen wird aufgehoben« (Bachtin).

Dass Himes ein solches Konzept ausgerechnet an dem »niederen« Genre »Kriminalliteratur« entwickelt, musste einen kanonischen

Denker wie Murray erzürnen. Dessen eigenes Konzept der »Höhenkamm«-Kultur erweist sich verglichen damit als starr. Auch dass Himes nicht mit den Weihen des »Intertextuellen« gesalbt ist, macht seine Rezeption von der »hohen« Warte aus eher schwierig. Liest man alles über und von Himes, kommt man zu dem Schluss, dass er mit anderer Literatur und Kunst vermutlich so seine Probleme gehabt hat. Oder gar keine, weil sie für ihn eine Quantité négligeable waren. Natürlich finden sich artige Bekenntnisse zu Faulkner, Hemingway und besonders zu Richard Wright, genauso wie erwartbare Reverenzen an Billie Holiday und Lester Young. Aber handfest synästhetische Aspekte sind in Himes' Texten kaum auszumachen. Speziell an kriminalliterarischen Bezügen ist so gut wie nichts zu holen. Er hat nachweisbar Hammett und eine Menge »Black Mask«-Stories gekannt, aber in einen Dialog zu deren Ästhetik, Weltbild oder Sprache tritt er nicht.

Himes ist einer der seltenen Schriftsteller, die aus Intuition, Instinkt, Kreativität, Sensibilität, literarischer Intelligenz oder Genie (egal, welche »Magien« man bemühen möchte) auf eine Methode gestoßen sind, aus erkannten und erlebten Realitäten Literatur zu formen. Und gleichzeitig mit dieser Methode eine Art »Paradigmenwechsel« einzuleiten: Denn die Karnevalisierung bzw. das Arbeiten mit brechenden, fraktalisierenden, hierarchiezersetzenden Verfahren auf allen Ebenen hat bis heute den ernsthaft literarischen Umgang mit dem Megathema »Verbrechen« geprägt. Autoren und Autorinnen wie Joseph Wambaugh, Jerry Oster, Jerome Charyn, Paco Ignacio Taibo, Julian Rathbone, Andreu Martín, Carl Hiaasen, Pieke Biermann, Liza Cody, Helen Zahavi usw. schließen mit ihren polyvalenten Erzählverfahren bewusst oder unbewusst an Himes an. Monologisch-monolithische Krimis nach Himes sind fast per definitionem trivial. Natürlich gibt es auch nicht-karnevalistische Konzepte: bei Ed McBain etwa, bei Jean-Patrick Manchette oder Derek Raymond, aber auch sie arbeiten mit Polyvalenzen und Polyphonien.

Ex post gesehen hat Himes in dem »Kanonstreit« (Norbert Elias) der 60er- und 70er-Jahre zwischen »U«- und »E«-Literatur dem U-Bereich viele Punkte gebracht. Avancierte Genre-Literatur hat den »Höhenkamm« ernsthaft herausgefordert und wird dies aller Wahrscheinlichkeit nach weiter tun. Aber das hat Himes viel gekostet. Obwohl er bis zu seinem Lebensende »The Unconquered« (Melvin van Peebles) geblieben ist, hat ihn zeitlebens die »Macht der sozialen Bewertung« (Elias) schwer getroffen. Schließlich war Chester Himes der im Mayer'schen Sinn klassische »existenzielle« Außenseiter. Und das gleich mehrfach: Ein schwarzer, radikaler Literat, mit krimineller und schwuler Biographie, Workingclass-Erfahrungen, im persönlichen Umgang, gerade auch mit Frauen, widerborstig bis ekelhaft, nicht einnehmbar für organisierte Bestrebungen aller Art, nicht solidaritätsfähig mit anderen Minoritäten und dann noch erfolgreich in einem »niederen Genre« und damit aus dem Diskurs »hoher« Literatur und »seriöser« schwarzer Literatur (Baldwin, Ellison, Murray) ausgeschlossen. Chester Himes agierte nirgends comme il faut: weder gegenüber dem »Feind« noch gegenüber dem potenziellen »Freund«. Das verzögerte seine »ideengeschichtliche Wirkung« (wie dies Norbert Elias am Fall Mozart exemplarisch gezeigt hat) erheblich. Gegen die Verzögerung kann man anschreiben. Es wäre allerdings Chester Himes vermutlich lieber gewesen, man hätte das schon zu seinen Lebzeiten erfolgreicher getan.

(1) James Sallis, Chester Himes: A Biography. Edinburg, 2000, Payback Press. Leider bleibt Sallis hinter Margolies/Fabre zurück.
(2) Nachbemerkung 2008: Auch die Ausgabe beim Unionsverlag blieb aus ökonomischen Gründen unvollendet.

Rätsel Ripley oder Ripley, revisited

> *Das Höchste, wozu sich ein schwacher Kopf von Erfahrung erheben kann, ist die Fertigkeit, die Schwächen besserer Menschen auszufinden.*
>
> Georg Christoph Lichtenberg

Tom Ripley ist ein Rätsel. Und bleibt es.

Die Rätselhaftigkeit der Figur Ripley ist topisch: Der charmante junge Mann aus schlechtem Haus, der sich en passant zu Wohlstand, Haus und Weib mordet, ohne dabei nennenswerte Skrupel zu haben. Sagt der Topos und begründet damit den Ruhm der Figur und seiner Erfinderin, Patricia Highsmith. In fünf Romanen, von »Der talentierte Mr. Ripley« (1955) bis »Ripley Under Water« (1991), begleitet er die zweite Hälfte des 20. Jahrhunderts, ohne von dessen Zeitläuften sonderlich tangiert zu werden.

Aber ist die Figur wirklich so rätselhaft? Ripleys erster Mord ist an Plausibilität kaum zu übertreffen: Dickie Greenleaf muss verschwinden, damit Ripley dessen Identität annehmen kann und an Geld kommt. Aus diesem Ur-Mord leiten sich weitere ab: Um seinen neuen Status als reicher Müßiggänger zu sichern, muss Ripley in die Fälschungsgeschichte um den Maler Derwatt einsteigen und muss den misstrauischen Mr. Murchinson mit einer Flasche gutem Rotwein erschlagen (»Ripley Under Ground«, 1970), dabei verpflichtet er sich der Hamburger Unterweltsgestalt Reeves Minot, dem er den einen oder anderen Gefallen schuldet, was wiederum zu dem Gemetzel in »Ripley's Game« (1974) führt. Derwatt und die Folgen, die immer auch noch Folgen der Greenleaf-Affäre sind, bescheren ihm noch 1991 das unangenehme Ehepaar Pritchard, das den Fall Murchinson wieder auszugraben droht (»Ripley Under Water«). Und »Der Junge, der Ripley folgte« (1981) hatte ihn sich zum Beichtvater auserkoren, weil er Ripleys Aura des Tödlichen erlegen war. Eine klassische Saga in fünf Bänden also, die aus fünf klassischen Kriminalromanen um einen Psychopathen besteht. Ein Man-on-the-run-Muster, mit leichter Drehung. Ripley ist nicht auf der räumlichen Flucht vor

seinen Untaten, sondern entzieht sich der Entdeckung von Verdeckungsmord zu Verdeckungsmord.
Als rätselhaft gelten kann dabei Etliches. Warum hilft Ripley, der amerikanische Freund, so begeistert dem leukämiekranken Jonathan Trevanny beim Morden? Schließlich hatte er doch, aus Bosheit und um Minot gefällig zu sein, eben diesen Trevanny als Auftragskiller empfohlen. Warum bringt er völlig sinnloserweise einen der stockdummen Entführer des jungen Frank Pierce um, der sich wie eine Klette an Ripley geklebt hatte? Liegt alles das im Charakter der Figur Ripley? Oder reicht einfach die Erklärung »Psychopath« aus, weil Psychopathen eben deswegen so heißen, weil sie anscheinend grundlos töten? Zweierlei überblendet sich in der Figur: Ripley gehört zu den Leuten, die laut Chandler »mit Gründen morden«, in diesem Fall aus Habgier. Er ist ein lupenreiner Krimineller. Und hin und wieder mordet er aus einem unklaren, selbst klinisch unbegründbaren Antrieb zu töten. Literarisch, also genretypologisch kann man die Ripley-Serie als Amalgam aus Gangster- und Psychopathenroman verstehen.

Man kann aber auch einer Spur folgen, die Patricia Highsmith selbst gelegt hat. Paul Ingendaay zitiert in einem der Nachworte zur Gesamte-Romane-und-Storys-Ausgabe, die der Diogenes Verlag jüngst abgeschlossen hat, eine Tagebuchnotiz von Patricia Highsmith vom 6. April 1955 – «Der talentierte Mr. Ripley« war gerade fertig: »Ich habe weder das Gespür für Gut und Böse noch das Wissen darum, und nicht nur habe ich das Gefühl für Gut und Böse verloren, sondern Gut und Böse existieren nicht (und das gefiel mir) und sind lediglich ein Vorurteil; ich kann von allen Vorurteilen frei sein, doch genau in diesem Augenblick, da ich diese Freiheit erlange, werde ich zugrunde gehen.«
Ingendaay plädiert zu Recht dafür, mit diesem Zitat vorsichtig umzugehen. Klar, Tagebuchnotizen kann man nicht einfach eins zu eins Artefakten wie Romanen zuordnen. Zumal dieses Zitat auch noch in der Nähe zu einem Hinweis auf Dostojewskis Dämonen steht – zu einem Autor also, mit dem sich Highsmith im-

mer wieder einlässlich beschäftigt hat. Dennoch, Gut und Böse sind Zentralbegriffe für ihr gesamtes Œuvre, wie die sträflich unterschätzte Biographie von Andrew Wilson mit unzähligen Beispielen belegt. Die Frage nach Gut und Böse ist auch eine moralische Frage. Einer ihrer wichtigsten künstlerischen Austragungsorte ist der Kriminalroman. Eine »Theologie des Kriminalromans«, wie Paul Ingendaay andeutet, muss man deswegen noch lange nicht aufrufen, weil moralische Fragen erst sekundär ins Gebiet der Theologie fallen. Das sei aber nur deswegen erwähnt, weil Ingendaay vorschlägt, Highsmith habe die »Werteskala der Suspense-Gattung auf den Kopf gestellt« und deswegen die »›Theologie des Kriminalromans‹ zertrümmert am Boden hinterlassen«.

Das ist natürlich, Ingendaay weiß das, eine argumentative Sackgasse. Eine solche »Werteskala« existierte im Genre schon längst nicht mehr. Wenn sie denn je – sehen wir von ordnungspolitisch eher lächerlichen Beschwörungen wie im Werk von Agatha Christie ab – existiert haben sollte: Mit der Aufklärung war auch ein gewisser moralischer Relativismus nicht mehr in die Flasche des »Weltordnungsgedankens« zurückzustopfen. Das 19. Jahrhundert hat damit endgültig aufgeräumt, wobei Baudelaire und Poe zentrale Rollen gespielt haben, die ihrerseits wieder auf das Genre »Kriminalroman« nicht zu unterschätzenden, gar massiven Einfluss hatten. Das 20. Jahrhundert schließlich hat mit seiner Ur-Sünde, dem Ersten Weltkrieg, den grausam lebenspraktischen Beweis dafür geliefert, wo »Werteskalen« geendet haben. Dass Highsmith ihre mörderische Hauptfigur davonkommen lässt, das ist allerspätestens seit Hammetts Continental Op kein kühner Schritt mehr. Literarisch gesehen.

Die Tatsache indes, dass der Mörder Ripley »sympathisch« gezeichnet wird, kann ebenfalls kaum sensationell sein. Hannah Arendts »Origins of Totalitarism« war 1951 in New York erschienen und eines der meistdiskutierten Bücher der Zeit, ihre Beobachtungen zur »Banalität des Bösen« im Jahrzehnt danach in aller Munde. Wie überhaupt Aufarbeitungen des Zweiten Weltkriegs überdeutlich belegen konnten, was man im Grunde geahnt

hatte: Die Täter sind ganz normale Menschen, notfalls sogar nett und sympathisch, keinesfalls aber durchweg sabbernde Irre.
Auch die Ausstattung, mit der Highsmith Ripleys Sympathiekonto füllt, ist merkwürdig ambivalent: Er liebt Bilder und Musik, spielt gar Cembalo und kann, nachdem er in »Ripley's Game« gerade zwei eigenhändig getötete Menschen verbrannt hat, dahinparlieren: »Wissen Sie, Bach vergeistigt – sofort. Ein einziger Akkord ...«
Kultur, wir wissen es längst, dämpft kein bisschen. Und sollte Patricia Highsmith diesen Dialog-Teil als höhnische Bestätigung dieser Erkenntnis gemeint und damit Ripley in die Reihe der Höß' und Heydrichs gerückt haben – so hätte sie die Figur im dritten Roman mit einer ungeheuren Pointe final demontiert. Aber in Nummer vier und fünf wird weiter Cembalo gespielt und sich an schönen Dingen ergötzt. Und gemordet, in aller Unschuld sozusagen, und somit auch der Boden bereitet für bedeutend gröber geschnitzte Unholde wie Hannibal Lecter, der – interessanterweise – auch mit allen Attributen der Kultiviertheit ausgestattet ist. Wie überhaupt der Serialkiller seit den 1980ern gerne antinaturalistisch (denn in der Realität ist er meistens ein elender Wicht) als »Künstler« inszeniert wird und damit Teile der Kriminalliteratur erkenntnistheoretisch und ästhetisch nach der Maßgabe eines obsoleten Psychologischen Realismus des späten 19. Jahrhunderts in die zopfigste Genie-Ästhetik eines Klippschul-Nietzscheanismus zurückbombt. Aber das nur nebenbei.
Zurück zu Gut und Böse, zu Ripley und der Moral. Ebenfalls 1959, am 14. November, notiert Highsmith im Tagebuch: »Wir müssen bezweifeln, dass es einen Lohn der Tugend gibt ...« Wir befinden uns in den USA von Eisenhower, der McCarthyismus steckt den Menschen noch in den Knochen, Bigotterie, Hysterie allenthalben. In diese Zeit ist die 1921 geborene Patricia Highsmith hineingewachsen, von dieser Epoche hat sie ihre Prägungen erfahren. Mit allen Problemen, die eine lesbische Frau im WASP-Amerika hatte, einschließlich eines »Therapie«-Versuchs, um diese vermeintliche »A-Normalität« loszuwerden. »Es stimmt, ich verstehe verdrehte, verrückte, abartige Menschen. Normale

Menschen verstehe ich nicht. Hausfrauen. Vielleicht, weil ich selbst nicht ganz normal bin!«, gab sie, vermutlich leicht kokettierend, 1968 in einem Interview preis. Und sie hatte alle biographischen Gründe für sich, gegen den zunehmend massenmedial flankierten »moralischen Mainstream« zu pöbeln und zu polemisieren. Sie war evidentermaßen traumatisiert. Ihre Hemmungen sind beredt, wenn sie 1952 den Roman einer lesbischen Liebe mit Happy End (Carol) unter dem Pseudonym Claire Morgan erscheinen lässt. Erst 1990 stimmt sie einer Veröffentlichung unter Klarnamen zu. Ironischerweise dürfte Carol von allen ihren Büchern das mit der höchsten Auflage gewesen sein, schon in den 1950ern übrigens und nicht erst in den Boomjahren der Frauenbewegung seit den späten 1960ern. Noch 1983 stellte Barbara Grier, die Chefin von Naiad Press, lapidar fest: »Sie litt unter internalisierter Homophobie.«

Bedenkt man zudem, dass zu McCarthys Zeiten Schwule und Lesben explizit als »Sicherheitsrisiko« für das moralisch saubere Amerika galten und folglich potenziell des Verbrechens geziehen wurden, wird der Kurzschluss von der Außenseiterin zum »Verbrecher« plausibel. In dem oben unterbrochenen Zitat aus dem Jahr 1968 heißt es nämlich weiter: »Ich habe selbst einen Hang zum Kriminellen. Ich habe eine klammheimliche Sympathie für Missetäter, und ich weiß, dass das abscheulich von mir ist.«

So gesehen entscheiden die Kontexte einmal mehr über die Valenz von Kategorien. Wenn Patricia Highsmith von Moral und Amoral, von Gut und Böse redet, schimmert das Konkrete überdeutlich hervor: die psychopolitischen Zustände in den USA der 1940er- und 1950er-Jahre.

Fast wie eine Ironie des Schicksals mutet in diesem Zusammenhang ein Zusammentreffen im Jahr 1948 an: Die mit ihrer sexuellen Identität verzweifelt ringende weiße Texanerin Patricia Highsmith, die in Greenwich Village hockte und von Truman Capote gefördert wurde, wird Stipendiatin der Yaddo-Stiftung in Upstate New York und wohnt für einige Zeit in der dortigen Künstlerkolonie. Im Zimmer gegenüber: Chester Himes, der schwarze, bisexuelle, kriminell gewordene Bürgersohn aus Jefferson City, Missouri, konstitutioneller Außenseiter wie Highsmith, mit ebenso problematischer Position zu anderen »Minderheiten«, notfalls internalisiert homophob, antisemitisch wie Highsmith (die zudem noch blank rassistische Ansichten von sich gibt) und sexistisch. Beide wichtige Entgrenzer von Kriminalliteratur, beide zur Solidarität unter Außenseitern klassischerweise (according to Hans Mayer) nicht fähig und beide, zu dieser Zeit jedenfalls, im Dauersuff. (Aber auch das nur nebenbei.) Außenseitertum und Verbrechen gehen bei Highsmith in diesem ganz konkreten Kontext zusammen. Alle ihre Ripley-Romane (und fast alle ihre anderen auch, besonders der Erstling »Zwei Fremde im Zug«, 1954) haben, das ist oft kommentiert worden, sehr deutliche homoerotische Subtexte: Ripley und Dickie Greenleaf – deutlicher geht's nicht. Ripley und Frank Pierson – dieselbe Geschichte, sogar im Fummel; Ripley und Jonathan Trevanny – was sonst? Ripley und der Fälscher Bernard Tuft in »Ripley Under Ground« – emotionaler, aber deutlich; Ripley und das S/M-Pärchen Pritchard – klar! Das, was Patricia Highsmith in ihren prägenden Jahren erfahren und erleiden musste, setzte sie in Literatur um, in Kriminalliteratur. Was von einer gewissenlosen, tendenziell existenzvernichtenden Gesellschaft als schwerster Angriff auf die »Moral« aufgerufen wurde, konterte sie mit einem Tabu-Bruch: Mord ist – damit verglichen und aus dieser Perspektive – das geringere Übel. So sitzen die Ripley-Romane ganz fest und tief im zeitgeschichtlichen Bezug. Sogar hoch plausibel. Und damit beginnt das wirkliche Rätsel um Tom Ripley.

Ripley ist in einem gewissen Sinn eine statische Figur. Nachdem er in dem kleinen Boot vor Genua Dickie Greenleaf mit dem Ruder erschlagen und erfolgreich versenkt hat, hat er sozusagen den Höhepunkt in der Dynamik seiner Charakterzeichnung erreicht. Alle weiteren Morde sind mehr oder weniger scharf akzentuierte Ableitungen, Konsequenzen, Folgen, selbst da noch, wo er am Morden Freude verspürt – in »Ripley's Game« und »Der Junge, der Ripley folgte« etwa. Die Wechselbeziehung zwischen verdrängter Homoerotik und Mord wurzelt, wir haben es gesehen, in einem spezifischen Kontext. Kontexte aber ändern sich, bedenkt man die über dreißig Jahre, in denen Ripley (als literarische Figur legitimerweise nur milde alternd) tätig ist. Die Figur Ripley dagegen ändert sich nicht.

Ebenso diffus bleibt ihr »Sitz im Leben«. Schon gleich im ersten Band funktioniert die Figur nur, weil sie in einer Art lebensweltlichem Vakuum agiert. Kein Polizist der Welt ist so blöde wie der Tenente Roverini, keine Rivalin um eines Mannes Gunst wie Dickie Greenleafs Seelenfreundin Marge Sherwood, die Ripley eifersüchtig hasst, ist so brotdumm, wie Highsmith uns glauben machen will, keine Bank so vertrottelt, dass Ripleys Fälschungen je durchgegangen wären.

Mundus vult decipi, da hat Patricia Highsmith schon recht, aber das Unbehagen bleibt: Ripley ist der ideale Verbrecher (und keineswegs der »kompetente Kriminelle«, wie ihn Eric Ambler in seinen Romanen geschildert hat), aber als Gegenspieler einer so nicht existierenden Welt.

Besonders krass tritt das Problem in »Ripley's Game« auf: Dort beschließen irgendwelche Hamburger Lokalgrößen der mehr oder weniger kriminellen Sorte, »die Mafia« aus dem Spielhöllengeschäft herauszuhalten, die gerade, wir schreiben die 1970er-Jahre, dort versucht Fuß zu fassen. Das ist schon kreuzkomisch genug. Um das zu bewerkstelligen, lässt man über Reeves Minot (Hehlerei, Spionage und weitere diffuse Geschäftsbereiche) einen blutigen Amateur als Killer anheuern. Der soll unter irgendwelchen Mafia-Familien mit Stammsitz in Mailand Zwietracht säen, indem er mal einen von denen, mal einen von den anderen umbringt. Und als diese putzige Mafia dann zurückschlägt, überlebt Minot einen »Bombenanschlag« samt peinlicher Befragung. Mindestens vier bis sechs Profikiller werden nicht mit Ripley und dem schüchternen, todkranken Bilderrahmer Trevanny fertig, sondern lassen sich lammfromm erwürgen oder mit einem Hammer totschlagen. Hurz!

Wie sich Patricia Highsmith La Mafia so vorstellt, kommt in einer reflektierenden Passage zum Vorschein: »Tom hasste die Mafia. Er hasste ihre Drohungen und Erpressungen, ihre Kirchenfrömmigkeit, die Feigheit, mit der sie die Drecksarbeit stets von den kleinen Leuten ausführen ließ, so dass das Gesetz die Großen niemals fassen konnte, weil ihnen nie etwas anderes als Steuerhinterziehung oder ähnlicher Kleinkram nachzuweisen war. Verglichen mit der Mafia kam sich Tom geradezu hochmoralisch vor. Bei diesem Gedanken musste er laut auflachen.« Vielleicht musste er aber auch deswegen lachen, weil eine solche Vorstellung von Mafia schon 1930 niedlich gewesen wäre, 1970 aber nur noch abstrus war. Die Stelle sagt uns nichts Neues über Ripley: Mafia = Gesellschaft (»die Großen lässt man laufen« ist ein eiserner Topos der Gesellschaftskritik, keine irgendwie spezifische Mafia-Kritik), und Letztere begeht schlimmere Verbrechen. Sie sagt aber viel über Patricia Highsmith: Mit irgendeiner Wirklichkeit nach und jenseits McCarthy haben ihre Romane nichts zu tun, auch wenn sie in den 1960ern, 1970ern oder 1990ern spielen.

Es geht nicht darum, Highsmith bei Verstößen gegen ein eh problematisches Gebot about circumstantial realism ertappt zu haben – alle ihre Romane sind wahre Goldminen für derlei –, sondern um deren Signifikanz und Implikationen. »Die Kunst ist dadurch Kunst, dass sie die Wirklichkeit zu ihrem Moment macht: wäre in der Kunst alles Wirklichkeit, wäre sie eben Wirklichkeit und keine Kunst; und wäre in der Kunst gar nichts Wirklichkeit, wäre sie aber gar nichts, und dann eben auch keine Kunst«, heißt es bei Odo Marquard. Bei Highsmith, so scheint es, ist die sehr reale Erfahrung ihrer Prägejahre das »Moment der Kunst« – und Ripley ihre aggressive Fleischwerdung. Weil aber die Wirklichkeit dieser Prägejahre historisch begrenzt ist, lässt sie sich nicht beliebig verlängern. Die Sensibilität für neue Erfahrungen aber bleibt außen vor – auch wenn Highsmith hin und wieder empört und manchmal sehr dumm auf Probleme der Zeitgeschichte reagierte. Natürlich war sie »gegen« amerikanischen Imperialismus, gegen Reagan, gegen Bush sen. (aber für Maggie Thatcher), gegen Israel und gegen Schwarze an amerikanischen Unis. Solche irgendwie zeitgeistigen Gefühligkeiten kennt man von

Schriftstellern aller Couleur und Ausrichtungen. Niemand, außer dem Feuilleton, nimmt so etwas ernst. Als Belege für irgendeine Realitätstüchtigkeit taugen sie nicht.

Die Journalistin Bettina Berch, die Patricia Highsmith 1983 interviewte, machte eine kleine, banale, aber eminent wichtige Beobachtung: »Es war, als hätte sie im stillen Kämmerlein entschieden, was es mit der Frauenbewegung auf sich hat, und das war symptomatisch für die in sich geschlossene, selbst geschaffene Welt, in der sie lebte. Ich erinnere mich, dass ich ungefähr eine Stunde damit verbrachte, ihr zu erklären, wie ein Geldautomat funktioniert ... Ich glaube, das letzte Mal, dass sie wirklich in der Welt gelebt hat, waren die Fünfzigerjahre.«

Wenn also Highsmiths Grundkonflikt ein Konflikt der 1950er war, sie ihn aber über fast vierzig Jahre künstlerisch fortgeschrieben hat, dann löst er sich – notwendigerweise – von seiner Wirklichkeit, die dann auch irgendwann aufhört, »Moment von Kunst« zu sein. Schlimmer noch, Texte, die nach einem solchen Generierungsprinzip entstehen, rücken zumindest potenziell in die Nähe von Ideologie-Produktion. Denn ideologisches Denken, so Hannah Arendt, entsteht dort, wo »es unabhängig von aller Erfahrung (wird), die ihm selbst dann nichts Neues mitteilen kann, wenn das Mitzuteilende soeben erst entstanden ist. Es emanzipiert sich also von der Wirklichkeit ... und besteht ihr gegenüber auf einer ›eigentlicheren‹ Realität«.

Die freundliche Rezeption des ersten Ripley-Romanes *(Special Award* der *Mystery Writers of America,* vulgo »Edgar«; *Grand Prix de Littérature Policière)* wich einer gewissen Ratlosigkeit. Selbst in Peter Handkes viel zitierter Eloge aus dem Jahr 1975, sozusagen der Ritterschlag unter deutschen Intellektuellen, kommen die Ripley-Romane ungünstig weg. Handke nennt sie schlichtweg »wohl ihre schlechtesten« Bücher.

Dennoch ist man sich einig, dass die Ripley-Romane zu den Meilensteinen der Kriminalliteratur gehören. Oder?

Patricia Highsmiths eigenes Selbstverständnis ist da ein wenig zwiespältig. Sie präsentierte sich immer als Schriftstellerin, die

»unterhalten« möchte, die expressis verbis »für den Markt« schreibt. Das besagt bei einer amerikanischen Autorin wenig, denn die meisten amerikanischen Autoren und Autorinnen folgen diesem pragmatischen Zug. Der Markt ist keine a priori als feindlich empfundene Größe. Einen deutlicheren Hinweis gibt ihr Bändchen »Suspense oder wie man einen Thriller schreibt« (eine eigenständige Veröffentlichung aus dem Jahr 1966), in dem sie über plotting and writing suspense fiction nachdenkt. Nicht dass man aus diesem Text allgemeingültige Regeln herleiten könnte oder sollte, sympathischerweise. Interessant ist aber, dass sie sich von allerlei Thrillern abgrenzt, in denen man »keine profunden Gedankengänge, keine langen Absätze ohne Action« erwarte. Das hat mit dem tatsächlichen Status quo der Kriminalliteratur in den 1960ern wenig zu tun. Es zementiert aber das uralte, immer noch herumgeisternde Vorurteil, profunde Gedankengänge und längere Passagen ohne Action seien per se Ausweis irgendeiner überlegenen Qualität. Und impliziert zudem, dass sie, Patricia Highsmith, dennoch Thriller schreibe, wenn auch solche der anderen Art. Allmählich schlich sich auch der Begriff »Psychothriller« ein, unter den man getrost ihre Bücher subsumieren konnte. Auch die von Margaret Millar, von Cuy Collingford u. a., als deren vornehmste Vertreterin aber fürderhin Patricia Highsmith gehandelt wurde.

(Übrigens haben wir gerade heutzutage die Tendenz, das Marketing-Label »Psychothriller« für solche Werke zu benutzen, in denen sich irgendwelche Kriminalpsychologen, Profiler und ähnliche Berufsgruppen tummeln. Aber nur, weil sie irre Serialkiller fangen müssen, die deutlich als Leute mit Macke dargestellt werden. »Psycho« hört sich, da weht Patricia Highsmith nach, halt immer noch feiner an als Irrer-mit-exquisiter-Foltermethode-und-schlimmen-Kindheitstrauma-Thriller. Aber auch das nur nebenbei.)

Psychothriller, im Highsmith'schen Sinne, waren dann eben wegen der Abwesenheit von allzu viel Action und der vermeintlichen Anwesenheit von profunden Gedanken die gepflegtere Spielart von Thriller oder Krimi oder wie auch immer. Sie hatten zudem den Vorteil, sich mit seelischen Dispositionen zu beschäftigen, vornehmlich mit denen von Tätern. Mit Opfern möchte man sich, vermutlich einem alten Selbstschutzreflex folgend, nicht so unterhaltsam einlassen, sie sind die De-facto-Loser der erfolgsfixierten Wohlstandsgesellschaften; und sind nicht Täter auch immer Opfer?

Diese seelischen Dispositionen haben, wie am Beispiel Highsmith nachzuweisen ist, mit den äußeren Realitäten nur noch wenig zu tun. Sie sind der Conditio humana zuzuschlagen und insofern eher pragmatischen Sujets (Steuervermeidung, ubiquitäre Kriminalität, etc.) überlegen. Die Chancen, dass ein Psychothriller zur Literatur ernannt wird, sind höher als die eines Romans über Wahlkampfmanipulation. Die Qualität der Prosa ist bei diesem Echo der Kanon-Diskussion des 17. und 18. Jahrhunderts völlig egal – so wie eine fade Arbeit über Goethe immer höher eingeschätzt werden wird als eine brillante über Space Operas.

Genau auf dieser seltsamen, meist unthematisierten Hierarchieebene siedelt Patricia Highsmith.

Die Ripley-Romane sind als Kriminalromane eher mittelmäßig bis schlecht, sie sind aber deutlich welche und sonst gar nichts. Das wiederum dürfte auch der Grund sein, warum Filmemacher von René Clement bis zu Wim Wenders und Anthony Minghella immer wieder Ripley-Stoffe benutzt haben. Gute Filme basieren selten auf guten Büchern, weil die wegen ihrer literarischen Eigenständigkeit, ihrer spezifisch literarischen Organisation für Verfilmungen viel zu unpraktisch sind. Aber es funktioniert im Fall der Ripley-Romane der Persistenz-Faktor: Wenn so viele erlauchte Filmgeister sich an Ripley-Stoffen bedienen, dann müssen diese Stoffe per se vorzüglich sein. Und deswegen auch die Romane.

Das ist das wirkliche Ripley-Rätsel. Wie kann eine Serie von Romanen, über die die Geschichte längst hinweggegangen ist und die nur ermüdend ein Thema immer wieder aufnimmt, zum Mythos geraten?

Ist der historisch bedingte Tom Ripley zu einer Art Jedermann des 20. Jahrhunderts geworden? Ohne realen Unterboden? Sicher in der Inszenierung und der Intention von Patricia Highsmith. Sicher auch in den handfesten Interessen ihres Weltrechtehaltenden Verlags Diogenes. Denn die große, schöne Ausgabe hat eine klare Strategie, die kritische Töne ausschließt (deswegen ist Andrew Wilsons Biographie wohl auch nicht bei Diogenes erschienen, sie ist keine Hagiographie). Die Strategie ist, Patricia Highsmith vom Image der Kriminal- oder Thrillerautorin zu befreien und zur »seriösen«, zentralen Schriftstellerin der Gegenwart zu machen. Eine solche Strategie darf gar nicht darauf setzen, dass Patricia Highsmith eine bedeutende Kriminalschriftstellerin und eben genau deswegen eine zentrale Schriftstellerin des Jahrhunderts war. Das ist, die begeisterte Aufnahme des Projekts belegt es, blendend gelungen. Dass die meisten Hymnen von Rezensenten kamen, die der Diogenes-Taktik freudig gefolgt sind, weil sie mit der Geschichte der Kriminalliteratur und den daran gerade besonders gut anschließbaren Kontextfragen so überhaupt nicht vertraut sind, kann diese faktische Rezeption nicht bremsen.

Man könnte, wie der Mysterious-Press-Verleger Otto Penzler, mit guten Gründen Patricia Highsmith für eine der genialsten Autorinnen von Kurzgeschichten über Gewalt, Verbrechen, Wahnsinn, Chaos, Mord und Totschlag halten. Man könnte Romane wie »Das Zittern des Fälschers« (1969) oder »Ediths Tagebuch« (1978) als grandiose Kriminalromane ohne formale Korsettage verstehen. Man sollte es sogar tun – aber dann müssten sich ihre Werke an den eminenten Produkten anderer Genre-Autoren messen lassen. Und da waren Leute wie Chester Himes, Ross Thomas, Jean-Patrick Manchette ... (und Dutzende weitere Namen) schon längst weiter. Das schmälert das Werk von Patricia Highsmith nicht, es relativiert es lediglich.

Wegen all dem werden mir die Ripley-Romane immer sehr rätselhaft bleiben.

Das Mörderische und das Komische

Die Kriminalliteratur ist ein Genre des 20. Jahrhunderts. Also des Jahrhunderts der furchtbarsten Kriege, der globalen Genozide, des Holocaust und einer gewaltigen, menschen- und interesseninduzierten Mortalität. Und diese Blutorgien, dieses maschinelle Töten, all dieses flächendeckende Vernichten soll nicht auf eine Literatur abfärben, die Mord & Verbrechen explizit als Programm hat?
Ausgerechnet diese Literatur soll für heimeliges Graulen im Lehnstuhl sorgen, auf dass sie als »gelungen« gelte?
Ausgerechnet sie soll aufgehen in einem Konzept von Fiktionalität, das die »Realität« zugunsten einer meist nicht näher benannten ästhetischen Autonomie oder einer noch numinoseren »Unterhaltung« meint ignorieren zu können?
Nein, Kriminalliteratur ist, selbst noch in ihren ekelhaftesten und flachsten Produkten und, wo nötig, hoch vermittelt, ein Reflex auf dieses schauderhafte Jahrhundert. Sie thematisiert expressis verbis den gewaltsamen Tod in allen seinen Facetten.

»Zum Lachen im eigentlichen Sinne ist das Komische«, heißt es erfreulich präzise bei Helmuth Plessner. Dieses entsetzliche Jahrhundert aber war eigentlich nicht recht zum Lachen, geschweige denn komisch.
Und wenn tatsächlich Kriminalliteratur dieses Jahrhundert spezifisch verarbeitet, sollte auch sie nicht zu Heiterkeit Anlass geben – möchte man vermuten. Dennoch lachen wir: über Kriminalromane, die komisch sind. Also über solche von Dashiell Hammett, Jonathan Latimer, Eric Ambler, Chester Himes, Joseph Wambaugh, Ross Thomas, Robert Littell, Edmund Crispin, Pieke Biermann, Joe R. Lansdale, Jerry Oster, Reginald Hill, Jerome Charyn, Jean-Patrick Manchette, William Marshall, Paco Ignacio Taibo, Rubem Fonseca, Mongo Beti, Carl Hiaasen usw. Quer

durch die Epochen, quer durch die Subgenres, quer durch die Kontinente.

Lustig oder witzig, gar witzisch in der Manier von Schafskrimis oder heiteren Hausfrauenkrimis ist das alles nicht. Behagliche Heiterkeit aber habe ich auch nicht im Sinn, wenn ich über Komik rede. Denn Komik ist eine Kategorie, die nicht aufgeht in ihren verschiedenen Manifestationen, also in dem, was wir als »komisch« empfinden.

Komik ist ein universales Phänomen, das alle Lebensbereiche und alle Bereiche der Ästhetik umfasst. Komik ist nicht nur eine Qualität unter anderen, Komik ist ein Qualitätskriterium. Gerade für Kriminalromane, die durchaus immer von betrüblichen, tragischen und furchtbaren Ereignissen erzählen.

Ein Paradox allerdings ist dies nicht. Auch dann nicht, wenn ich einräumen muss, dass niemand gezwungen werden kann, Komik wahrzunehmen. Was soll, zum Beispiel, daran komisch sein, dass ein Mörder und Mafioso wie Jerome Charyns Figur Isaac Sidel desto höher in der gesellschaftlichen Hierarchie bis zum Vizepräsidenten der US of A aufsteigt, je mehr er mordet – und je »besser« er als Mensch wird? Oder wenn, wie bei Jerry Oster, der Bürgermeister von NYC nächtens im Central Park eigenhändig Obdachlose abfackelt? Ich finde so etwas komisch. Man kann es aber auch unwahrscheinlich, unrealistisch, bekloppt oder bedauerlich deviant finden; das kann Lesern passieren, wenn sie die Geschichte der Komik und ihre diversen künstlerischen Ausdrucksformen außer Acht lassen und ihre heutigen Echos nicht mehr identifizieren können. Denn die Umstülpung und Verwürfelung der moralischen Wertordnung bei Charyn oder die totale Unangemessenheit von Handlung und Person bei Oster stammen direkt aus der Tradition der Karnevalisierung, wie sie Michail M. Bachtin in seinen Studien zur volkstümlichen Lachkultur, zu Rabelais und zu Dostojewski beschrieben hat.

Ich will Sie mit dieser Historie des Lachens und der Komik nicht quälen. Ich verweise hier nur darauf, dass über die Eck-Stationen Aristoteles, Thomas von Aquin, Rabelais, Cervantes, Grimmelshausen, Swift, Sterne, Jean Paul, Hegel, Solger, Baudelaire,

Fr. Th. Vischer, Wilhelm Busch, Henri Bergson, S. Freud, Joachim Ritter, Helmuth Plessner und eben Bachtin bei aller Divergenz der Positionen – seien sie psychologisch, ästhetisch oder anthropologisch fokussiert – ein essenzieller Aspekt der Komik immer wieder im Mittelpunkt von künstlerischer Praxis und Reflexion steht: das Anti-Seriöse, das Gegen-Offizielle, das der Komik konstitutiv ist.

Man müsste an dieser Stelle weiter beschreiben, wie die Komik als Ausdrucksform volkstümlicher Lachkultur und als organischer Teil eines geschlossenen Weltbildes in Antike und Mittelalter, in dem auch das Gegenläufige aufgehoben war, im Zug des Rationalismus und der Aufklärung als »unvernünftiges«, »anarchisches« Prinzip allmählich ins Partikulare, Standortspezifische, schließlich ins Private, in die Individualpsychologie und als Klamauk ins Privatwirtschaftliche gewandert ist. Und wie sie gleichzeitig in der Hierarchie der Künste, also gattungshierarchisch, nach unten geschoben wurde. Wie sie in den so genannten »populären« Genres Residuen gefunden und wie sie sich, sei es sogar als »schlechter Geschmack«, den diversen Ordnungs- und Seriositätsbemühungen widersetzt hat – in der Hanswurstiade, der Burleske, der Travestie und letztlich: in der Kriminalliteratur. (Natürlich sind dennoch nicht alle Manifestationen des Komischen nach unten gewandert. Subtilere, weniger karnevalistische Formen, also solche, die weniger auf breite Kommunikation zielen, sondern eher auf Privates, Distinguierendes, haben sich sozusagen »nach oben« bewegt: die Ironie zum Beispiel.)

Schon alleine aus historischen Gründen ist es also keineswegs paradox, einen Zusammenhang zwischen Kriminalliteratur und Komik zu vermuten. Auch wenn uns das von unserem heutigen Point-of-view aus nicht ganz plausibel anmuten mag. Denn wir haben ja in den letzten Jahrzehnten gelernt, Kriminalliteratur habe sich vom Ruch des Niederen emanzipiert, sie habe einen qualitativen Sprung getan und sei als eine Literaturform unter anderen endlich völlig ernst zu nehmen.
Dabei hatte die Verortung der Kriminalliteratur bei den »niede-

ren« Genres zunächst nichts mit der Ranküne des Literaturbetriebs oder der Dogmatik irgendeines »Kanons« zu tun. Sie hat ihren historischen und möglicherweise auch einen guten systematischen Sinn – wenn wir nur bereit sind, darin eine Tugend zu erblicken: Ernst & seriös verstehen wir hier als Haltungen des Offiziellen, das je nach Kontext variabel gedacht werden muss – die totalisierende Ironie der »Postmoderne« z. B. wäre eine solche offizielle Position; der seriöse Aplomb eines aufklärerischen Programms ebenso wie die eventuell verurteilende Strenge einer weltanschaulich gedeckten Satire. Das alles nicht zu sein ist kein Makel.

»Das Komische ist kein logischer, kein ethischer, kein (im engeren Sinne) ästhetischer Konflikt, es hat mit den Alternativen Wahr–Falsch, Gut–Böse, Schön–Hässlich nichts zu tun; sie können in ihm aufscheinen, aber es geht nicht in ihnen auf«, stellt Plessner zusammenfassend fest. In welchen zeitgeistig bedingten Verkleidungen das Offizielle auch immer daherkommt, das Komische ist schon immer da – als sein Anderes.

Das alles heißt aber auch, dass Komik und das, was wir unter anderem als Erscheinungsformen des Komischen verstehen – das Witzische, das Geblödel, das Lustische –, möglicherweise nicht immer deckungsgleich sein müssen. Das Lachen, das mit dem Offiziellen einvernehmlich einhergehen kann, ist eher unbehaglich, widerwärtig, im Extremfall gar hämisch, machtgestützt. Auch Himmler lachte bekanntlich gerne – z. B. über die Polen, die er ermorden ließ. Aber wenn wir mit und über »Konzentrationslager-Erhardt« in Lubitschs »To be or not to be« lachen, dann lachen wir gleichzeitig über den Irrwitz der Welt – wenn auch verzweifelt. Für unsere Zwecke genügt es hier festzuhalten, dass das Heitere, das Humorvolle, das Fröhliche zwar Komponenten des Komischen sind, aber nicht dessen Essenz. Komik hat immer einen »relationalen Aspekt« (Odo Marquard) zum normativen Ernst. Und damit immer einen riskanten, provokativen, nichtkonsensualen Gestus, der durchaus auch prekär sein kann.

Was uns zur nächsten Unterscheidung führt: Wenn bei Joseph Wambaugh ein übler Streetcop mit einer halben Frauenleiche, die er gerade aus einem Müllcontainer gezogen hat, im zuckenden Blaulicht seines Streifenwagens Polka tanzt – worüber lachen wir dann? Über die Komik des Erzählten? Oder steckt die Komik viel mehr in der Art und Weise der Darstellung eines an sich ekelhaften und furchtbaren Vorfalls? Auch hier verweist die Verwendung des Bildes von einem verstümmelten, grotesk deformierten Leib deutlich auf ein ganzes »Motivsystem« volkstümlicher Lachkultur zurück, in unserem Fall auf den »grotesken Realismus« (Bachtin), der immer mit den verschwiegenen, verdrängten Formen des Leiblichen – in Relation zum normativ Asketisch-Spirituellen des Mittelalters – verkoppelt war: mit Ausscheidung, Sexualität, Geburt und Tod, Deformation und Verwesung. Bei Wambaugh, im Los Angeles der 80er-Jahre des 20. Jahrhunderts, ist von der Universalität des Motivs zwar keine Rede mehr, aber angesichts des Zynismus und der Borderliner-Gefahr, in der Streetcops in Megalopolis immer sind, koppelt dieses Motiv einen heutzutage plausiblen Zwischenfall an eine bestimmte Art der Realitätsverarbeitung – eben an die Komisierung.

Von selbst versteht sich: Nicht jedes einlässlich geschilderte Schnitzeln und Prokeln an toten und lebendigen Körpern, die die Cheap-Thrill-Industrie in unzähligen Serialkiller-Romanen liefert, ist durch einen solchen Rekurs legitimiert. Beileibe nicht alles, was auf niedere Affekte zielt, ist komisch.

Womit wir bei der Komik als »Movens der Darstellung« (W. Preisendanz) gelandet wären. Wenn Kriminalliteratur wirklich die Realitäten ihrer Zeit, nämlich den ubiquitären gewaltsamen Tod, verarbeitet, wenn sie wirklich ein so genanntes populäres Genre ist, wenn sie wirklich in der Hierarchie der Künste »unten« angesiedelt ist, wenn sie gewaltsamen Tod nicht betrauern oder lediglich protokollieren möchte, sondern dem Umstand Rechnung trägt, dass Mord immer gleichzeitig ein privates und öffentliches Phänomen ist – also auf gesellschaftliche Totalität zielt –, dann kann sie natürlich sehr wohl »seriös« verfahren. Dann tritt sie aber aus ihrem »Genre« heraus. Sie gewinnt an Prestige im System der Künste, im bourdieuschen »literarischen Feld«. Sie über-

nimmt dann gleichzeitig »seriöse« Einstellungen, weil ihr Darstellungsmodus »seriöse« Positionen nicht dementieren darf. Ihre Meaning-of-structure wird sich entscheidend verändern, sie kann – gesetzt man lässt sie – salonfähig werden. Genau das ist mit einem Teil der Kriminalliteratur passiert. Sie geht z. B. konform mit der gesamtgesellschaftlichen Überzeugung, Verbrechen bestehe aus einzelnen »Fällen«, die jeweils gelöst werden können; Verbrechen sei grundsätzlich bekämpfbar und letztendlich (gar teleologisch) ausrottbar. Sie akzeptiert die bürgerliche Lebenswelt (so unkonkret der Begriff ist, so scharf kann man ihn im Einzelfall stellen – also z. B. auf Donna Leon, ihre Kommissarsfamilie und ihr bildungsbürgerliches Publikum) und deren Normen. Sie akzeptiert das unklare, aber wirkmächtige Kriterium »gute Prosa«. Oder sie geht konform mit der Meinung, gesellschaftliche Aufklärung müsse von einer bestimmten Position aus betrieben werden – das Mankell-Modell, grob gesagt. Oder es gebe »das Böse« im metaphysischen Sinne – das Serialkiller-Modell.
Egal, welche Variante repräsentativer Normen und Wertvorstellungen sie auch bedient – damit ist ihr ernst.

Durchmustern wir im Schnelldurchlauf die Geschichte des Genres auf das signifikante Nicht-Vorhandensein komischer Verfahren hin, so sehen wir von Agatha Christie bis Donna Leon oder Henning Mankell eine wie mit der Schnur gezogene Linie total Komik-freier Kriminalliteratur. Nette Schrulligkeiten der Figuren, hin und wieder ein milder Scherz, ein launiger Dialog – das sind die extremsten Äußerungen des Komischen. Ansonsten überwiegt dort der Ernst, der angemessen erscheint, wenn von Mord und Aufklärung, dem »Bösen« oder gesellschaftlichen Missständen erzählt wird. Dieser Ernst ist gedeckt durch die Universalie, dass Mord inakzeptabel und seine Aufklärung wünschenswert und die Benennung und Bestrafung der Schuldigen die Welt zu einem besseren Ort macht. Welcher anständige Mensch wollte dem widersprechen?
Widerspruch könnte sich höchstens an der Stelle regen, wo die

immer gleiche Repetition dieser Universalie, das ewige Umformulieren einer Evidenz, ästhetische und erkenntnistheoretische Stasis erzeugt, die Universalie also trivialisiert und banalisiert wird, bis sie fast mantrischen Charakter annimmt.

Oder schlimmer noch: Die Universalie muss als Generierungsprinzip herhalten, also eine ganz verdrehte »Motivation von hinten« (um einfach mal wieder an Clemens Lugowski zu erinnern): Wenn die Realität die Universalie nicht »hergibt«, wird sie so konstruiert, dass die Universalie wieder und wieder in ihr stattfinden kann. Agatha Christie oder Donna Leon lassen Verbrechen aufklären und vor allem so aufklären, wie es ein irgendwie gearteter »Sitz im Leben« nie und nimmer zulassen würde. Ihre Sinnprojektion ist eindeutig. Um sie zu erfassen, brauchen wir die kognitiven Dimensionen des Komischen nicht, weil alles im Offiziellen, Offiziösen, im abgesicherten Modus sozusagen bleibt. Die Gültigkeit der Universalie dominiert den Diskurs und lässt die Einzelheiten unpräzise, unwichtig, beliebig werden.

Durchmustern wir genauso schnell und grob skizziert die Texte der Kriminalliteratur, die wir als komisch empfinden, ergibt sich ein wesentlich komplexeres Bild: Der fette, mörderische Continental Op bei Hammett oder dessen andere moralisch diffusen Hauptfiguren, das zwischen Slapstick und Chaos changierende Harlem bei Chester Himes, der eisige, bizarre Zynismus bei Ross Thomas, die permanente Polyphonie bei Pieke Biermann, das Dauerfeuer verschiedener, ins Komische gewendeter Genres des Populären bei Taibo, die grotesken Szenarien bei Carl Hiaasen oder die exaltierte und dadurch ins Komische kippende Lakonie bei Lawrence Block, die durchgedrehten Comic-Welten von William Marshall unterscheiden sich nicht nur durch einen deutlich erhöhten Aufwand von diversifizierenden Erzählverfahren, Brechungen, Widerspüchlichkeiten von den »ernsten« Texten der oben genannten Reihe, sondern in ihrer Konzeption. Ihr »komisierender Zugriff« auf die Welt verweigert oder ignoriert keinesfalls alles, was »unterhalb« der Universalie passiert – also schlicht ihren Erzählstoff. Im Gegenteil, ihre Welt ist gar nicht auf diese Universalie hin ausgerichtet. In dieser Welt wüten Disparität, Heterogenität, das Anarchische, Kontingente, Ambi- und Polyvalente – ohne eine Sinnprojektion a priori, wie sie in der Christie-Linie andauernd stattfindet.

Das bedenklich-dialektische, provokative Moment kann dabei natürlich darin liegen, dass auch die Universalie zur Disposition gestellt wird. Der Beifall, den wir z.B. bei der Lektüre von Carl Hiaasen spenden, wenn er mal wieder ein besonders ekelhaftes Scheusal einer besonders ekligen, also komischen Todesart zuführt (Mord mittels Fettabsaugerüssel, mittels Schwertfisch oder mittels Holzschredder), markiert genau diesen Punkt. Universalie und tatsächliche Phänomenologie des Verbrecherischen prallen zusammen – der Norm, derzufolge ein noch so übler Strolch nicht umgebracht werden darf, wird keine Gegen-Norm (»einen üblen Strolch darf man umbringen«) entgegengestellt. Dennoch wird ein eben komisierend dargestellter, komisch inszenierter Einspruch formuliert, aber ohne eine eigene Position zu benennen; also ohne selbst in die Falle einer erneuten Sinnprojektion zu laufen.

Es war Wolfgang Preisendanz, der dieses Prinzip anhand von Geschichtserfahrung in erzählender Literatur des 20. Jahrhunderts beschrieben hat: »Das Komische ist unersetzlich bei der Vermittlung einer erzählerischen Grundperspektive, in welcher die Inkommensurabilität von unmittelbarer, privater Geschichtserfahrung und historiographischem Geschichtsverständnis fasslich werden soll.« Was Preisendanz hier für Geschichtserfahrung beobachtet hat, müssen wir lediglich analogisieren – denn auch konkrete Realitätserfahrung kann uns unverständlich oder fremd, gar befremdlich erscheinen.

Ich habe vorhin gesagt, dass es unwahrscheinlich ist, dass das gewalttätige 20. Jahrhundert nicht die Literatur beeinflusst, die sich mit Gewalt und Verbrechen beschäftigt. Und: dass ein ganzer Strang von Kriminalliteratur sich damit begnügt, eine sittliche Universalie immer wieder zu exemplifizieren, und dass ihr deswegen die alltäglichen Realien beliebig werden. Aber damit ist noch nicht gesagt, warum die Beschäftigung mit realen

Realien fast zwangsläufig in komischen Darstellungen enden muss.

Allen Beispielen, die ich für komische Kriminalliteratur genannt habe, ist gemeinsam, dass sie sich ins Handgemenge mit Realitäten stürzen. Das muss nicht immer bedeuten, dass sie einen peniblen Circumstantial Realism betreiben, klar. Aber ihr Ausgangspunkt ist eine »Realitätserfahrung«. Ob das Verhältnis zu dieser Realität lebensweltlich gedeckt ist, wie bei dem ehemaligen Streetcop Joseph Wambaugh oder dem Umweltaktivisten Carl Hiaasen, oder den in allerlei geheimdienstlichen Grauzonen operierenden Eric Ambler, Robert Littell oder Ross Thomas, ist hier nur am Rande wichtig. Sie alle beschreiben Lebenswelten, die es zweifelsohne gibt, die sogar das mitkonstituieren, was wir alle als »die Realität« kennen, deren unmittelbare Erfahrung aber für viele von uns unzugänglich ist. Entweder weil wir sie tatsächlich nicht kennen, oder weil wir sie nicht wirklich kennen wollen (weil wir z.B. mediale Surrogate bevorzugen – Stichwort: Polizeiarbeit und Fernsehen), oder weil wir sie aus tausend biographischen oder sozialpsychologischen Gründen als unbequem, abstoßend, ängstigend empfinden: Wir möchten in unserer achtelviertelhalb-kleinbürgerlichen Behaglichkeit lieber der Angstlust am rein Imaginärem frönen, als uns als Teil einer in der Tat unschönen Realität zu fühlen. Dennoch fordert diese »verdrängte«, »verdeckte« oder marginalisierte, aber deswegen nicht minder vorhandene und wirkmächtige Realität ihre erzählerische Bearbeitung – sie ist der Urstoff der Kriminalliteratur. Sie verlangt, um das Zitat von Preisendanz noch einmal aufzunehmen, die Artikulation ihrer »Inkommensurabilität« mit Ordnungs- und Sinnsystemen.

Aber eben ohne »Sinnprojektion«. Denn eine solche Sinnunterstellung wäre angesichts der Komplexität von Wirklichkeit, angesichts ihrer Kontingenz, angesichts des Gestrüpps aus partikularen Interessen, angesichts der ubiquitären strukturellen und privaten Gewalt und nicht zuletzt angesichts ihrer diversen medialen Vorstrukturiertheit sowieso »ideologisch«.

»Die Realität« in ihren milliardenfachen Manifestationen wabert zwar nicht von allem menschlichen Tun unabhängig vor sich hin, sie künstlerisch zu verarbeiten jedoch verlangt, nicht nur nach Niklas Luhmann, immer einen Akt der Reduktion, der Strukturierung, der Ordnung. Geschieht dieses Reduzieren, Strukturieren, Ordnen »naiv« oder auf ein bestimmtes Telos gerichtet (also: »ideologisch«), dann werden Aspekte verdrängt, Reflexionen nicht zugelassen, Ernst und Seriosität gefordert. Die komische Inszenierung dagegen lässt die immerhin noch als potenzielles Anderes zu bzw. hält sie im Gedächtnis lebendig oder spricht sie als Dementi aus: In dem schockhaften Lachen über Wambaughs Cop, der Bad Czech heißt (der »Schreckliche Tscheche« in der deutschen Übersetzung, die viel zu kurz greift, weil man im Amerikanischen sofort einen Bad Cheque, einen ungedeckten, geplatzten Scheck, ein faules Ei also, assoziiert), der mit der halben Frauenleiche Polka tanzt und dabei Shubiduuu grölt, steckt ja auch das moralische Angewidertsein, das eigene schlechte Gewissen über das Lachen, das makabre Vergnügen über eine »irre« Situation, die Bestürzung darüber, wie ein Job einen Menschen depravieren kann, das Grübeln über die Tatsache, dass Sicherheit und Ordnung möglicherweise von veritablen Wahnsinnigen betrieben werden und ... und ... und ...

In dieser kleinen Vignette, die im Alltag des LAPD plausibel ist, aber bizarr wirkt, sobald sie diesen Erfahrungskontext verlässt und zu Literatur wird, steckt ein ganzes Bündel von reflektorischen Anschlussmöglichkeiten.

Und selbst *diese:* alles angesichts des geschilderten Factum crudum nur noch mit Lachen quittieren zu können und zu *dürfen.* Kein Zweifel, Kriminalliteratur lässt einem dort, wo sie komisch ist, das Lachen im Halse stecken – und zwar auf dem Wege des Lachens selbst.

Das hat nichts mit der von Sigmund Freud vertretenen These vom Lachen als psychologischer Entlastungsleistung zu tun, die durch Distanzierung Schutz gewährt. Distanzierung, Abwehr von Unlust etc. sind sicher wichtige Funktionen des Lachens im menschlichen Gefühlshaushalt, aber dieses Konzept greift für die Komik als künstlerische Verarbeitungsform zu kurz. Denn Ko-

mik, soweit sie Modus der Darstellung ist, ist kalkuliert, intendiert und eben mit einer langen kunst- bzw. literaturhistorischen Tradition ausgestattet. Mit dem lebensweltlichen Lachen ist sie historisch verbunden, ihre Ausdifferenzierung jedoch ist erheblich. Komik ist aber auch Gegenstand der Missbilligung geblieben, gerade wenn sie als künstlerisches Verfahren, als intellektuelle Haltung, als Position gegenüber der Welt auftritt. Wir alle kennen den Katalog der Vorwürfe; er ist variabel, zeitgeist- und zeitgeschichtlich gebunden, aber immer wieder in der Frage zusammenzufassen: »Darf man das?«
Stülpen wir diese Frage ein bisschen um, zu: »Muss man das?« Mit anderen Worten – wie könnte ich auf die Idee kommen, dass Komik ein Qualitätskriterium für Kriminalliteratur ist? Natürlich nicht, um hier sinnlose Debatten zu vermeiden, das einzige Kriterium und schon gar nicht eines per se.
Nein, ein Qualitätskriterium wird Komik, wenn ich sie verstehe als das situativ Unangemessene, das erzählgestisch Provozierende, als karnevalistisches, groteskes, bizarres, makabres, zynisches Erzählen mit den entsprechenden Kompositionsformen, d. h. polyphon, multiperspektivisch, aus dem alten Bild- und Motivbestand einer einst universalen, aber immer noch wirkmächtigen Lachkultur schöpfend. Diese Komik, mit allen ihren ästhetischen und erkenntnistheoretischen Implikationen und vor allem mit dem sinnlichen Affekt des Lachens ausgestattet, ist mit der Kriminalliteratur beinahe unausweichlich und notwendig verbunden. Denn wie sonst sollte Kriminalliteratur auf diese Welt reagieren, wie mit ihr umgehen? Wie sie erzählbar machen? Ich muss eine Antwort ex negativo versuchen.
Für alle unter uns, die nicht fest in der Transzendenz oder, besser, in der Theologie verankert sind, ist die Welt today beileibe kein wohlgeordneter, wohlfunktionierender Ort, sondern chaotisch, irrwitzig, gewalttätig und mörderisch, sinnfrei. Und besonders ist sie das auf den Themenfeldern der Kriminalliteratur. Verbrechen ist, nach allem, was wir am und im 20. Jahrhundert gelernt haben, nicht eindämmbar, nicht abschaffbar. Es ist vielleicht gerade noch bekämpfbar, aber selbst das nur in Gesell-

schaften, die das wollen. Und selbst solche Gesellschaften wollen bestimmte Verbrechen nicht mehr bekämpfen, weil sich »der Staat« sicherheitspolitisch schon längst auf eine Hausmeisterfunktion zurückgezogen hat, der Ruhe und Ordnung für privatwirtschaftliche Interessen schafft. Das Bekämpfen der einen Mafia bedeutet das Stärken der anderen Mafia – so könnten ein paar Stichworte zur Lage hier und heute lauten.

Der Kriminalroman, der diese reale Basis in seinem Schema von Fall und Aufklärung verleugnet, hat die Bindung zu seinem ureigensten Thema verloren. Der Kriminalroman aber, der sich auf diese eben skizzierte unübersichtliche Lage einlässt, muss sich ihr gegenüber literarisch-ästhetisch verhalten. Er kann dies mit Aggression und Wut tun, aber Aggression und Wut sind keine Mittel literarischer Organisation – Komik hingegen schon, denn sie kann auch Wut und Aggression, Resignation und andere Affekte inszenieren. Der seriöse Ernst jedoch muss so tun, als gebe es einen archimedischen Punkt außerhalb der Verhältnisse, von dem auch sie sich betrachten und bearbeiten ließen. Den gibt es aber nicht. Der seriöse Ernst hat zudem nicht die Fähigkeit, relativierend über sich selbst zu reflektieren – er wäre kein Ernst mehr. Der Komik ist das Selbstreflexive (und sei's als schlechtes Gewissen, als Unbehagen am eigenen Tun) konstitutiv.

Die Anschlussmöglichkeiten und das kommunikative Potenzial, das die Motiv- und Bilderwelt und das System komisierender Verfahren schon immer bereitgestellt haben, kommen der Kriminalliteratur wie gerufen: Sie bleibt dem »gemeinen Volk«, dem Publikum unmittelbarer verbunden, weil zumindest die Echos, der respektlose Ansatz, das Antiautoritäre des Lachens angesichts der Härte des Daseins erhalten bleiben. Die Kriminalliteratur war ein niederes Genre, zu Recht von der »Hochliteratur« verachtet und unterdrückt, weil diese »Hochliteratur« das relativierende Potenzial der Komik fürchtet und fürchten muss – denn es relativiert den Ernst selbst.

Und genau damit hat Kriminalliteratur, die seriös werden will und vielleicht auch zu Teilen tatsächlich seriös geworden ist, etwas verloren: die Verbindung zur Realität. Sie hat sie für Respektabilität geopfert bzw. ersetzt durch eingleisige, sich selbst als seriös verstehende Realitätsbearbeitung, die dann allerdings in die Gefahr gerät, »dogmatisch« zu werden. Wer behauptet, die entsetzliche Realität sei zu entsetzlich, um mit diesem Entsetzen Scherz zu treiben, hat die Dialektik des Komischen nicht verstanden, denn: »Komisch ist und zum Lachen bringt, was im offiziell Geltenden das Nichtige und im offiziell Nichtigen das Geltende sichtbar werden lässt«, wie Odo Marquard sagt.

Ich habe mich hier bewusst auf einem relativ hohen Abstraktionslevel bewegt. Der Preis dafür könnte der Einwand sein, dass all das, was ich für Kriminalliteratur ins Felde führe, für alle Art von Literatur gilt, zumal für alle Art von komischer Literatur. Tatsächlich führt auch mein Thema letztendlich wieder auf die Frage zurück, was denn Kriminalliteratur von anderer Literatur unterscheidet.

Vielleicht dieses: Literatur ist immer Fiktion, Fiktion ist nicht »die Wirklichkeit«. Literatur gehorcht nolens volens auch den Normen und Parametern der Ästhetik, und zwar in ihrer Binnenstruktur. Kriminalliteratur im Speziellen gehorcht auch den Parametern ihrer eigenen Entwicklung als Genre, sie ist auch Teil der allgemeinen Kultur, und sei's der Subkultur. Ihr Thema jedoch verhakt sie auf ganz besondere Art und Weise mit den Realitäten dieses Planeten. Weil sie (durchaus im »vormodernen« Sinn, worin ich kein Manko sehe) auf der Erzählbarkeit der Welt beharrt, muss sie diesen Realitäten Rechnung tragen. Nämlich durch die Art und Weise, wie sie mit ihnen umgeht. Der Verweis auf ihre grundsätzliche Fiktionalität entlastet sie nicht von diesem Realitätsbezug. Ein nur und pur »ästhetisch« funktionierender Kriminalroman ist keiner.

Wenn wir aber jetzt anfangen, über die Erzählbarkeit der Welt zu diskutieren, hieße das, dem allgemeinen ästhetiktheoretischen Diskurs (so es ihn verbindlich überhaupt gibt) die Lufthoheit über die künstlerische Praxis zu überlassen – und die künstlerische Praxis beweist eben immer wieder, dass ein bestimmter Rohstoff – Gewalt & Verbrechen – zur Verarbeitung lockt. Diese Verarbeitung hat im Laufe der Zeit zu einem Schisma geführt: Es gibt Kriminalliteratur, die offizielle Positionen bekräftigt und so durch einen allmählichen Aufstieg ins Seriöse Fach belohnt wird bzw. um diese Belohnung buhlt, die sie – entre nous – nie wirklich erhalten wird.

Und es gibt Kriminalliteratur, die sozusagen den Störenfried spielt, die auf tausend Gegenpositionen tanzt, die Sinnstiftungen gegenüber subversiv bleibt – die komische oder komisierende Kriminalliteratur, die ihre Herkunft von »unten« als produktive Energie versteht und ausnutzt.

Darin liegt ein entscheidendes Qualitätsmerkmal: Denn Sinnstiftungen gegenüber den sehr realen Phänomenen Gewalt & Verbrechen münden stets – wie hoch vermittelt auch immer – in realpolitische Handlungsoptionen, die uns alle betreffen, unser aller Leben beeinflussen. Ich will hier nicht hysterisieren – aber dass die Praxis einer Gesellschaft und ihre kulturellen Symbole nicht in einem zufälligen Verhältnis zueinander stehen, ist eine Binsenwahrheit. Kriminalliteratur ist weltweit die meistgelesene Literatur, und ausgerechnet deren ideologische Substrate sollen keinen Eingang – nochmal: wie hochvermittelt er auch sei mag – in die gesellschaftliche Praxis finden?

Ein Paradox fällt dabei auf: Die Bereitschaft der »Hochkultur«, Kriminalliteratur in ihrem Konzert zu dulden, ist bei Texten der oben beschriebenen Agatha-Christie-Linie bedeutend größer als bei »subversiven« Texten. Der Feuilleton-Erfolg von Donna Leon oder Henning Mankell funktioniert auch beim breiten Publikum: Von derart harmloser Literatur geht keine Gefahr für Besitzstände, für ideologische oder ästhetische Positionen, für Gewissheiten aus. Sie darf mit an der Table haute sitzen, wenn auch ganz unten. Die Subversiven werden vom Katzentisch nicht wegkommen oder müssen ganz draußen bleiben.

Und das ist gut so. Denn gute Kriminalliteratur hat immer noch zu schmutzen, zu ätzen, zu spotten und zu speien.

Das »Welt-Zernichtende« der Komik nach Jean Paul hat allerdings seinen legitimen Ort genau bei den wirklich ernsten Themen der Menschheit.

Kriminalliteratur, weltweit

Sehr geehrte Damen und Herren,
ich darf Ihnen heute etwas über »Global Crime« erzählen. Über Fiktionen natürlich ... Dass ich mit diesem Thema eine ganze Tagung eröffnen darf, wäre vermutlich vor zehn Jahren noch nicht möglich gewesen. Als ich 1998 und 1999 für die metro-Reihe anfing, Spannungsromane aus aller Welt zu akquirieren, war ich ziemlich allein auf weiter Flur und hatte neben diesem Vergnügen noch Spott und Hohn aus der Branche wegzustecken: Der spinnt, hieß es, oder: Das ist doch alles beliebig, oder: Der kauft nur billigen Drittweltramsch. Das allerdings stimmte nicht, weil US-amerikanische Standardware, Romane von der Stange sozusagen, damals schon im Dutzend viel billiger zu haben waren. Heute ist Global Crime die Formel, die die skandinavische Welle abgelöst hat – das kann man immer wieder lesen und hören.
Ich höre das natürlich gern – aber stimmt es auch wirklich? In der Tat hat sich der Anteil der Kriminalromane, die in Afrika spielen oder in Asien, in Lateinamerika oder Australien, erhöht – und zwar kräftig. Kuba, Hongkong, Tokio, Shanghai, Botswana, Thailand, Vietnam, das Outback sind exotische Schauplätze, die so gehäuft erst seit einigen Jahren auftreten. Auch ein solcher Trend hatte seine Vorläufer: Arthur W. Upfield war in den 30er-Jahren des letzten Jahrhunderts mit seinen Romanen um den Aborigines-Cop Napoleon Bonaparte ziemlich allein. Erst in den 70er-Jahren öffneten sich die Fenster zur Welt ein bisschen weiter: H.R.F Keatings Inspector Ghote ermittelte in Bombay, Tom Sharpes Mord-Grotesken und James McClures Cop-Novels sorgten für Ärger in Südafrika. Singuläre Erscheinungen wie Charlottes Jays Neuguinea-Roman »Beat Not The Bones« oder Robert van Guliks Serie um den Richter Di (angesiedelt im Chi-

na des 7. Jahrhunderts) gab es immer, und der erste äygptische Kriminalroman, Staatsanwalt unter Fellachen von Taufik al Haqim aus dem Jahr 1932, erschien einsam und weitgehend unbemerkt 1982 im Unionsverlag. Christine Gräns Afrika-Satiren und D.B. Blettenbergs global angesiedelte Polit-Thriller waren in den 80er- und 90er-Jahren relativ singuläre Erscheinungen. Einzelne Romane von Eric Ambler, Graham Greene oder Ross Thomas blieben dito weitgehend folgenlos. Blockbuster-Bücher wie Frederick Forsyths »The Dogs Of War« oder fragwürdige Safari-Schwarten wie die von Wilbur Smith konnten kaum ein unvoreingenommenes Interesse an ihren Schauplätzen wecken.

Heute ist von Alaska bis Manila alles im Angebot. Aber: Lesen wir zum Beispiel einen in der Türkei spielenden Roman von Barbara Nadel, so lesen wir einen herkömmlichen Krimi mit einem netten Polizisten, der eher zufällig in der Türkei spielt. Die Form »Krimi« modelliert sich einen Schauplatz nach ihrem Gusto. Denn mit irgendeiner realen Türkei hier und heute hat ein solches Designer-Produkt so wenig zu tun wie ein irgendwie reales Italien mit den Märchen einer Donna Leon. Lesen wir einen Bangkok-Roman von John Burdett, lesen wir einen netten – na ja, auch wenn's rauer zugeht – Polizeiroman, der in einem Disneyland-Bangkok spielt, das sämtliche oberflächlichsten Assoziationen des TUI-Westlers gefällig bedient. Auf den Beifall des Publikums stoßen bei diesen Texten die Rätselhaftigkeit des Falles, der Action- und Spannungsquotient, die Sympathiewerte der Hauptfigur. Der ausgefallene Schauplatz bietet die bunte Kulisse. Und diese Kulisse dient als Differenz zu den klassischen Schauplätzen des Genres. Das neblige London, das gewalttätige Los Angeles oder das melancholische Schweden sind langweilig geworden. Solche Texte zielen auf den westlichen Markt, für ihn sind sie von westlichen Marktstrategen entworfen, das Dazwischenschalten des exotischen Settings ist der Taste of the month wie Katzen- oder Kochkrimis, mit dem sich Produkte verkaufen lassen. Um keine Missverständnisse aufkommen zu lassen: Das schließt nicht aus, dass dabei gute Texte herauskommen können. Es geht hier um Strukturen.

Wir tun also gut daran, strikt zwischen Schauplatz und Autochthonie zu unterscheiden. Zumindest zunächst einmal und methodisch. Denn natürlich lässt sich jeder Winkel dieser Welt in ein paar Flugstunden erreichen, und wir wissen zu Genüge, wie hoch resp. nieder das Rechercheniveau vieler Autorinnen und Autoren nun mal ist. »Was meinen Sie, was ich alles mit einem Stadtplan machen kann?!«, sagte mir einmal stolz ein Verfasser von Romanen über Buenos Aires, der nie einen Fuß nach Argentinien gesetzt hatte. Und selbst Harry Keating war erst nach seinen ersten drei oder vier Ghote-Romanen leibhaftig in Indien. Legitim ist das selbstverständlich, so wie auch historische Romane grundsätzlich legitim sind.

Dennoch kann ich Sie noch nicht von Land zu Land, von Kontinent zu Kontinent führen und Ihnen die jeweiligen Krimi-Szenen vor Ort vorführen. Zum Beispiel Bolivien, Vietnam oder die VR China. Der Grund ist ziemlich banal: Ich kenne mich in diesen Ländern nicht besonders gut aus, nicht nur krimimäßig gesehen. Denn um eine Szene wirklich gut zu kennen, reichen ein paar Internet-Recherchen plus ein dreiwöchiger Aufenthalt dort nicht unbedingt aus. Und wer hat andererseits und nur zum Beispiel die gesamte US-Produktion wirklich im Blick?
Weil ich mit dieser Defizienz vermutlich nicht alleine bin, sind wir auf Vermittlungsinstanzen angewiesen. Die lokale Produktion muss also durch diverse Filter hindurchgehen, um überhaupt sichtbar zu werden. Diese Filter sind, grob gesprochen, international tätige Agenturen, örtliche Multiplikatoren, die internationale Presse und andere Verlage auf dieser Welt, mit denen man aus professionellen Gründen Kontakt hat. Was über diese Pipelines zu uns kommt, hat zumindest eine veritable Chance, hier wahrgenommen zu werden.
Schauen wir aber umgekehrt; Wie viele und welche deutsche Autoren sind auch nur auf den europäischen Nachbarmärkten vertreten? Herzlich wenige – und zeugt diese Auswahl von großer Kenntnis der deutschen Szene? Wohl kaum ...
Zurück: Diese Filter arbeiten natürlich nicht objektiv. Sie können

Rezeptionen blockieren und Rezeptionen befördern. Hätte ich mich zum Beispiel auf die üblichen Filter nebst meinem eigenen Informationsnetwork verlassen, wäre ich nie auf einen mexikanischen Autor namens Guillermo Arriaga gestoßen, der damals noch kein beinahe-Oscar-prämierter Drehbuchautor war.

Das führt zum Problem von Zentrale und Peripherie. Was immer wir an Thesen über Global Crime zu formulieren wagen, wir müssen diese Problematik im Hinterkopf halten. Selbst schon in einem Fall wie Spanien haben wir massiv mit dem Zentralen/Peripherie-Problem zu tun: Vazquez Montalban ist und war nie die spanische Kriminalliteratur, noch nicht einmal die katalanische – und wenn wir nichts über die Kanaren, die Mancha oder Galizien wissen, weil davon weder in ABC noch in El Pais berichtet wird (wo nur Madrid oder Barcelona zählen), sollten wir sehr vorsichtig mit generalisierenden Aussagen sein.

Dazu kommt ein weiteres grundsätzliches Problem, mit dem ich Sie leider auch noch quälen muss: Vom lateinamerikanischen oder afrikanischen oder asiatischen Kriminalroman zu sprechen ist ungefähr so trennscharf und sinnvoll, wie über die europäische Küche zu reden, zum Beispiel. Zwischen Feuerland und Tijuana, zwischen Kapstadt und Algerien liegen buchstäblich Welten – auch kulturell, denn geographische Orte sind immer auch kulturelle Orte. Das kolonialistische Spracherbe spielt natürlich immer eine Rolle, und Kriminalliteratur ist, historisch gesehen, eine sehr abendländische, hauptsächlich angelsächsische Veranstaltung. Weder im arabischen Sprachraum, weder in China noch in Japan, weder in indigenen Kulturen in Lateinamerika noch in schwarzafrikanischen Kulturen noch in der Aborigines- resp. Maori-Kultur gibt es Analogien zu »kriminalliterarischem« Erzählen, wie akzentuiert narrativ diese Kulturen auch sonst geprägt sein mögen. Kriminalliteratur – und wir möchten uns bitte hier nicht um Definitionsfragen balgen – war für alle außereuropäisch zentrierten Kulturen zunächst einmal etwas Fremdes. Erstaunlich ist dabei, dass sie aber auch freudig adaptiert worden ist. Natürlich modifiziert und variiert. Sie ist ein globaler Code, wenn auch ein restringierter.

Hinzu kommt noch, dass wir uns wundern, wenn wir mit Pepetela zum Beispiel einen angolanischen Krimi-Autor präsentiert bekommen. Wir wundern uns vielleicht weniger darüber, dass es so was überhaupt gibt in Angola, und mehr darüber, wie bei der hohen Analphabeten-Quote von Angola (48%) überhaupt ein heimischer Markt existieren könnte. Tut er auch nicht, in nennenswerten Zahlen. Und das gilt auch für andere afrikanische Länder, selbst für den Maghreb, das gilt für Lateinamerika: In Brasilien zum Beispiel sind 20000 verkaufte Exemplare ein Mega-Giga-Bestseller. Die 300000 von Jorge Francos Rosario Tijeras in Kolumbien sind absolut singulär. Auf Kuba bewegen sich die Romane von Leonardo Padura im drei- bis knapp vierstelligen Bereich, und in Argentinien sind mehr als 2000 verkaufte Bücher bereits Bestseller. Im oben genannten Bolivien sind Auflagen in dreistelliger Höhe die Regel. Wenn also ein Autor aus diesen und vielen anderen Ländern eine ökonomische Überlebenschance haben soll, muss er eine gewisse internationale Verkäuflichkeit mitkalkulieren. Solche Tatsachen dämpfen etwaige Authentizitätsromantik ein wenig.

Auf der anderen Seite herrscht auf allen Kontinenten und in fast allen Ländern die Popkulturisierung der angelsächsischen Machart. Musik, Film, TV, Comics. Populärkulturelle Muster sind, jenseits von inhaltlichen Füllungen, als schnelle Verständigungsmuster ubiquitär. Auch das sollte bedenken, wer über den globalen Krimi redet.

Aber bevor ich immer mehr Prämissen und Differenzierungen auffahre, schauen wir uns drei prominente Vertreter an:
Yasmina Khadra, der unter weiblichem Pseudonym schreibende Ex-Major der algerischen Armee Mohammed Moulessehould; Artur Carlos Maurício Pestana dos Santos alias Pepetela (das Wimperchen, sein Nom de guerre in Kriegszeiten) aus Angola und Leonardo Padura, Ex-Journalist und Literaturwissenschaftler aus Kuba.
»Der Kriminalroman ist eine schlichte, ja demütige Gattung. Nicht ich habe den Kriminalroman gewählt, es sind vielmehr

meine Figuren, die mir die Gattung aufzwingen, in der sie sich entwickeln wollen. Ich mag diese Form. Man kann sie trotz ihrer Vorgaben unendlich variieren und sie erlaubt mir, unsere Gesellschaft darzustellen, wie ich sie sehe.« Sagt Yasmina Khadra.
Leonardo Padura aus Kuba meint: »Ich glaube, dass ich das Genre Kriminalroman eher benutze, als dass ich es schreibe. Der Kriminalroman hat für mich eine große Tugend. Sie besteht darin, dass das Genre ein sehr dankbares ist, wenn man es mit einer literarischen Perspektive und Struktur schreibt. Das Genre versetzt einen direkt hinein in die Realität und die Gesellschaft, wo sie am dunkelsten sind.«
Und Pepetela aus Angola: »Ich halte das Genre für eine weniger ernste, leichtere Form, die neue Leser anlocken kann. Das Genre ist ein Vorwand dafür, die Gesellschaft zu analysieren. Das sind aber Kriminalromane im Prinzip immer. Die Werke der amerikanischen Schule der 30er- und 40er-Jahre haben das auch schon gemacht.«
Drei Statements also von drei kapitalen Autoren aus verschiedenen Gegenden der Welt, aus verschiedenen Sprachräumen, mit verschiedenen kulturellen Prägungen. Die Ähnlichkeit der Aussagen ist bemerkenswert; der Bezug auf eine gemeinsame Tradition erst recht. Yasmina Khadra aus Algerien benutzt für seine bizarr-sarkastische Trilogie um den Kommissar Llob den französischen Roman noir, der sich selbst als Weiterentwicklung des amerikanischen Hardboilers seit Dashiell Hammett versteht. Leonardo Paduras »Havanna-Quartett« und die Anschlussromane beziehen sich explizit auf Hammett als Gewährsmann für kritische literarische Gesellschaftsanalyse.
Und Pepetela schließt mit seinen Jaime-Bunda-Romanen um einen fetten, ignoranten angolanischen Geheimdienst-Azubi ganz offen an die amerikanischen Hardboiler an. Eine hübsche Ironie ist dabei, dass alle drei Autoren, deren politischer Standpunkt sicher nicht als Amerika-freundlich zu bezeichnen wäre, sich damit in einer sehr amerikanischen Tradition sehen. Denn für alle drei hat der Kriminalroman eine eindeutige Funktion: Er ist Gesellschaftsanalyse und Kommunikationsmittel über Gesellschaft.

Warum aber ausgerechnet der Kriminalroman dafür das tauglichste Mittel ist und ganz bewusst funktionalisiert wird, hat wiederum unterschiedliche Hintergründe:
Kuba ist natürlich nur in unseren Augen ein exotisches Setting, evidentermaßen für Kubaner weniger. Alle Romane der Mario-Conde-Saga von Padura sind durchweg klassische Cop-Novels respektive Pi-Novels, deren Formsprache global verständlich ist. Das Kuba, das uns Padura erzählt, ist jedoch kein zufälliger Hintergrund, sondern ein konstitutiver. Er schreibt mit kritischer Offenheit über Zustände, die jeder Kubaner kennt, die aber aus Gründen der Staatsform nicht als literaturfähig gelten und es eigentlich nicht sein dürfen. Das verhakt sich aufs Paradoxeste mit der Rezeption: Wenn bei uns Padura wegen seines »authentischen Sittenbildes« seiner Gesellschaft geschätzt wird, übersieht man leicht die ästhetische und politische Komplexität seiner Romane. Das wiederum hat, nebenbei gesagt, eher mit dem hiesigen eingeschränkten Verständnis von »Krimi« zu tun - »als Krimi ist Padura eher schwach«, kann man hin und wieder in Kritiken lesen.

Ironischerweise hilft ein ähnlich begrenztes Verständnis von Krimi auf Kuba aber Padura, die Zensur auszutanzen. Indem er das Muster »Krimi« benutzt, wie er sagt, benutzt er auch die Inferiorität von Genre-Literatur im Kanon der ästhetischen Wertigkeiten – denn derart politischen Sprengstoff vermutet niemand in einem belanglosen Krimilein. Und als man diesen Sprengstoff bemerkte, hatte die globale Verständlichkeit des Musters »Krimi« schon für schützenden Erfolg im Ausland gesorgt, der ein Einschreiten des Staates inopportun machte. Auch wenn dieser Erfolg möglicherweise auf einem Missverständnis beruht.

Paduras Stoßrichtung geht also deutlich nach innen, auf die repressiven Kerne des Systems – er greift da an, wo es wirklich weh tun kann (wenn Literatur je einem politischen System weh getan hat – die Paranoia totalitärer Machthaber hat sich ja immer gern gegen Literatur gerichtet, als ob je ein System von Literatur gekippt worden wäre ...). Das Bildungssystem, die Freiheit der Kunst und der Umgang eines sich als fortschrittlich gerierenden

Systems mit den eigenen Minderheiten sind Paduras zentrale Punkte.

Andere, ebenfalls international wahrgenommene kubanische Kriminalautoren wie Daniel Chavarría oder Justo Vasco (als er noch auf Kuba lebte) verfahren anders: Sie positionieren sich im weltweiten anti-imperialistischen Diskurs. Ihre Kriminal- und Spionageromane behandeln mehr oder weniger die Übergriffe der USA auf Kuba, seien sie auf Kuba selbst oder im karibischen Großraum angesiedelt. Dass CIA-Agenten in dieser Spielart gerne jüdische Namen haben, sei nur kurz angemerkt. Anyway, die »subversive« Haltung dieser Autoren gegen die Supermacht USA verkauft sich sehr sympathisch nach außen, wirkt aber binnenkubanisch durchaus affirmativ, systemstabilisierend. Gesellschaftskritik nach innen findet dann nur auf der symptomatischen Ebene statt, wie wir das aus dem DDR- oder SU-Krimi kennen. Eine sehr spezifische Funktion hat also auch diese Spielart des kubanischen Kriminalromans – man könnte sie, benevolenterweise, gar »zeitkritisch« nennen. Auch wenn unsere Rezeption unter dem Stichwort »kubanischer Kriminalroman« diesen Unterschied nicht unbedingt mitvollzieht.

Während Padura auf die subversive Wirkung des angeblich inferioren Krimis in seinem gesellschaftlichen Umfeld setzt, spekuliert der Angolaner Pepetela gerade auf die Popularität resp. auf die leichtere Konsumierbarkeit des Genres in seinem Land. Er kann im Gegensatz zu seinem kubanischen Kollegen unbefangener agieren, denn in Angola gibt es einen Kanon-Streit um höher- und minderwertige Literatur nicht in dem Maße wie auf Kuba – wenn überhaupt. Eine Populärkulturisierung entlang der amerikanischen Pop-Kultur hat aber durchaus stattgefunden. Jaime Bunda = James Bond, diese Assoziation funktioniert. Sie ruft jenseits von Inhalten, ästhetischen und/oder politischen Positionen einfach kommunikatives Potenzial ab. Dieses Potenzial kann Pepetela sogar zur Kritik eines in der Tat globalen »Kulturimperialismus« benutzen. Der allgemeinen Popularität des Namens tut das keinen Abbruch. Jaime Bunda ist alles, was Bond ist, nicht: clever, effektiv, smart. Bunda hat recht eigentlich mit

Bond gar nichts zu tun, der aber funktioniert prächtig als Lockvogel, als Aufreißer, als Multiplikator. Auf einen Werte-Kanon, gar einen Kanon-Streit muss Pepetela keine Rücksicht nehmen. Der entzündet sich dann höchstens in westlichen Ländern, wo hin und wieder gerügt wird, die beiden Jaime-Bunda-Romane funktionierten aber nicht so, wie Krimis das angeblich zu tun haben. Unsere Rezeption akzeptiert also nur partiell, dass Literatur jeweils einen spezifischen Kontext hat, und verwechselt unseren Kontext mit dem der gesamten Welt. Der angolanischen Elite jedoch bleibt nichts anderes übrig, als den auf der ganzen Welt als Autor von »seriöser« Literatur hoch geschätzten Pepetela gewähren zu lassen. Ein Camões-Preisträger (der Premio Camões ist der renommierteste Literaturpreis der lusiphonen Welt), der alle kommunikativen Potenziale von »Krimi« benutzt, um seinem Regime die Leviten zu lesen, das Ganze auch noch anti-amerikanisch abgesichert – da müssen die Potentaten amüsiert mit zusammengebissenen Zähnen lächeln. Dem Autor, wie auf der letzten Deutschlandtour zu sehen war, wird aber dennoch ein geheimdienstlicher Aufpasser zur Seite gestellt.

Noch anders der Fall Yasmina Khadra. Seine algerische Trilogie zielte auf die gesamte frankophone Welt, produktiv und rezeptiv gleichermaßen: Yasmina Khadra brauchte nicht groß arabische Erzähltraditionen kriminalliterarisch umzumodeln. Dank der kulturellen Frankophonie des Maghreb konnte er für seine sarkastischen Romane aus dem algerischen Bürgerkrieg einfach auf den Roman noir zurückgreifen. Der stellte alles bereit, was Khadra benötigte: den schwarzen Humor, den politischen Drive, den erzählerisch adäquaten Umgang mit exzessiver Gewalt. Khadra konnte sich gleichzeitig darauf verlassen, dass diese frankophone (und angelsächsisch rückgekoppelte) Erzählform auch außerhalb seines Landes verstanden wird. Das koloniale Erbe Algeriens erwies sich in seinem Fall als doppelt hilfreich, Aufmerksamkeit für die algerische Tragödie zu erzielen, wobei die Universalsprache Noir da für ihn der entscheidende Punkt war.

Wiederum eine kleine Anmerkung zur Rezeption bei uns: Obwohl die Trilogie schon in den späten 1990ern übersetzt vorlag,

explodierte sie zum Megaseller erst nach 9/11 und ließ nach zwei Jahren – in untypischer Weise für einen Erfolg dieses Kalibers – wieder nach. Der Grobreiz, man muss es befürchten, war schlichtweg die Wortkombination »Islam/Terror«.
Aber noch ein anderer Aspekt lässt sich anhand des Maghreb zeigen: In Tunesien gibt es lediglich Kemal Ghattas, in Marokko Driss Chraïbi – in Algerien aber neben Yasmina Khadra noch Youcef Kader, Abdelaziz Lamrani, Djamel Dib, Rabah Zeghouda oder Mohammad Benayat. Diese Häufung ist zumindest auffällig, zumal ja auch Tunesien und Marokko zur Frankophonie gehören. Algerien ist nicht nur wegen dem schlimmen Bürgerkrieg eine weiterhin gärende Gesellschaft, eine Gesellschaft im Umbruch, die Stadt Algier selbst eine Metropole. Gärende Gesellschaften plus Metropolis – daraus ergibt sich tendenziell ein Nukleus für Kriminalliteratur, wenn der Gärungsprozess auch noch in Richtung Liberalisierung und Demokratisierung geht. In dem Moment, wo Kriminalliteratur aufhört, eine singuläre Erscheinung zu sein wie im Fall Pepetela und Angola, heißt das auch, dass ein Binnenmarkt entsteht (so zart er sein mag), auf dem ein kriminalliterarischer Diskurs als Verständigung über Gesellschaft (und sei's als Avantgarde) möglich ist.
Was uns zu einem kriminalliterarisch womöglich noch »unvorbelasteteren« Kontinent führt: Asien. Dort standen überhaupt keine kulturellen Anknüpfungspunkte bereit. Weder in der japanischen noch in der chinesischen, noch in der indonesischen, noch in der pazifischen Kultur gibt es Krimi-analoge Formen, auch wenn die japanische und chinesische Kultur einen extrem hohen Grad von Schriftlichkeit aufweisen. Der große Sinologe Jonathan D. Spence hat jüngst aus Akten der Ming-Zeit einen Spionagefall rekonstruiert, musste aber sozusagen die Narrativität, die Erzählbarkeit mittels offizieller Schriftstücke (Berichte, Verhörprotokolle, Briefe) erst herstellen.
Es gibt allerdings in Asien eine für die weltweite Produktion von Kriminalliteratur signifikante Bedingung: die auf engem Raum verdichtete Gesellschaft – eben die Großstadt, oder besser Megastadt. Edogawa Rampo hat auf diesem »steinernen Humus« die

japanische Krimi-Tradition aufgebaut, Masako Togawa und andere haben sie auf Topniveau geführt, zudem ist Japan ein Krimi-Leseland sondergleichen. Der Australier William Marshall hat in seinen Hongkong- und Manila-Romanen eine seinen Schauplätzen adäquate Erzähltechnik entwickelt – eine Art multiperspektivisches Cut-up mit deutlichen Comic-Elementen und erheblichem Tempo; Nury Vittachi aus Sri Lanka modifiziert bewusst europäische Erzählmuster für panasiatische Gegebenheiten, auch er hat sich mit seinem neuesten Buch ganz und gar auf die Metropole Shanghai verlegt.

Christopher G. Moore (wenn auch Kanadier, so kann er doch als autochthon gelten, weil er Thai lebt, spricht und denkt) funktionalisiert sein Bangkok eben nicht als touristische Kulisse, sondern macht es zum Protagonisten. Und der im Exil lebende Qiu Xioalong analysiert die chinesische Umbruchsgesellschaft anhand des Personals von Kriminalliteratur. Formal authentisch (wie auch?) ist hier gar nichts, thematisch allerdings erscheint der Kriminalroman als Analyse- und Kommunikationsinstrument urbaner Gesellschaften unverzichtbar.

Das gilt, cum grano salis und soweit ich es übersehe, für den gesamten asiatischen Raum. Bemerkenswert ist dabei höchstens, dass ausgerechnet aus Vietnam eine historische Serie kommt, verfasst von den Schwestern Tran Nhut, die das Vietnam des 17. Jahrhunderts zum Thema hat. Allerdings geschrieben auf Französisch, die Autorinnen leben in den USA – und der Fokus dabei liegt deutlich auf dem unterhaltenden Element.

Völlig binnenzentriert scheint hingegen Südkorea zu sein. Oberflächlich betrachtet ein Idealkandidat für interessante Kriminalliteratur, ausgestattet sogar mit einem veritablen Institut für Kriminalliteratur, und mit einer Megaproduktion von Krimis, flankiert von einer Sex-'n'-Crime-lastigen Actionfilm-Industrie, von Mangas und bluttriefenden Computerspielen. Soweit ersichtlich, ist die kriminalliterarische Produktion allerdings ein Analog-Produkt zu den multimedialen Unterhaltungsspielzeugen und dem europäischen resp. westlichen Geschmack nicht kompatibel.

Bis jetzt, muss ich hinzufügen, weil man vor zwanzig Jahren über die Mangas genauso gedacht hat, die heute die westlichen Comic-Märkte dominieren.
Kurzer Blickwechsel nach Lateinamerika, mit allen oben genannten methodischen Zweifeln. Die Aufmerksamkeit für lateinamerikanische Kriminalromane (und solche, die dort spielen) ist graduell größer und hat seit dem Lateinamerika-Boom der 1970er (García Márquez, Vargas Llosa, Julio Cortázar) eine gewisse Tradition. Das hat auch mit der weltweiten Rezeption und dem Renommee von Jorge Luis Borges zu tun. Dessen kriminalliterarische Vorlieben Gilbert Keith Chesterton und Agatha Christie sind einerseits in die eigene Produktion eingeflossen; andererseits hat Borges eine Reihe von Nachfolgern hervorgebracht, die seit Jahrzehnten bis heute an dieser Tradition weiterschreiben (darunter so unterschiedliche Autoren wie Pablo de Santis, Juan José Saer, Ricardo Piglia). Das hat dem lateinamerikanischen Kriminalroman den Vorwurf eingebracht, lediglich vom Rewriting europäischer Muster zu leben. Ein ungerechter Vorwurf, denn alle Kriminalliteratur basiert irgendwo auf europäischen Mustern, weil sie, wie erwähnt, literarhistorisch gesehen eine »abendländische« Veranstaltung ist. Immerhin, mit Borges und den Folgen konnte sich in Lateinamerika die Spielart des Krimis etablieren, die das Genre als rein intellektuelles Spiel, als raffiniert konstruiertes Mordrätsel oder als pointenreiche Humeur-noir-Technik (wie bei dem brasilianischen Autor Verissimo) versteht und mit dem gesellschaftskritischen und gesellschaftsanalytischen Kriminalroman konkurriert. Santiago Gamboa, Ramón Díaz Eterovic, Luis Sepulveda, Myriam Laurini, Miguel Bonasso stehen für dieses funktional eindeutige Potenzial, das sich auch immer auf den literarhistorischen Gegenpol zu Borges, auf den Mexikaner Juan Rulfo bezieht, und sich peu à peu gegen die Borges-Tradition durchsetzen musste.
Wichtig für diesen Prozess war der Hispano-Mexikaner Paco Ignacio Taibo II, der die kommunikativen Potenziale der internationalen Pop-Kultur mit Komponenten des »magischen Realismus« spezifisch südamerikanischer Provenienz verschmolz, um

seine gesellschaftskritischen und politischen Intentionen sowohl attraktiv als auch global verständlich zu machen. Ausgerechnet Taibo aber, der sich explizit als politischer, gar als politisch radikaler Autor versteht, verlässt am weitesten die ästhetischen Korsette, die die (leicht in ihren Funktionen beschreibbaren) Werke immer noch haben. Basiert die gesamte Kriminalliteratur immer noch auf dem im Grunde vor-modernen Konzept der »Erzählbarkeit der Welt« (ich meine das beschreibend, nicht wertend), gehört er zu den wenigen Autoren des Genres, die diesen Grundkonsens durch seine opulente Montagetechnik und extrem polyphones, gar nicht-lineares Erzählen einerseits selbst zur Disposition stellen, andererseits dennoch behaupten.

Rubem Fonseca in Brasilien ging einen anderen Weg: Er machte das gesprochene, das alltägliche Brasilianisch zur probaten Sprache für Kriminalliteratur, die diesen Alltag erzählt. Kritisch und polemisch. Auch Fonseca begründete damit ein Art Schule, die den Kriminalroman für kritische Intentionen funktionalisiert, wozu so ästhetisch und formal unterschiedliche Temperamente wie Patrícia Melo und Paulo Lins gehören – krass naturalistisch Letzterer, dagegen intertextuell mit Fonseca verbunden und auf Traditionen des europäischen Realismus rekurrierend Patrícia Melo.

Der lateinamerikanische Kriminalroman hat sich auf jeden Fall ästhetisch und politisch differenziert. Er hat sogar eine Diskussionskultur und dialogische, manchmal polemische Beziehungen entwickelt. Er hat inzwischen einen Stammplatz im literarischen Feld – sowohl international wie auch in Lateinamerika selbst, und zwar in allen seinen voll ausdifferenzierten Spielarten.

Das große Kontrastprogramm zu Lateinamerika ist Afrika. Bitte denken Sie auch hier alle Prämissen von vorhin mit – Afrika ist groß. Generell gilt: Eine spezifisch afrikanische Kriminalliteraturtradition gibt es nicht. Die Kolonialsprachen Englisch, Französisch und Portugiesisch stellen auch die kriminal- und literarischen Muster bereit. Das gilt für Pepetela, dessen inhaltlicher Bezug auf James Bond mit der Erzählform kontrastiert, die eine moderat postmoderne Verarbeitung pikaresken Erzählens ist; das gilt für die Nordafrikaner und ihre frankophonen Muster; das gilt für den Kameruner Mongo Beti, der in seinen Kriminalromanen nahe an der französischen Moderne etwa, am Nouveau Roman siedelt. Ein paar tausend Kilometer südöstlicher konnte sich Meja Mwangi bei der Produktion seiner Thriller aus Kenia felsenfest auf die lange angelsächsische Tradition des Genre-Crossing von Thriller und Abenteuerroman (seit Kipling und Rider Haggard) verlassen. Dennoch ist die afrikanische Krimi-Produktion eher schmal, sie wird umso schmaler, je weiter man von den Rändern ins Innere des Kontinents vordringt. Und nach außen stößt Schwarzafrika erst recht auf Rezeptionsbarrieren. Denn alles, was bei uns zumindest nicht den Afrika-Klischees entspricht, die der Keniaer Binyavanga Wainaina (für das Magazin Granta, nachgedruckt in der SZ) zum Gegenstand des Spottes unter dem Titel »So muss man über Afrika schreiben« gemacht hat, möchte man hier nicht wahrnehmen. Oder nur sehr beschränkt. Die bösartigen, scharfkantigen Anti-Apartheid-Krimis von James McClure, böse Satiren wie »Dirty Story« von Eric Ambler, »The Seersucker Whipsaw« von Ross Thomas, »White Man's Grave« von Richard Dooling – sie alle haben dieses unbequeme Afrika zum Thema, und sie sind allesamt Romane von weißen Autoren, die – bis auf den Südafrikaner McClure – zudem mit dem »fremden Blick« von außerhalb schreiben. Und sie waren alle Markt-Flops, obwohl sie alle durchweg exzellente Romane sind. »Water Music« von T.C. Boyle ist lediglich die berühmte Ausnahme von der Regel. Es scheint da also eher eine kontinentale Rezeptionsbarriere zu geben, die nichts mit der Hautfarbe und der Nationalität der Autoren zu tun hat. Wollen wir von Afrika nichts wissen? Oder wollen wir von einem Afrika nichts wissen, wenn es uns im Gewand eines Kriminalromans oder Thrillers präsentiert wird, der alle diese unbehaglichen Themen auch noch als ästhetisches Programm hat? Wollen wir wirklich nur weiße Massais oder nette dicke Mamas aus Botsuana? Verquickt sich da die reduzierte, stereotype (und multimedial eingeübte) Wahrnehmung eines Kontinents als Ort der Katastrophen, Seuchen und Kriege mit der eines Genres, das diese Themen per definitionem zu behandeln verspricht? Ist das der Punkt, wo Kriminalliteratur wirklich anfangen könnte, weh zu tun?

Nach dieser Tour de force über die Kontinente erscheint eine Antwort auf die Frage, ob abseits der »westlichen« Kulturen ein Funktionsunterschied von Kriminalliteratur auszumachen ist, eher kühn.

Die Antwort steckt vielleicht in den Texten selbst. Schaut man sich die westliche Produktion der letzten Dekaden an, so fällt auf, dass Thrill, exzessive Gewalt, Action und eine bewusste Loslösung von allzu realistischen Fundierungen zu finden sind. Je schriller die Effekte, desto behaglich evasiver ist der westliche Thriller geworden. Oder: desto artifizieller, desto – in a way – literarischer. Kommunikation über Gesellschaften findet, wenn überhaupt, eher verschlüsselt, symbolisiert, gleichnishaft oder verfremdet statt. Nachbargenres wie Horror oder Phantastik rücken näher.

Im globalen Kriminalroman, sofern er autochthon ist, sehen die Dominanzen anders aus. Die Fälle sind nicht oder eher selten spektakulär, die Auflösung (wenn wir Fall und Aufklärung an dieser Stelle einmal als Parameter gelten lassen) selten originell oder überraschend. Sie gelten z. B. unseren drei Paradigma-Autoren Khadra, Pepetela und Padura, als Erzählskelett, als kommunikatives Potenzial, aber gewiss nicht als Zentrum ihres Erzählens. Sicher nicht deswegen, weil sie anders nicht könnten. Sondern weil das Muster mit anderen Intentionen aufgeladen ist. Das »Nur-unterhalten-Wollen« ist für solche Autoren nicht der Antrieb des Schreibens – au contraire. Was auch immer sie im Einzelnen wollen – ihre Gesellschaften zergliedern, Kommunikation über ihre Gesellschaften und in ihren Gesellschaften initiieren, mit dem Rest der Welt über ihre Gesellschaften kommunizieren, was auch immer –, als reine Entertainer oder Traumlieferanten für die Bedürfnisse saturierter Wohlstandsgesellschaften verstehen sie sich nicht.

The making of metro ...

In memoriam Jac Flessenkemper

Metro – die weltumspannende Krimi-Reihe, die gar keine Krimi-Reihe war, sondern aus 155 spannenden Romanen aus aller Welt bestand, und die ich ab 1998 erfunden und bis 2007 in Kooperation mit dem Zürcher Unionsverlag herausgegeben habe – dieses *metro* also war, so konnte man zum Beispiel lesen, »die beste Krimi-Reihe Europas«, hat ein bisschen den Krimi-Markt in Richtung »Global Crime« gedreht und ein wenig Trend gesetzt. Metro fuhr ein paar zigtausend Rezensionen mit einem Lob-zu-Verriss-Quotienten von 98:2 ein, gab eine Art Blaupause für ähnliche verlegerische Konzepte (»Bitter Lemon« in England etwa) ab, verkaufte viele, viele Bücher, hat Preise galore eingeheimst und war eine recht angesehene und allseits erfolgreiche Veranstaltung. Man kann das alles nachlesen, das Internet ist eine Fundgrube, und das Pressearchiv des Unionsverlages steht Ihnen gerne hilfreich zur Seite ...
Deswegen lassen wir jetzt den Weihrauch abziehen und gucken uns das ganze Spektakel etwas kühler an. Mit den Augen des Kritikers, der zum Praktiker wurde und dann wieder zum Kritiker.
Was schon mal der erste spannende Aspekt an der ganzen Angelegenheit war ...
Hinterher weiß man ja immer mehr, aber eines war klar: Bevor so etwas wie metro entstehen konnte, war es sinnvoll, eine Art »Erwartungshorizont« abzustecken. Also: Wie sind die Ressourcen des Partners, mit dem zusammen metro realisiert werden sollte, einzuschätzen? Die ökonomischen, vertrieblichen und intellektuellen Kapazitäten, die vermutliche Medienaufmerksamkeit und die Medienpräsenz, vor allem, wenn der erste Aufmerksamkeitsbonus verzehrt ist?

Das heißt nicht, dass es zunächst das metro-Konzept gab und dann dafür ein Partner gesucht wurde. Die Entstehungsgeschichte von metro ist Teil dessen, wie metro dann realisiert wurde. Gehen wir in die Zeit zurück, als metro noch nicht so hieß, noch gar nicht erdacht war. In der Mitte der 90er-Jahre veränderte sich das Verlagswesen radikal, besonders was die Genre-Literatur und da wiederum die Kriminalliteratur betraf. Am Ende der Kohl-Ära begann das große Fusionieren im Verlagswesen seine Folgen zu zeigen – betriebswirtschaftliche Modelle, nach denen jedes Buch ein »Profitcenter« sein sollte, killten die Mischkalkulation (erfolgreiche Titel finanzierten bis dahin notfalls qualitätsreichere, aber nicht so breit verkäufliche) und indirekt damit die meisten klassischen Krimireihen – Rowohlts schwarze, Ullsteins gelbe.

Dazu kam, dass die gesellschafts- und sozialpolitische Regression dieser Zeit mit einer kriminalliterarisch-ästhetischen Regression korrespondierte: Die Zeiten der Donna Leon und Henning Mankell begannen mit aller Wucht, den Status, den sich die Kriminalliteratur allmählich als Konkurrenz zur Hochliteratur erschrieben hatte – mit eigenen Mitteln, wohlgemerkt, nicht durch Assimilation, wie derzeit –, ins ästhetische und erkenntnistheoretische Neandertal zurückzubomben. Und natürlich wurden schlichte Konzepte und Rezepte gerne angenommen – wenn die Welt sonst gar nicht in Ordnung war, dann doch wenigstens im Kriminalroman.

Die Welt außerhalb von Venedig, außerhalb der schwedischen Countryside, außerhalb des Belly of the Serialkiller der Saison und zunehmend außerhalb der guten deutschen Heimat, diese Welt hatte man so gar nicht auf dem Schirm. Mit anderen Worten – Kriminalliteratur begann, sehr erfolgreich, sehr schlicht und sehr leer zu werden. Zumindest die Sorte Kriminalliteratur, die man auf unserem Markt bekommen konnte.

Es gab aber auch andere, und hier setzte metro an. Nach ein paar Zeitungsartikeln wider die unschönen Zustände auf dem deutschen Krimimarkt und nach ein paar interessanten und aufschlussreichen Gesprächen mit der assortierten Verlagslandschaft (die irgendwie grimm entschlossen schien, die Hand, die sie nun nicht abhacken konnte, fest zu schütteln), schien der Unionsverlag als Träger einer möglichen Reihe passend und sinnvoll. Dessen Profil: Literatur aus der buchstäblich ganzen Welt, minus einer gewissen iberophonen und anglophonen Kompetenz. Also günstig für den Unionsverlag, weil anglophone und iberophone Literatur per se einen stark kriminalliterarischen Akzent haben, insbesondere in Lateinamerika. Insofern verzahnte sich die metro-Idee aufs Schönste mit dem Bestand beim Unionsverlag und arrondierte das Gesamtbild.

Evidentermaßen wurde ja weltweit Kriminalliteratur geschrieben, die Ubiquität oder sagen wir: die Globalisierung des Verbrechens und der wenig spezifische, aber dennoch global verständliche Code Crime-fiction brachte besonders interessante Literatur da hervor, wo Gesellschaften in Gärung oder im Umbruch waren (und sind): Yasmina Khadras Algerien, Pepetelas Angola, Mongo Betis Kamerun etwa. Oder wo urbane Gesellschaften immer dichter wurden: das vollgepackte Hongkong, in dem Stewart/Sloans Vampir »Temutma« (übrigens der allererste metro-Titel, vielleicht symbolisch: ein Vampirroman ...) metaphorisch und buchstäblich umgeht; Istanbul, die Megacity, in der Celil Oker den ersten modernen Privatdetektiv der Türkei ermitteln lässt; Manila, Bangkok, Marseille, Barcelona – alles keineswegs zufällige Schauplätze von metro-Romanen. Sie waren ja alle da (Romane aus Kasachstan oder Sansibar, Indien oder der Mongolei waren leider zu schlecht geschrieben, um metro-kompatibel zu sein), man musste sie nur finden und zu einem Konzept bündeln. Das war das, was metro dann getan hat: die Akquise professionalisieren. Und alle subgenrehaften Limits abschaffen. Bei metro war per definitionem alles möglich, von Freestyle über Hardboiled bis hin zum Cozy und alles, was in andere Genres hineinlappte: in Western (Gabriel Trujillo-Muñoz), Horror (Stewart/Sloan) und Abenteuer (Meja Mwangi). Crime-fiction bei metro war von Anfang an eine gezielt schubladenfreie Veranstaltung.

Aber zunächst einmal musste geklärt sein, wie man den Markt knacken könnte, der ja, siehe oben, recht neurotisch vor sich hin zickte. Erste Entscheidung: mit einer gewissen Massivität des

Auftritts und zweitens mit Taschenbüchern. Masse, um dem Buchhandel zu demonstrieren, dass man's ernst meinte; Taschenbücher wegen des Preises und aus der immer noch richtigen Überlegung, dass es eine Wertehierarchie zwischen Hardcover und Taschenbuch im substanziellen Sinn nicht ernstlich gibt. Eine hoch motivierte Verlagsvertreterschaft war für dieses Konzept weit mehr als hilfreich.

Das nächste Argument hieß Heinz Unternährer. Der hatte das geniale Design der Unionsverlags-Taschenbücher (UT) entwickelt und für metro, das in dieser ersten Phase noch UT metro hieß, einen weiteren genialen Dreh gefunden: nur silberne Schilder mit dem Wort »metro« auf dem Umschlag, sonst keine weiteren Differenzen zum anderen UV(= Unionsverlags)-Programm. Das war eingängig und unterstrich ein weiteres Grundaxiom von metro: Integration von Leserinnen und Lesern und nicht etwa Eröffnung eines abgeschlossenen, eng definierten »Krimi-Bezirks«. Also: Alle Leser sind willkommen, metro ist kein Nischenprogramm für eine spezielle Klientel, sondern soll Leute erreichen, die gerne gute Bücher lesen, egal, welches Label draufklebt. To make a long story short: Das integrative Modell hat funktioniert. Metro als Reihe konnte Profil entwickeln und war bald Sammlerobjekt.

Metro zog auch neues Publikum für Kriminalliteratur an. Das wenige, was man wirklich über das Leseverhalten bezüglich metro weiß: Die Reihe wird von Leuten gelesen, die, wie die Floskel lautet, »sonst keine Krimis lesen«, und von Leuten, die man als Krimi-Roués oder -Sybariten bezeichnen könnte, also wirklich hartgesottene Freunde des Genres.

Die Kombination heller, lebensfroher Farben auf den Umschlägen mit dem Konzept, keine argen Wörter wie »Massaker«, »Tod«, »Blut«, »Gekröse« und »explodierende Schädel« als Titel zu wählen, funktionierte. Heinz Unternährers Design hat zudem noch den Vorteil, dass die Rücken – also der Teil des Buches, auf den man im Laden sieht – wie ein Leuchtturm leuchten.

Auch als UT metro dann zu metro wurde, d. h. als zunehmend metro-Hardcover entstanden (also seit 2001, als das Kalkül aufkam, die Reihe wieder im UV aufgehen zu lassen, wofür metro

da aber schon zu groß, zu berühmt und zu eigenständig geworden war), hielt sich die alte Bezeichnung bei vielen.
Die Taschenbuchsignatur blieb die dominierende Optik, die metro-Hardcover sahen weiter aus wie UV-non-metro-Hardcover. Das bestärkte einerseits den integrativen Aspekt, hatte aber den Effekt, dass sogar einmal ein Non-metro-Hardcover harsche Rezensionen als misslungener Kriminalroman einstecken musste, obwohl es doch gar keiner sein wollte. Die hübsche Ironie eines Imagetransfers ...
So waren also die Felder Menge und Optik definiert. Fehlten nur noch die Autorinnen und Autoren. Das Konzept war klar: Aktuelle Kriminalliteratur aus aller Welt, geschrieben von möglichst ortsansässigen, bzw. autochthonen bzw. quasi-autochthonen Autoren. Ein Beispiel dafür, gleich in der ersten Staffel, war der Kanadier Christopher G. Moore, der Romane schreibt, die in Bangkok und in umliegenden Ländern (Kambodscha) spielen. Moore lebt in Thailand, spricht Thai, lebt Thai. Er gehört also nicht zu den Autoren, die Romane in möglichst exotischen Weltgegenden ansiedeln, die sie selbst kaum oder nur oberflächlich kennen. Eine Minimalanforderung für metro.
Der globale Aspekt war dabei genauso wichtig wie das literarisch Außergewöhnliche, nennen wir's mal out of formula: Da waren Helen Zahavi, Walter Mosley, Jerry Raine, William Marshall oder Jerome Charyn und ihre kaum rasterbaren Romane nahe liegend – und sie waren sozusagen das Verbindungsstück zwischen dem Kritiker und dem Herausgeber in mir. Zwischen Neigung und Notwendigkeit. Und der Beweis, dass man auf beiden Seiten des Zaunes mit der »reinen Lehre« nicht weit kommt.
Einer der metro-notorischsten Autoren stammt aus diesem Segment: Jean-Claude Izzo, mit seiner Marseille-Trilogie. Der einzige Autor übrigens, dessen Rechte zu bekommen mir Schweißtropfen auf die Stirn getrieben hatte. Denn lange Jahre bevor ich mit der Planung für metro begonnen hatte, war allgemein bekannt, dass er einer der wichtigsten Autoren des Genres überhaupt war, und ein Riesenerfolg in Frankreich sowieso. Dass er noch zu haben war, d.h. dass sich niemand im deutschsprachi-

gen Raum getraut hatte, ihn zu verlegen, das war zugegebenermaßen mein Glück.

Eine dritte Programmsäule wurde auch gleich am Anfang implantiert: Relaunches wichtiger Klassiker des Genres, die entweder gar nicht mehr greifbar waren oder nur in schauderhaften Ausgaben. An erster Stelle natürlich Chester Himes, mit dem der UV schon vor metro begonnen hatte. Brian Lecomber stand für dieses Prinzip in der ersten Staffel, in späteren Phasen kamen dann Kracher wie Peter O'Donnells Modesty-Blaise-Romane und H.R.F. Keatings Inspector-Ghote-Mysteries hinzu.

Und ein vierte Schiene wurde vorsichtig eingebaut, als sich allmählich zeigte, dass das Gesamtkonzept aufgehen würde: Kriminalliteratur aus Lateinamerika. Da gab es nahe liegende Autoren und Trouvaillen gleichermaßen. Dass Leonardo Padura zu metro stoßen würde, war beinahe naturgesetzlich notwendig, schließlich kannte ich ihn seit den späten 80er-Jahren, als wir uns hin und wieder in Spanien und Frankreich über den Weg liefen. Diese alte Verbindung wurde umso nützlicher, als es darum ging, Padura trotz eines höheren Angebots der Konkurrenz vertraglich an metro bzw. den UV zu binden.

Während andere alte Verbindungen weniger nützten. So konnten meine mexikanischen Informanten so gar nichts mit dem Namen Guillermo Arriaga anfangen (oder wollten sie nicht können?), genauso wenig wie ich, als ich ein kleines, zerknistertes mexikanisches Taschenbuch in einem Agentur-Paket mit US-Routinekram fand. Das kleine, schmuddelige Taschenbuch war der grandiose Roman »Der süße Duft des Todes« (und das erste metro-Hardcover), Arriaga wurde wenig später für sein Drehbuch zu »Amores Perros« für den Oscar nominiert, der Rest ist Geschichte.

Festzuhalten bleibt, dass es anscheinend Autoren gab, auf deren Bücher sozusagen schon metro draufstand, bevor sie geschrieben waren. Auf den Jazz-Mystery-Romanen von Bill Moody zum Beispiel, auf Garry Dishers Cop-Novels aus Australien, auf Pablo de Santis' vertrackten Borges-goes-gothic-goes-crime-goes-comic-Romanen aus Argentinien, Raúl Argemís faszinierenden, knallharten Geschichten aus demselben Land, auf Hannelore Cayres hochkomischen, schnellen, schlanken Büchern über den Winkeladvokaten Leibowitz und auf Lena Blaudez' ironischen und gewalttätigen Polit-Thrillern aus Westafrika, die so ganz den deutschen »Erwartungshorizont« verstörten. Hin und wieder gab es auch Bücher, die bei allem Kalkül, bei aller Planung und bei aller Strategie nicht voraussehbar waren – au contraire. Als Nury Vittachis erste Sammlung mit dem Fengshui-Detective, mit Meister Wong und seinem nervigen Assistenz-Girlie, auf meinem Schreibtisch landete, schnaubte ich empört. New-Age-Fidelwipp jetzt auch mit Mord, schlimm! Nach drei Minuten Lesen hatte ich aber dann schon fünfmal gelacht, das gab zu denken ... Und so wurde Nury Vittachi zu einer Säule von metro – intelligent, witzig, unterhaltend und ganz und gar ohne bebende Ambition. Wesentlichen Anteil an dieser Erfolgsgeschichte hatte und hat Ursula Ballin, die mit ihren wunderbar kreativen Übersetzungen den Fengshui-Detective zu dem gemacht hat, was er heute ist: ein Publikumsliebling und -magnet, der ohne Probleme 500-Leute-Auditorien zum Toben bringt.

Womit wir bei einem weiteren wichtigen Kalkül von metro angekommen wären: die Rolle der Übersetzungen. Die ist essenziell. Deswegen bin ich stolz auf die Garde von feinsten Übersetzerinnen und Übersetzern, die für das metro-Profil wesentlich waren. Und weil sie den ganz persönlichen Sound ihrer Autorinnen und Autoren definiert haben: Hans Joachim Hartstein für Leonardo Padura, Anke Caroline Burger u. a. für Bill Moody und für William Marshall (dafür gab's den Wieland-Preis), Pieke Biermann für Walter Mosley und Liza Cody (vergleichen Sie mal bitte den Absturz bei Büchern der beiden, die von irgendwelchen anderen Leuten übersetzt wurden), Stefan Linster für u. a. Mongo Beti und Hannelore Cayre, Susanna Mende für Arriaga, Jorge Franco und Raúl Argemí, Peter Torberg für Garry Disher, Gisbert Haefs, dann Claudia Wuttke für Pablo de Santis – um nur einige Namen zu nennen, was mir bitte alle anderen verzeihen mögen, die hier ungenannt, aber nicht weniger geschätzt bleiben ... Der Stellenwert der Übersetzung wurde im Featuren der Übersetzer im Anhang sichtbar und führte zur Idee, im Internet, auf der Homepage des Verlages, ein Übersetzerforum mit Diskussionsplatz zu bauen, was später im Getriebe des Alltags leider nicht mehr weiterverfolgt wurde.

Ohne Abstriche allerdings blieb das Konzept der Anhänge. Jedes Buch sollte einen Mehrwert bieten, zusätzliche, nicht werbliche Informationen zu den Kontexten und den Autoren. Also z.B. Discographien der in der Marseille-Trilogie von Izzo erwähnten Musik; Interviews mit den Autoren, die man auf dem deutschen Markt zum ersten Mal antreffen konnte; Essays, die die Bücher in die Kontexte einordnen, in die sie gehören; Aussagen und Reflexionen der Autoren selbst; Informationen zu politischen und kriminologischen Fakten, zu Wirtschaft und Geographie, wenn nötig. Jede Menge weiterführendes Material also, Filmo- und Biographien, Links.

Denn Kriminalromane, auch das gehört zum metro-Konzept, wollen und sollen kommunikativ sein – als Literatur Teil des sozialen Prozesses. Keine monolithischen Blöcke, die einsam in der l'art-pour-l'art-Landschaft herumstehen. Die Kontextualisierung der einzelnen Bände konnte das zeigen.

Die Resonanz des Publikums auf diese grundsätzliche Ausstattung der Bücher war hervorragend. Dass inzwischen viele Verlage auch ihre Übersetzer ein wenig hervorheben, darf sich metro als Pilot zugutehalten.

Die üblichen schrillen Töne der Sauertöpfe – Interessiert mich doch nicht, wer der Autor ist! Ich lass mir doch nicht vorschreiben, wie ich das Buch lesen soll! Warum soll ich für so'n Mist noch zahlen, mach doch lieber das Buch billiger! – passen, recht besehen, zu der Schere zwischen einem Publikum, das sich widerstandslos mit allem, was »barrierefrei« funktioniert, bespaßen lassen möchte und einem qualifizierten Publikum, für das zu arbeiten großes Vergnügen bereitet und sich lohnt. Der »Erwartungshorizont«, von dem oben die Rede war, ist an dieser Stelle wichtig – der Einsatz der Mittel und Möglichkeiten bewahrt vor falscher Bescheidenheit und bratzender Megalomanie gleichermaßen. Die Erkenntnis, dass die Nische, die dieses Publikum bildet, dennoch so groß ist, dass ein Programm wie metro dauerhaft ökonomisch erfolgreich sein kann, sind die Good News nach zehn Lebensjahren, von denen dann – so gesehen – kein einziges verschwendet war.

Metro gibt es auch ohne mich, so lange noch Autoren beim UV unter Vertrag sind, die aus meiner »Werkstatt« kommen. Claudia Piñiero aus Argentinien, ihr Landsmann Raúl Argemí, der galizische Newcomer Domingo Villar und die Schwestern Tran Nhut aus Vietnam. Nebst noch weiteren Büchern von Garry Disher, Hannelore Cayre und Pablo de Santis und anderen, soweit sie eingekauft sind.

Den Rest regelt dann, wie üblich, der Markt.

Krimis und Kriminalliteratur

Es ist eine beliebte Übung, Literatur und Kunst jeder Couleur nach Schlagworten zu sortieren. Das macht man meistens dann, wenn man griffige Verkaufsargumente sucht und sein Publikum nicht überfordern will. Besonders bei der Kriminalliteratur, von der man anscheinend nicht so genau weiß, was sie denn eigentlich ist, greift man flugs zu Schubladen: Frauenkrimi, Regionalkrimi, Sozio-Krimi, Berlin-Krimi, Szene-Krimi, Öko-Thriller, Häkel- oder gar Allergiker-Krimi. Also hat Chandler Regionalkrimis über Los Angeles geschrieben, Jerome Charyn Sozio-Krimis über die offene oder geschlossene Gesellschaft der New Yorker Mafia, Robert Campbell Szene-Krimis über die Pornoszene in Hollywood und ad absurdum fort.

Nun ist Verlagen und Autoren nicht vorzuwerfen, dass sie zu Werbemitteln greifen, denn gegenüber der so genannten seriösen Literatur zeichnet sich Kriminalliteratur (zumindest hierzulande) durch einen entscheidenden Punkt aus: Sie ist nicht-subventionierte Literatur. Wer Kriminalliteratur verfasst, kann sich nicht von den Dschungelgewächsen aus Stipendien, Literaturpreisen, Druckkostenzuschüssen und anderen Formen geldwerter Vorteilnahme nähren – er oder sie müssen schon zusehen, wie sie was ihrem Publikum anbieten, damit dieses ihnen Geld zu geben bereit ist. Die negative Seite dabei ist, dass sich viele VerfasserInnen von Kriminalliteratur flüchten müssen: ins Fernsehgeschäft, das bekanntlich die Prosa versaut, wenn man nicht teuflisch aufpasst, oder in aberwitzige Produktionsrhythmen, die Qualität nicht unbedingt befördern.

Ich neige aber eher dazu, die positiven Möglichkeiten dieser Situation zu sehen: Weil Kriminalliteratur frei von den Mechanismen des Kulturbetriebs sein kann, d. h. nicht fürs Feuilleton, sondern direkt für die Leser schreiben, sich aus den Machinationen des Betriebs mitsamt ihrem Gewirr aus Nepotismus, Rücksichtnahmen, Korruption und publikumsfernem Gezänk heraushalten kann, ist sie zumindest potenziell in der Lage, sich by doing ästhetische Potenziale zu erschließen, die sie direkt für Leser interessant macht – ohne die Umwege der schicken Art. Mit anderen Worten: Kriminalliteratur wird durch harte ökonomische Realitäten immer wieder daran erinnert, dass Literatur ein Medium der Kommunikation ist. Dafür darf sie ruhig dankbar sein, und prinzipiell funktioniert es sogar: Kriminalliteratur wird weltweit wie rasend gelesen – von Menschen jeglicher Soziologie, jeglichen Geschlechts, jeglicher Hautfarbe und fast jeglichen Alters.

Richtig ist, dass auch alle Arten von Mist, Schmutz & Schund, Schrott & Schotter gerne gelesen werden. Und richtig ist auch, dass es grandiose Literatur gibt, die, wie man's auch dreht und wendet, ein Minderheitenprogramm bleiben muss. Nur Umkehrschlüsse sind nicht erlaubt. Es gilt weiterhin, wie schon immer: Was keine Leser hat, ist nicht a priori wertvoll; was viele Leser hat, kann auch Schamott sein.

Wenn wir also eine Zustandsbeschreibung der Kriminalliteratur hier und heute versuchen wollen, sollte am Anfang eine Evidenz stehen: 80% der Produktion sind Schrott & Schotter, 10% Konfektion, 10% Literatur. Klar ist somit auch, dass Kriminalliteratur eine Kunstform wie jede andere ist, denn dieses Verhältnis gilt für alle Kunstproduktionen – wobei ich bei den Prozentzahlen noch in Gefahr gerate, als blauäugiger Schwarmgeist zu gelten. Noch eine Evidenz: Kein Mensch kann mit Gründen genau sagen, was ein Kriminalroman ist und was nicht. Zumindest ich kann es nicht – zumal es für jedes Beispiel garantiert ein Gegenbeispiel gibt. Zwar ist, wo Krimi draufsteht, auch meistens Krimi drin, aber noch lange nicht Kriminalliteratur. Und wo nicht Kriminalliteratur draufsteht, ist erstaunlich oft welche drin. Das nur als Faustregel, die durch jede Art von Ausnahme bestätigt wird.

Spätestens jetzt werden Sie gemerkt haben, dass ich zwischen »Krimi« und »Kriminalliteratur« gerne einen Unterschied machen möchte, zumindest idealtypisch. »Krimis« sind einmal liebe, sympathische Dinger, die man wegknabbert wie Chips und bei denen man sich, wenn sie gekonnt gemacht sind, nicht unter Niveau unterhält. Sie sind legitim, weil sie real existierende Bedürfnislagen von Menschen mehr oder weniger intelligent befriedigen, sympathisch, wenn ihre ideologische Basis ein gewisser Commonsense des »anständigen Menschen« bildet, sie sich also nicht mit der finstersten Reaktion gemein machen – mit anderen Worten, sie sind die modernen Äquivalente der Gartenlauben-Romane, der Courts-Mahler, Marlitt, Karl May.

In diese Kategorie gehören diverse Bestseller wie Minette Walters, die diversen US-amerikanischen Überreste der Privatdetektivromane und meinethalben auch die zeitgeistigen Anwalts- und Gerichtsschmöker von Turow bis Grisham. Mehr ist von ihnen wirklich nicht zu erwarten, zusammengenommen ergeben sie höchstens einen Katalog der Dispositionen ihrer jeweiligen Gesellschaften – durch Thematisierung, bzw. auffällige Nicht-Thematisierung: Bei Minette Walters oder P.D. James ist z. B. Großbritannien vorwiegend weiß, mittelständisch, limitiert gewalttätig und cultivated. Für Soziologen eine Fundgrube, welche Probleme die Briten also wirklich haben. Und für treue Leser und Leserinnen herrlich evasive Literatur. Oder Lesestoff zum Identifizieren. Oder einer, der dann doch – vorausgesetzt man hat eines – unter Niveau liegt. Aber auch das ist legitim und keineswegs verächtlich abzutun. Ich mag solche Krimis – hin und wieder.

»Krimis« möchte ich auch die vielen, vielen Bücher und buchidentischen Druckwerke nennen, deren vornehmlichste Idee ist, Thesen, Wahrheiten oder Weltanschauungen zu transportieren. Der Krimi bietet dafür das ideale Transportmittel, weil ein Verbrechen in dieser didaktischen Sicht der Dinge stets auf einen einzelnen wunden Punkt hinweist. Und jetzt kann dieser wunde Punkt erklärt und das Antidot verordnet werden. In diese Kategorie gehört, wer hätte es gedacht, der »Frauenkrimi« – wo Frauen die besseren Menschen, die besseren Psychologen, die besseren was weiß ich sind, die Steigerungsform ist der Lesben-, Schwulen-, Sozio-Krimi, die vereinigende Klammer all dieser Modelle der »Krimi der Gewissheiten«: Gewiss wäre die Welt besser, wenn es bestimmte gesellschaftliche Gruppen überhaupt nicht gäbe, aber andere das Vorbild für alle wären. Gewiss kann man die Bösen gruppenweise wie im Multiple-Choice-Test auflisten und je nach Standpunkt ankreuzen: Wessis, Stasis, Männer, Industrielle, Banken, Polizei, Mafia etc. etc. Gewiss werden deren finstere Ränke aufgeklärt – sie sind anscheinend bis ins letzte Eckchen analysierbar, weil offenbar einem finstern Masterplan folgend –, am Ende steht zumindest die Erkenntnis: So mies ist die Welt – und das ist mal gewiss.

»Krimis« sind drittens die meisten der Werke, die irgendwie historisierend verfahren: also im alten Rom spielen, in der Renaissance, im viktorianischen England usw. Weil Umberto Eco auf diesem Zug (er war ja bei weitem nicht der Erste) einen Megaseller gelandet hat, wimmelt es von TrittbrettfahrerInnen, die günstigenfalls nette Gags zu erzielen wissen und das geneigte Publikum mit gelungenen Anspielungsenträtselungen und Entschlüsselungsleistungen belohnen, wie zum Beispiel M. J. Trow mit seinen Lestrade-Romanen – das geht so lange gut, wie die Masche noch nicht abgenudelt ist, dann stellt sich Langeweile ein.

Viertens sind »Krimis« auch hin und wieder eine Landplage und haben gerade in Deutschland gewaltige Flurschäden ausgelöst – dann, wenn sie im Fernsehen kommen und zum Beispiel von Herrn Reinecker stammen, der 1995 von der Zunftorganisation der deutschen KrimiverfasserInnen dafür mit einem Preis belohnt worden ist. Dass der Mann Nazi-Propagandist war, das nur nebenbei, es passt ins Bild der Zeit. Aber der wirkliche Hohn ist, dass ein Mann auch noch von seinen im Notfall unter seinem Wirken leidenden Standeskollegen ausgezeichnet wird, dafür dass er seit Jahrzehnten die Nation über die Phänomene Kriminalität, Verbrechen, Gewalt, Polizeiarbeit und Menschenbild mit Filmchen traktiert, die in einer Parallelwelt spielen, aber so tun, als ob diese Parallelwelt irgendwie im Einklang mit der richtigen Welt stünde. Hundertschaften von Schreibern haben von Reinecker & Co. (er ist ja nicht allein der Schurke) gerne und eifrig gelernt, dass Krimis auch dann »gehen«, wenn man sich um nichts schert, was irgendwie mit der realen Welt zu tun hat. Und wenn man den Markt damit dominiert. Der Transfer dieses Prinzips auf den Buchmarkt hat erstaunlich gut geklappt; erstaunlich deshalb, weil auch trübe Verkaufszahlen keinen Einhalt erzwingen. Man kann anscheinend ohne Grundkenntnisse (und ich meine ganz, ganz schlichte Grundkenntnisse) von wahrscheinlichen Verhältnissen, von grundlegenden Fakten (wie, z.B., funktioniert ansatzweise die Polizei), von schlichtem Menschenverstand jede noch so krause Geschichte abliefern. Es wird schon gut gehen. Ich bin fest davon überzeugt, dass der problematische Zustand der deutschen Kriminalliteratur mit diesem fatalen, jahrzehntelangen, fahrlässigen Dilettieren zu tun hat. So schafft man keine Traditionen, keinen Unterboden, auf dem andere aufbauen könnten – so schafft man Beliebigkeiten, wenn ich's mal nett formulieren soll.

Also versuche ich jetzt anzudeuten, was ich unter »Kriminalliteratur« verstehe.

Dazu zum letzten Mal »Krimi«: Allen aufgezählten Typen ist nämlich gemeinsam, dass sie als Texte nicht irgendwie bemerkenswert ästhetisch geformt sind. Sie erzählen nach den Standards eines herabgesunkenen Realismus des 19. Jahrhunderts so vor sich hin. Von A nach B und wenn's hoch kommt gleichzeitig auf zwei oder drei Zeit- oder Ortsebenen. Sprache spielt keine eigene Rolle, sie ist lediglich das Medium, in dem eine mehr oder weniger spannende Geschichte nun mal passiert.

Es ist also nur plausibel, Kriminal*literatur* da zu vermuten, wo auch ästhetisch etwas bemerkenswert ist, wo also die verwendeten literarischen Mittel zum »Sinn« oder der »Bedeutung« eines Romans wesentlich beitragen.

Und damit sind wir gleichzeitig zu einem Differenz-Kriterium im Vergleich zu »seriöser« Literatur gelangt: Anders als dort im Gefolge von Moderne und Postmoderne machen sich hier die literarischen Verfahren nicht selbstständig, dienen weder ausschließlich der Reflexion ihrer selbst noch der Reflexion des Autoren-Subjekts, sondern erzielen mit der möglichst kunstvoll ästhetisch geformten Erzählung einen Effekt, den man als »Komplexionsaufladung« bezeichnen könnte. Weniger bedrohlich gesagt: Kriminalliteratur verdoppelt nicht einfach Realitäten, indem sie versucht, sie möglichst einfach abzubilden; Kriminalliteratur versucht vielmehr, möglichst viele Dimensionen und Facetten von Realität zu artikulieren. Wirklichkeit ist ja einerseits ein Ding, das unabhängig von medialer Bearbeitung existiert (wer das bezweifelt, dem empfehle ich einen echten Bauchschuss, und keinen virtuellen) – andererseits ein Ding, das auch nicht vollständig präformiert in der Gegend herumlungert und bloß darauf wartet, ab- und aufgeschrieben zu werden. Wer durch Berlin geht, hat, ob er will oder nicht, Bilder, Texte, Sounds, Vorstellungen über Berlin im Kopf, die das beeinflussen, was er oder sie wahrnimmt. Diese wahrnehmungsprägenden Komponenten sind, nicht zuletzt, von Literatur geformt (aber auch von anderen Kunstformen). Das heißt auch: Wenn Kriminalliteratur sich mit Wirklichkeit beschäftigt, muss diese a) erkennbar sein und b) sich selbst vorausdenken oder neu denken oder etwas erahnen, assoziieren oder sogar herbeihalluzinieren, denn sonst wären die Bilder von damals heute noch stabil. Sie sind aber im Fluss – und das haben sie nur teilweise den veränderten Fakten zu verdanken. P. D. James' England hat sich seit Old Lady Agatha nur im Dekor verändert, NYC ist nach Jerome Charyns Isaac-Sidel-Romanen eine andere Stadt als bei Mickey Spillane. Und schon sehen auch wir sie anders. Wo wir früher vielleicht kommunistische Wühlmäuse ausgemacht haben, stehen wir nach Charyn in Camelot und mitten in fremdem Stammesland. Bei Mickey Spillane kann das »Verbrechen« bekämpft werden – in einfachen Sätzen; bei Jerome Charyn ist Isaac Sidel mittlerweile Oberbürgermeister von NYC und Mafioso und Mörder – inszeniert in einer eigenen Sprache, die Charyn für diese Erzählungen entworfen hat: fremd, eigen, kunstvoll – aber eng mit dem Erzählten verzahnt.

Die beiden Komponenten Sprache und Wirklichkeit stehen in einem prekären Verhältnis: Die Sprache kann noch so kunstvoll sein, noch so raffiniert, ausgekocht und mit allen Wassern von Romantheorien gewaschen – wenn mit ihr etwas erzählt wird, was aus Gründen des Nicht-genau-Hinschauens, des Nicht-Wissens, des Falsch-Verstehens, des Nicht-Kennens von Sachverhal-

ten, Topographien, Fakten etc. nicht hinreicht, dann zerplatzt die schöne Kunst wie eine Seifenblase, die bestenfalls noch hübsch schillert, normalerweise aber nur einen seifigen Nachgeschmack hinterlässt. Dann werden Texte plötzlich entsetzlich prätentiös, Beispiele auf Anfrage in Hülle und Fülle.
Die Realitäten, könnte man sagen, verhindern das Abheben der Kriminalliteratur ins Beliebige. Woran man prompt das Argument anschließen könnte, das sei jetzt aber schade, weil dadurch der Kriminalliteratur die Freiheit, die Utopie oder was auch immer abhanden komme, sie sozusagen »gefesselte« Literatur bleiben müsse – also der uralte und grundsätzliche Trivialitätsverdacht durchaus zu Recht bestehe.
Dagegen gibt es einen Einwand: Keine Literatur, auch die avancierteste nicht, ist von dieser Fessel frei – gesetzt, sie vermeidet »Realitäten«, sind diese dennoch ex negativo vorhanden, weil sie wissen muss, welche Realitäten sie vermeiden will; gesetzt, sie baut rein literarische Gegenwelten auf, dann muss sie wissen, welche Züge der einen Welt sie in der anderen vermeiden will – und schließlich ist jede literarische Äußerung, wenn sie noch von anderen Menschen außer dem Autor verstanden werden will, an die Materialität der Sprache und an die Kommunikabilität von Sprache gefesselt, die bekanntlich auch nicht kontextfrei sind.
Also zeichnet sich Kriminalliteratur vor anderer Literatur mindestens durch einen bestimmten Umgang mit Realitäten aus. Und der hat nicht mit ihren einzelnen Themenbereichen zu tun, sondern mit ihrem Generalthema: Gewalt und Verbrechen.
Seit Kain und Abels Zeiten, länger noch, seit Homo erectus auf diesem Planeten sein Unwesen treibt, sind Gewalt und Verbrechen konstitutive Elemente aller Zusammenballungen von Menschen. Und immer mit der Hoffnung kombiniert, der Mensch ließe sich bessern. Es gab schon früh Literatur, die den einzelnen Mord als Skandalon betrachtet hat; die meinte, das Verbrechen moralisch, psychologisch, pädagogisch oder gar geschichtsphilosophisch herauszupräparieren und dann verschwinden lassen zu können. Man hat sogar versucht, es total in die Bereiche des Rationalen zu bannen – indem man den Kriminalroman erfun-

den hat: zunächst als Denksportaufgabe, dann als Nervenkitzel, dann als soziologisches Analyse-Instrumentarium – und das Verbrechen der Aufklärung zu übergeben. Zumindest der potenziellen Aufklärbarkeit. Man wies dem Verbrechen Bezirke in der Gesellschaft zu (das Verbrechermilieu, die Mafia, die Psyche), in denen man es eingekastelt zu haben glaubte. Und somit für bekämpfbar hielt.

Für die Kriminalliteratur war diese vergebliche Liebesmüh zunächst hoch produktiv: Sie entwickelte literarische Spielformen, sie koppelte sich vom Mainstream ab, sie entwickelte Prototypen. Diese Spielformen, die vom klassischen Whodunit (Lady Agatha & die Folgen) über den klassischen Private-Eye (die Dreifaltigkeit Hammett/Chandler/Macdonald) zur klassischen Cop-Novel (Ed McBain & die Folgen) reichen, haben ein ziemlich zähes Eigenleben entwickelt und wirken immer noch nach. Und zwar massiv – obwohl doch spätestens in den 50er-Jahren ihr Stündlein geschlagen hatte. Dass es auch heute noch immer wieder Meisterwerke dieser Muster gibt, hat schlicht mit der Ungleichzeitigkeit des Gleichzeitigen zu tun – und damit, dass normative Ästhetiken, also Dogmen und Vorschriften sowieso nicht funktionieren. Und hier insofern auch nicht interessieren.

Aber die Musik spielt längst woanders: Das liegt an den Paradigmenwechslern, die die Kriminalliteratur endgültig aus den Korsetts der festen Formen herausgeholt und den »Realitäten« angepasst haben: an Georges Simenon und seinen Romans durs, an den Autoren der Série noire (also Goodis, Thompson, Woolrich), an Patricia Highsmith und ihrer Literatur des bösen Blicks und schließlich und besonders entscheidend an Chester Himes und seinen grotesk-komischen Romanen aus Harlem.

Allerspätestens ab da gibt es keine Raster mehr, mit denen man Kriminalliteratur definieren könnte. Das Verbrechen ist in der Literatur da angekommen, wo es in Wirklichkeit schon lange ist: Mitten in allen Gesellschaften, nicht mehr als Skandalon, als Einzelfall oder als Sensation, sondern als konstitutives Element, alltäglich und überall. Als ob es nach Auschwitz, also nachdem ein ganzes Volk anscheinend problemlos organisiertes Verbre-

chen vom Effektivsten betrieben hat, noch eines weiteren Beweises dafür bedürfe. Nun will ich hier kein neu-adornitisches Argument einbringen, dem zufolge nach Auschwitz kein Kriminalroman mehr möglich ist. Aber dass die veränderten Realitäten bzw. ein verändertes Bewusstsein von Realitäten direkt etwas mit der Qualität von Kriminalliteratur zu tun haben, scheint mir evident. Denn da, wo das Verbrechen nicht isolierbar, eingrenzbar, einschachtelbar, sondern ubiquitär gedacht wird, hat es für die Literatur, die sich mit ihm beschäftigt, deutliche Folgen: Das Pathos der Aufklärung greift nicht mehr. Und wo kein Pathos mehr ist, ist Platz für Witz und Komik. Beides Kulturtechniken, die für eine eventuell subversive Funktion von Kriminalliteratur brauchbarer sind als einsame, mit der Gesellschaft in Dissens lebende Figuren. Wo Witz und Komik obwalten, zerbröseln Gewissheiten, wo Gewissheiten zerbröselt sind, kann es auch keine monokausalen Perspektiven auf die Welt geben, und wo die Zentralperspektive fehlt, mischen sich immer mehr Stimmen, immer mehr Kontexte in die Romane ein. Und damit wächst der Formenreichtum der Kriminalliteratur immens. Nebenbei bemerkt, hat ausgerechnet die Cop-Novel, der Polizeiroman, also das Subgenre, in dem viele Perspektiven zusammen- oder gegeneinanderwirken, entscheidende Schübe in diese Richtung gegeben.
Es ist keine Germanophobie, wenn ich diese Entwicklung anderenorts festmache: in Spanien bei Andreu Martín und Juan Madrid, in Mexiko bei Paco Ignacio Taibo, in Argentinien bei Juan Sasturaín, in England bei Robin Cook alias Derek Raymond, Liza Cody, Julian Rathbone, Helen Zahavi, in den USA bei Jerry Oster, Jerome Charyn, Richard Hoyt, Carl Hiaasen (und natürlich die »Gründerväter« Ross Thomas oder Joseph Wambaugh nicht zu vergessen), in den Niederlanden bei Janwillem van de Wetering, in Frankreich bei Jean-Patrick Manchette, Jean Vautrin, Pierre Siniac (und der gesamten Bewegung des Néo-Polar) – all diese und etliche dutzend andere Autoren mehr haben die »Literarisierung« der Kriminalliteratur so weit vorangetrieben, dass sie den Vergleich selbst von den snobistischsten Positionen der »seriösen« Literatur aus nicht zu scheuen braucht. – Ich vermute, dass

es die allen Genannten gemeinsame Einschätzung der Wirklichkeit ist, die ihre Ästhetik vorankatapultiert hat. Kein Einziger von ihnen hat eine »gradlinige« Biographie – es sind ehemalige Polizisten darunter, Leute, die auf der anderen Seite »des Gesetzes« gestanden haben (und nicht nur spielerisch), also alles Menschen, die außer Schule–Universität–Literaturbetrieb auch andere Segmente der Wirklichkeit intim kennen. Ich weiß natürlich auch, dass Authentizität von Erfahrungen noch lange keine gute Literatur garantiert – die Szene wimmelt von bestürzend schlechten Büchern von Menschen mit prallvoller, spannender Biographie. Aber dennoch drängt sich der Verdacht auf, dass Perspektiven und Zugriffe auf Wirklichkeit, die von Menschen inszeniert werden, die Wirklichkeiten jenseits der Mittelschicht »kennen« oder zumindest ein Sensorium dafür haben, dass man sie kennen lernen sollte, bevor man darüber öffentlich schreibt, sich positiv spürbar in den Texten niederschlagen. Die besten Kriminalromane sind nach all dem bisher Gesagten vermutlich die, die auf der Basis einer penibel genauen Wirklichkeitsbeobachtung die Realität poetisch zum Leuchten bringen.

Dabei entziehen sich die Mittel, wie das man das erreichen kann, wiederum jeglicher Katalogisierung oder gar normativen Definition. Man kann wiederum nur versuchen, ein paar Beobachtungen zu sammeln: Einem alten Satz zufolge ist »life stranger than fiction« – an Ungeheuerlichkeiten im Alltag haben wir uns weidlich gewöhnt. Der Giftanschlag auf die Tokioter U-Bahn hat nach dem Roman »Opernball« von Joseph Haslinger niemand mehr erstaunt; aber wenn bei Jerry Oster der Oberbürgermeister von New York eigenhändig Obdachlose nächtens im Park abfackelt, Streetcops bei Joseph Wambaugh mit Leichenteilen Polka tanzen, bei Chester Himes kopflose Motorradfahrer durch Harlem brettern, dann ist die Schraube dessen, was ist, nur um einen klitzekleinen Millimeter in Richtung dessen, was sein könnte, weitergedreht. Den klitzekleinen Millimeter in Richtung poetischem Wahnwitz, der aus Naturalismus Realismus macht, auch wenn der zunächst schierer Surrealismus zu sein scheint.

Um auch hier Unterschiede nicht unterzupflügen: Einlässliche und exzessive Schilderungen von Gemetzel gehören nicht unbedingt in diese Kategorie. Vor allem dann nicht, wenn sie so tun, als ob sie der Realität abgeschaut und nachgebaut sind. Ich meine damit die Mode der Serialkiller-Romane, die nach dem gesamtgesellschaftlichen Prinzip der Überbietung verfahren ist: Wer hat das scheußlichste, zynischste, durchgeknallteste, widerwärtigste Monster zu bieten? Also das Beliebteste in Film und Fernsehen, sozusagen das knuddeligste Geisterbahntierchen. Die vier oder fünf Serialkiller-Romane von Bedeutung, die es gibt (also die von Derek Raymond, Robert Littell oder Andreu Martín) arbeiten durchweg mit Brechungen, die gar nicht erst den Eindruck entstehen lassen, Realismus sei schieres Protokollieren der Wirklichkeit. Schlechte und überflüssige Serialkiller-Romane erkennt man daran, dass sie ausgerechnet in den Metzelszenen so tun, als ob sie die Realität nachbildeten, aber ansonsten alle Klischees und Topoi uralter Erzählmuster ausschlachten.

Das Weiterdrehen an der Schraube, um das es mir geht, hat also nicht mit dieser Überbietungsstrategie zu tun, sondern vielmehr mit dem Verdichten von Wirklichkeit. Als strukturierendes Element mögen dabei noch Reste von Fall und Aufklärung übrig bleiben, oft deutlich in parodistischer Absicht. Aber es dominiert entweder das Bewusstsein von einer unendlichen Kette (jeder Fall tritt tausend andere Fälle los) von Gewalt, oder aber es werden Fenster aufgestoßen auf Möglichkeiten, mit der konstitutiven Gewalt umzugehen. Hinter der Gewalt werden plötzlich Dimensionen sichtbar oder erahnbar oder herbeihalluziniert, die verschlossen bleiben, solange man sich dem Chaos von modern life and times vordergründig in ordnender Absicht nähert. Das New York von Lawrence Block zum Beispiel, wo die Dinge ganz und gar nicht so sind, wie man glaubt, dass sie zu sein haben, eröffnet plötzlich neue Sortierungen von Sozialität, von Regeln des Zusammenlebens (wobei es sich meist um Überleben handelt) abseits bekannter Parameter, oder haben Sie einen wirklich guten Freund, der abgehackte Köpfe mit sich herumträgt? Bei Thomas Adcock tun sich nicht nur im geographischen Sinn neue Welten auf, wenn man underground geht, wo plötzlich wieder

und wider Erwarten politische Macht versammelt ist. Unterirdisch, unsichtbar, aber massiv präsent. Nur zwei vereinzelte Beispiele für die Macht und die Möglichkeiten des Fiktiven, wenn es bloß mit dem real Existierenden unentwirrbar genug verzahnt ist und dazu noch ein leises, skeptisches, aber durchaus bewusstes Nachwehen der gar nicht so dummen Forderung formuliert, dass Literatur zumindest utopische Aspekte haben möge. Denn wo sonst sollten die noch formuliert werden können?
Ich gebe zu, ich will Ihnen Kriminalliteratur schmackhaft machen. Es ist nicht zuletzt ein entscheidendes Kriterium von Literatur überhaupt, auf ästhetischem Weg Fremderfahrung zu vermitteln, präziser: die Ahnung, dass es Fremdes gibt und dass dieses Fremde spannend sein kann. Die Schründe und Abgründe unserer Seelen sind nun wirklich hinreichend erforscht, die Schründe und Abgründe der Wirklichkeit noch lange nicht. Vielleicht ist das so, weil Abgründiges sich mitten im alltäglich Gewohnten auftut. Es braucht auf der einen Seite nicht mehr verbrechische Milieus (weil tendenziell jedes Milieu verbrecherisch ist), auf der anderen Seite auch nicht nur die menschliche Seele als ontologisch-finsteres Loch. Das wäre schon viel zu nahe an Erklärungsmustern. Und die gibt es nicht. Das heißt: Sie alle zielen zu kurz, sie alle illustrieren nur einfache Weltbilder. Sind Frauen wirklich nur deshalb Gewalt in besonderem Maße ausgesetzt, weil Männer besonders gewalttätig sind? Sind Kinder a priori nur unschuldige Opfer? Ist wirklich der Vietnamkrieg an der Brutalisierung der US-amerikanischen Gesellschaft schuld? Wirkt das Verbrechen wirklich von den Randbezirken in die Kernbereiche aller Gesellschaften?
Wer solche und ähnliche Fragen schon vor dem Prozess des Schreibens entschieden hat und nur noch seine Überzeugung in Fiktion umgießt, der wird vermutlich schlechte Romane schreiben. Weil er oder sie das Potenzial von Kriminalromanen ungenutzt lässt, Experimentierfeld solcher Debatten zu sein. Und zwar aufgrund ihrer besonderen ästhetischen Organisation, nicht primär aufgrund ihrer einfachen Geschichten. Denn tradierte, formalisierte literarische Muster taugen nicht, neue Gegebenheiten brav und bieder so wie die alten abzubilden.

Bleibt die Frage, ob man den Kriminalroman mit solchen Problemen nicht gnadenlos überfordert. Wo er doch auch und mit vollem Recht unterhalten will, amüsieren, entspannen und erfreuen. Und da soll er ganze Erkenntnistheorien auf seinen Schultern tragen? Ist nicht gerade er die Literatur, die solche schwerwiegenden und schweißtreibenden Probleme aus dem Philosophie- und Germanistikseminar meiden sollte wie der Teufel das Weihwasser, um nicht, wie seine für seriöser gehaltene Verwandtschaft, in die Hände schwerblütiger Exegeten zu fallen, die dem Publikum dann für Geld erklären, wie er funktioniert?

Sie dürfen es mir gerne als Gipfel der Chuzpe oder als krampfhaften Nachweis der Wichtigkeit meiner eigenen Existenz ankreiden, wenn ich behaupte, Kriminalliteratur macht Spaß, gerade weil sie das alles kann. Natürlich, ich denke gern, also auch über Kriminalliteratur nach. Genauso gerne aber lasse ich mir spannende Dinge erzählen. Ich dialogisiere gerne mit Menschen, die ihrem Publikum etwas zu sagen haben. Keine Dogmen, keine Gewissheiten, sondern Geschichten, mehr Geschichten und noch mehr Geschichten. Das ist kein Aufruf zum naiven Erzählen, sondern der Spaß an der Freud kommt daher, wie erfindungsreich, wie lustvoll, wie liebevoll Erzählwerke aus den paar Dutzend Standardkonstellationen der gesamten Literatur (Mann liebt Frau, Frau hasst Mann) ganze Welten entwerfen, Realitäten herbeischreiben, gegen miese Realitäten anschreiben können – ohne in den vordergründigen Verdacht zu geraten, es handle sich ja nur um Literatur. Und »Nur«-Literatur muss man ja außerhalb literarischer Zirkel nicht ernst nehmen.

Das ist, glaube ich, ein entscheidender Zug von Kriminalliteratur: Sie greift nicht blöde, platt und 1:1 hinein ins pralle Leben (das ist meist der Ausgangspunkt von Kolportage), sondern sie ist literarisch, weil sie anders das nicht formulieren kann, was sie zu sagen hat. Sie hat aber stets auch ein kräftiges Standbein in der »realen Realität«. Beide Komponenten kontrollieren sich gegenseitig, gerät die eine in Schieflage, dann rutscht die andere mit. Das alles hört sich so an, als wollte ich Kriminalliteratur kategorisch von anderer Literatur abgrenzen, also eine Subliteratura,

wie Andreu Martín das mal genannt hat, etablieren. Also behaupten, es gäbe zwei »Literaturen«, die »richtige« Literatur und die »niedere« Kriminalliteratur, deren Produzenten und Leser sich gegenseitig nichts zu sagen hätten. Ich glaube, das hieße den »Literatur-Betrieb« überschätzen.
Die Kriminalliteratur kommt historisch gesehen auch aus der Gosse – und das ist gut so. Denn aus der Gosse kommen heißt auch, den Boden unter den Füßen nicht verlieren, mit Menschen reden, sich austauschen, gerne auch klatschen & tratschen zu wollen. Mit aus der Gosse gesammelten Alltagsmaterialien haben allerdings auch spätestens seit Majakowski die Sezessionisten aller Art ihren Kampf gegen verkrustete Formen von Literatur begonnen. Es ließe sich mit entsprechender Unvoreingenommenheit sogar die Literaturgeschichte neu sortieren: Der Weg der Großstadtliteratur führte dann seit E.T.A. Hoffmann eben direkt über R. L. Stevenson zu K. G. Chesterton und von da aus weiter bis zu Carol O'Connell oder Bob Leuci. Balzac, Dickens, Zola wären in solche Entwicklungslinien leicht zu integrieren – auch sie kommen, obwohl das damit nicht unmittelbar zu tun hat, aus den leicht anrüchigen Gefilden des Nichtsubventionierten, also des populären Schreibens. Und so besteht auch heute gar kein Grund, Autoren wie Don DeLillo, Pavel Kohout, Orhan Pamuk oder Carlos Fuentes nicht wahrzunehmen, nur weil nicht »Kriminalroman« auf ihren Büchern draufsteht (aber lustigerweise schreiben PR-Abteilungen gerne »spannend wie ein Thriller, aber...« drauf). Das Gezänk zwischen hoher und niederer Literatur lebt lediglich von gegenseitigen Borniertheiten – die einen ignorieren die anderen aggressiv, die anderen meinen im Ernst, Kriminalliteratur sei die wichtigste Literatur überhaupt. Mich langweilen solche Positionen.
Was ich hingegen hoch spannend finde, ist das kommunikative Potenzial der Kriminalliteratur. Über Kriminalliteratur wird heutzutage eine Menge kommuniziert: Ihre Themenstellungen, ihre Blicke auf die Welt schlagen sich schon seit einiger Zeit nicht mehr nur in Literatur nieder. Der Film hat am frühesten begriffen, was man mit Kriminalliteratur alles anstellen kann – das

Hörspiel hat sich der Kriminalliteratur bemächtigt, der Comic und auch die Musik. Kriminalliterarische Elemente sind eine Art universeller Code geworden, wobei über dessen Funktionalisierbarkeit noch gar nichts gesagt ist. Denn es bringt wenig, Kriminalliteratur grundsätzlich als Opposition zu gesellschaftlichen Zuständen – oder auch zu ästhetischen – definieren zu wollen. Kriminalliteratur kann auch finsterste Reaktion in allen möglichen Systemen und Ideologien transportieren. Der Kampf gegen das Böse ist eben nicht metaphysisch – das Böse definiert sich auch aus seinen jeweiligen gesellschaftlichen Bedingungen.

Wenn denn Kriminalliteratur eine begrüßenswerte politische Dimension haben sollte, dann höchstens die, dass sie ihre Erzählkunst dazu nutzt, einfache Weltbilder an den scharfen Splittern der ausgefransten Realitäten zu zerreiben. Das hat dann mit »einfachem, naivem« Erzählen nichts mehr zu tun. Aber es ist tausendmal spannender als die ewige Reproduktion einfacher Weltbilder jeglicher Provenienz. Das Verbrechen erweist sich dabei als zentrales Thema, weil es schlicht zentral ist – und jeden Bereich menschlichen Zusammenlebens erreicht hat: von der heiligen Familie über Regierungen bis hin zur Staatengemeinschaft. Zynisch gesagt: Dass aus der harmlosen Rätselform Krimi eine blühende, vielfältige Kriminalliteratur hat werden können, verdanken wir dem betrüblichen Umstand, dass die kriminelle Verfasstheit dieser Welt zunehmender, unübersehbarer und bohrender in unser Bewusstsein gerückt ist. Deswegen sind Kriminalromane, die in Barcelona spielen, auch in Berlin verständlich, ungeachtet aller kostbaren regionalen Unterschiede, die zudem ein dankbar genommenes Surplus ergeben – genauso, wie die in Kenia angesiedelten jemandem in Tokio etwas sagen können. Und es liegt nicht etwa daran, dass kulturelle Unterschiede nivelliert sind, sondern dass Verbrechen weltweit ein derart konstitutiver Teil von Wirklichkeit ist, dass der literarische Umgang damit realiter beinahe alles zu kommunizieren vermag. Man darf sogar darüber spekulieren, ob Literatur, die sich erzählend mit Wirklichkeit auseinandersetzt, etwas anderes sein kann als Kriminalliteratur.

Desaster as usual
Science-Fiction, Kriminalliteratur und
eine ungeklärte Nachbarschaft

> The writer's task is to invent reality
> James Graham Ballard

Voraussetzungen
Als »Fahnenflucht in interstellare Sphären« geißelte nicht nur Leo Trotzki die Science-Fiction.
Kriminalromane, so heißt es, sind realistische Romane, die das Hier & Heute konstitutiv brauchen.
Kriminalromane, die in der Zukunft spielen, können in diesem Sinn kaum realistisch sein, die Zukunft ist nicht beschreibbar. Sind sie deswegen schon Science-Fiction? Also: Was meinen wir, wenn wir darüber nachdenken, wie und ob SF und Kriminalliteratur etwas miteinander zu tun haben? Wie füllen wir die Begriffe? Scheren sich Leser darum? Oder Texte?
Weder für Kriminalliteratur noch für Science-Fiction gibt es brauchbare Definitionen oder gar einen Konsens darüber, was diese Biester genau sind. SF spielt in der Zukunft; Kriminalliteratur beschäftigt sich mit Verbrechen.
Richtig ist: Kriminalliteratur braucht einen harten realen Unterboden. Science-Fiction kann sich die Realitäten bauen, die sie gerade braucht.
Richtig ist auch: Um Realitäten kümmert sich ein großer Teil von Kriminalliteratur einen feuchten Dreck. Von Agatha Christie bis Elizabeth George. Uns wiederum kümmert hier nicht diese Sorte von belanglosen Grimmis.
Richtig ist: Textstrukturell machte es keinen Unterschied, ob ein Roman in der Vergangenheit, der Gegenwart oder der Zukunft spielt. Das narrative Präsens oder Imperfekt ist von der Zeit, in der die Handlung spielt, unabhängig. Romane im Futur kenne ich nicht. Macht aber nichts, weil durch die Verwandlung eines Plots in ein Narrativ der Plot schon als geschehen definiert ist. Gibt es keinen Plot, handelt es sich weder um Kriminalroman noch um

Science-Fiction. Beide gehen davon aus, dass etwas erzählbar ist. Das ist »vormodern«, weil auf der »Erzählbarkeit der Welt« beharrt wird.

Sowohl Kriminalliteratur als auch Science-Fiction und überhaupt alle Literatur, die diesen Namen verdient, haben die Phase ihrer »De-Konstruktion« hinter sich – nicht-lineares Erzählen, Selbstreflektivität, Verwendung nicht-narrativer Elemente usw., eben alle als »modern« und »postmodern« rubrizierten Verfahren. Fast alle »Genres« und auch das Genre »Nicht-Genre« sind – mit zeitlichen Verschiebungen – durch diese ästhetischen Verfahren hindurchgegangen. Und sie sind – als Genre oder Mainstream durch diesen »postmodernen« Filter technisch, ästhetisch und erkenntnistheoretisch aufgerüstet – doch wieder beim Erzählen gelandet: in der bewussten Prämoderne nach der Postmoderne. Deswegen müssen wir diese Entwicklung zwar immer mit-denken, aber nicht nachzeichnen.

Wir definieren Science-Fiction und Kriminalroman eher intuitiv über ihre Erzählgegenstände. Ein Polizist jagt einen Serialkiller – das ist Kriminalliteratur. Der Serialkiller ist ein Vampir – das ist ein Horrorroman. Oder? Ein Privatdetektiv hat den Auftrag, einen Mord aufzuklären, im Jahr 2410 – das ist Science-Fiction. Oder? So kommen wir nicht weiter. Wir kommen aber auch nicht weiter, wenn wir sagen: Na, das sind halt SF-Krimis, basta!

Wir können das natürlich sagen, Kombinationen von Erfolgsformeln sind marketing- und verkaufsrelevant. Zumindest theoretisch. Ob das Kalkül aufgeht, ist jedoch fraglich. Lesen Kriminalroman-(Thriller-, Roman-noir-)Aficionados gerne Bücher mit SF-Touch? Lesen SF-Fans Krimis? Ist es beim Genre-Crossing nicht eher so, dass die Dominante auch die Rezeption vorgibt? Verstehen, um es an einem ganz anderen Beispiel zu illustrieren, die Leser von Historical-Naval-Fiction, dass die Aubrey-Romane von Patrick O'Brian auch und ganz bewusst exzellente Polit-Thriller sind? Verstehen die Leser von David Webers Military-SF, dass die Honor-Harrington-Romane bis ins Details nichts anderes sind als eher ulkige Historical-Naval-Fiction? Vermutlich eher nicht. Aber schadet das?

Vermutlich aber haben die jeweiligen Leser, wie intim und differenziert sie auch ihr eigenes, bevorzugtes Genre kennen, von den anderen nur sehr schemenhafte Vorstellungen. Auch das ist generalisierbar: Als Georg Klein mit seinem Roman »Barbar Rosa« Furore im Feuilleton machte, konnte er beruhigt behaupten (und auch wirklich glauben), er habe irgendwie innovativ den Kriminalroman »dekonstruiert«. Er hatte aber dabei einen Typus von Kriminalroman vor Augen, der – wenn er inzwischen nicht längst literarhistorisch museal geworden wäre – seine eigene »Dekonstruktion« schon längst, vor dreißig, vierzig Jahren selbst erledigt hatte. Dass die professionelle Literaturkritik mit der ihr eigenen Viertelbildung diesen Unfug hat durchgehen lassen, ja, ihn auch noch weiter verbreitete, steht auf einem anderen Blatt. Obwohl: Eine gegenseitige Rezeptions- und Dialogsperre zwischen den Genres scheint mir schon gegeben zu sein. Gerade da, wo die Grenzen durchlässig sein könnten.

Grenzübergänge
Durchlässig sind die Grenzen bei einer Reihe von Autorinnen und Autoren, die beide Genres, SF und Kriminalliteratur, nebeneinander betrieben haben. Ray Bradbury, Leigh Brackett, Ron Goulart oder Jack Vance (sicher einer der wenigen, wenn nicht der einzige Autor, der den »Edgar« und den »Hugo« bekommen hat) zum Beispiel. »Professionelle Autoren« also, deren Selbstverständnis eher als Writer denn als Author beschrieben werden kann, ähnlich wie Elmore Leonard, Bill Pronzini und Loren D. Estleman zwischen Western und Kriminalliteratur pendeln oder Joe R. Lansdale zwischen Crime und Horror, und die allesamt, mehr oder weniger, aus den hochliterarischen Diskursen ausgeschlossen bleiben, auch wenn sie im Einzelfall noch so »berühmt« sind. Sie alle gehören, ungeachtet ihrer realen Auflagenhöhen, zum Kernbestand dessen, was wir gerne als »Populäre Kultur« betrachten. In ihrer eigenen Einschätzung mag das Genre, in dem sie sich gerade bewegen, nicht allzu entscheidend sein, in der Rezeption allerdings schon. Sie selbst würden sich in aller (falschen?) Bescheidenheit als Story-Tellers sehen.

Ebenso durchlässig die Grenzen u. a. bei Alfred Besters »The Demolished Man«, bei Harry Harrisons »Steel Rat«-Zyklus, bei den Miro-Hetzel-Romanen von Jack Vance: ganz deutlich Kriminalromane, die in der Zukunft spielen, mit Krimi-typischem Plot, Krimi-typischem Personal, jedoch mit allen Ingredienzien der SF auf der Ausstattungsebene: Raumschiffe, bewohnte Planeten, Aliens, und erzählt in der typischen (gegebenenfalls genreübergreifenden) Handschrift der Autoren: »witzig« bei Harrison, »poetisch« bei Vance, »spöttisch« bei Bester.
Fließend die Grenzübergänge bei Autoren wie Neal Stephenson, Michael Crichton oder Greg Bear etc. Kriminalliterarische oder thrillerhafte Erzählskelette führen durch die Handlung, die leicht in die Zukunft verschoben ist. Exemplarisch bei Greg Bear zum Beispiel. In »Jäger« geht es vordergründig um Unsterblichkeitstechnologie, die als MacGuffin eine schlichte Man-on-the-run-Geschichte motiviert, in »Quantico« um den Kampf zwischen verschiedenen US-Geheimdiensten, die eher Unglück anrichten denn verhüten. Topischer geht's – von der Kriminalliteratur aus geguckt – nimmer. Die »futuristische« Komponente ist Beiwerk, die lediglich nette Gadgets vorführt, aber das Herkömmliche aller anderen Komponenten nicht verdecken kann. Im Grunde nichts anderes als in »Beute« von Crichton, der in vermutlich unironischer Absicht den Show-down zwischen wild gewordenen Nano-Partikeln und heroischen Wissenschaftlern als Indianer-gegen-Cowboy-Spiel inklusive belagertes Fort inszeniert. Interessant dabei höchstens, wie alte, zutiefst dubiose Stereotype mit Hightech ausstaffiert werden – oder Hightech in tote Stereotypen gestopft wird. Naja, so interessant nun auch wieder nicht ...
Nur anscheinend durchlässig die Grenzen bei Stanisław Lems »Kriminalromanen« »Die Untersuchung« und »Der Schnupfen«. Beide gelten schon fast paradigmatisch als gelungene, gegenseitige Befruchtung von SF und Kriminalliteratur. On verra ...
Bewerten wir etwa »Die Untersuchung« von der Form her, haben wir einen beinahe hyperklassischen Whodunit. Angesiedelt in einem idealtypischen England aus dem Touristenführer, mit gruseligem Setting (nächtliche Szenen in Leichenschauhäusern und

Landkirchen), mit klassischem Personal, Bobbys und Detective Inspectors, mit Landhäusern und Bibliotheken. Und klassisch deduktiv verfahrend. Das war allerdings schon 1959, als der Roman erstmals erschien, rein genrehistorisch und -ästhetisch gesehen ziemlich zopfig, wobei man mildernd berücksichtigen sollte, dass Lem im kriminalliterarisch eher rückständigen »Ostblock« schreiben musste. Der Roman zielt aber deutlich auf einen Punkt, der gleichzeitig in der Kriminalliteratur und außerhalb der Kriminalliteratur liegt: Die deduktive Methode des Kriminalromans wird von Lem benutzt, um sie von ihrer Funktion in der Kriminalliteratur zu trennen. Es gibt in »Die Untersuchung« keinen Täter, kein menschliches, kein über- oder unmenschliches Wesen, sondern nur ein eher ausgefuchstes Problem der Höheren Statistik. Das war ein intellektueller Scherz, der Lem eine gewisse Reputation als Ironiker auch außerhalb der SF eingebracht hat. Aber im Grunde nur ein Taschenspielertrick. Denn der Roman unterläuft das Thema von Kriminalliteratur: Gewalt und Verbrechen als soziale Interaktion zwischen Menschen. Wenn Lem also die Deduktion zeiht, zu falschen Ergebnissen führen zu können (denn alle hoch qualifizierten Ermittler im Roman liegen falsch), dann funktioniert das nur, weil er unter der Hand die Kriminalliteratur verlassen, ja, gar nie betrieben hat. Statistik als Determinante postmortaler Schicksale ist ein spekulatives Gedankenspiel, das in der Reihe der Kriminalliteratur höchstens Relevanz hat als Pointierung des uralten Sherlock-Holmes-Bonmots: »Wenn man alles außer dem Unmöglichen ausschließen kann, ist das Unmögliche der Fall.«

Ähnlich verfährt, diesmal mit zeitgeistigen Elementen des Polit-Thrillers garniert (die Terrorismus-Welle der 1970er liefert die Stilvorlage), »Der Schnupfen« (1975). Auch da gibt es eine Häufung signifikanter Merkmale bei unerklärlichen Todesfällen, auch da obwaltet die reine Statistik, aber kein menschliches Tun. Viele Leichen, aber keine Täter, keine Verbrechen. Und ein Kriminalroman ohne Verbrechen ist keiner – so viel Plot-Anteil an der Definition des Genres muss aber sein.

Und der SF-Anteil? Der ist womöglich noch geringer, und dass

wir ihn überhaupt suchen, mag der Pauschalisierung geschuldet sein, dass Lem nun mal ein SF-Autor sei. Tatsächlich verweist aber auch das dezidiert als »naturwissenschaftlich« vorgestellte Denken der beiden Romane wenn nicht auf Science, so doch auf Speculative Fiction, und die wurde schon immer großzügig (und seit der New Wave selbstverständlich) der SF zugeschlagen. Oder der »Phantastik« – aber auf diese abermalige Verzweigung der Textsorten möchte ich mich hier nicht einlassen.
Dennoch: Mit beiden Romanen Lems haben wir ein schönes Paradigma für leere Semantik, für die Meaningless of structure. Denn die Benutzung des klassischen kriminalliterarischen Schemas zur Demonstration spekulativen Denkens hat kein irgendwie produktives Potenzial. Weder »provoziert« Lem die Semantik der Form »Whodunit«, noch erweitert er die Speculative Fiction um eine originelle, bedeutungstragende Form. SF & Kriminalliteratur haben sich, vielleicht sogar paradoxerweise, gegen Lems Intention gewendet, nichts zu sagen. Schlimmer: Hat man den Algorithmus der Texte durchschaut, langweilen sie nur noch, weil aus abstrakten Ideen möglicherweise brillante Essays entstehen können, aber kaum überzeugende Narration.

Realismus, Wirklichkeitserfahrung, Binnenrealismus
Kriminalliteratur ist Literatur, also Fiktion. Sie ist, wie jede Literatur, durch das Material, durch das sie existiert, an die Realität gebunden: durch die Sprache. Selbst wo sie Numinoses, Unsagbares, Unvorstellbares erzählt, ist diese Bindung vorhanden. Was nicht sprachlich vermittelbar ist, kann nicht erzählt werden. Kriminalliteratur, wenn sie nicht nur Formspielerei versucht, ist realitätsbe- und -verarbeitende Literatur. Ihr Thema Gewalt & Verbrechen und deren Vorhandensein in allen gesellschaftlichen Zusammenhängen koppelt sie an diese Realien. Zu ihnen muss sie sich verhalten, mit ihnen muss sie umgehen. Das fesselt sie ans Hier & Jetzt.
Das ist so unkompliziert nicht, wie es sich anhört: »Realismus wird dort registriert und anerkannt, wo sich Übereinstimmung mit der eigenen Wirklichkeitserfahrung, mit der eigenen, meist

naiven, unreflektierten Wirklichkeitskonzeption zeigt – wobei einzuschieben ist, dass dieses Eigene weitgehend auf Dichtung als bewusstseinsbildender Faktor zurückweisen kann«, heißt es bei Wolfgang Preisendanz. Ersetzen wir, den neuen Konstituenten unserer Wirklichkeit entsprechend, »Dichtung« durch »gesamtmediale Text- und Bilderwelten«.

Science-Fiction hat da, wo es um Übereinstimmungen mit der eigenen Wirklichkeitserfahrung geht, unmittelbar nichts zu bieten. Die Erfahrungen haben de facto noch nicht stattgefunden. Wohl aber ihre medialen Bilder, die derart wirkmächtig sind, dass sie als Surrogat für eigene Erfahrungen funktionieren. James Graham Ballard, der einst stark dafür plädierte, die Science-Fiction als Literatur des Hier & Jetzt zu begreifen, hat genau diesen Punkt als Problem erkannt und zum Movens seiner Literatur gemacht. »Meines Erachtens hat sich das Verhältnis zwischen Fiktion und Realität ... drastisch verändert. In steigendem Maße werden die angestammten Rollen verkehrt. Wir leben innerhalb einer Welt, die von Fiktionen dominiert wird«, sagte er in einem Interview, »– von Massenkonsum, von der Werbung, von Politik als einem Ableger dieser Werbung, von den Auswirkungen von Wissenschaft und Technologien, die augenblicklich in populäre Bilder umgesetzt werden.« Es sei also, letztendlich, die Aufgabe des Schriftstellers, die Realität zu erfinden. Im Kontext des Ballard'schen Rückbezugs auf das Hier & Jetzt für einen SF-Autor sicher eine Extremposition, als Programm für eine SF mit Zukunftsindex ein möglicherweise tautologischer Standpunkt.

Die Pointe bleibt, dass die zeitgenössische SF sich aus einem Reservoir von populären Bildern, Vorlagen, Texten, Filmen etc. bedient, die die Genre-Geschichte bereitstellt.

Mit der »realen Realität« des Kriminalromans hätte diese Methode dann aber nur noch extrem vermittelt zu tun.

Dennoch redet man gerne vom »Realismus (in) der SF«. Realismus aber ist immer auch ein anti-thetisches Konzept, das sich gegen künstlerische Verarbeitungen von Welt richtet, denen man vorwirft, mindestens einen entscheidenden Aspekt aus den Augen verloren zu haben. Die Geistesgeschichte kann das an un-

zähligen Beispielen (für alle Künste) belegen. »Realistische SF« müsste also »unrealistischer SF« etwas entgegenzusetzen haben. Gegen das Geballere der frühen Space-Operas etwa die Konzepte der »seriös« technologisch agierenden SF; gegen die Evasion in ferne Welten etwa das Konzept des Inner-Space usw. Wenn Ballards Texte wider den Raumschiff/Planeten/Aliens-Komplex auch noch so sur-realistisch verfahren, würde er dennoch einen größere Grad von Realismus für seine Texte reklamieren, weil die sich eher mit den Realien der Conditio humana beschäftigten.
Auch in sich geschlossene, plausible Systeme gelten gerne als »realistisch«. Die »Alastor«-Welt von Jack Vance, die »Mars«-Welt von Bradbury, die »KULTUR«-Welt von Ian Banks, eben alles, was sich in beliebten und monumentalen Zyklen manifestiert. Deren unterstellte Konsistenz jedoch meint einen »Binnenrealismus«, der durch Setzung des Autors (oder des Marketingkonzepts) definiert ist. Dieser Binnenrealismus zeigt sich, je nach Qualität des Werkes, als fein ziseliert, grobschlächtig hingehauen, stereotyp oder individuell gestaltet. Er kann nur leichte futuristische Graduationen haben oder in einer reinen Phantasiewelt spielen. All das hat mit den Hier-&-Jetzt-Realien höchstens relational zu tun. Und ist, egal wie diese Welten konkret aussehen, an unsere Sprache (und den ihr inhärenten Erweiterungsmöglichkeiten, Stichwort: Neologismen) gebunden. Den Realismus, den wir für die Kriminalliteratur brauchen, können solche Romane graduell haben, wenn sie nur leichte futuristische Extrapolationen vornehmen, aber sie brauchen ihn ganz und gar nicht. Auch dann nicht, wenn ihre formale Inszenierung Mustern von Kriminalromanen, Polit-Thrillern etc. folgen. – Ein Muster, siehe Lem, definiert jedoch noch nicht ein Genre.
Von der Seite der Kriminalliteratur her geschaut: Auch dort gibt es »Zyklen«, die man »Serien« nennt und die hin und wieder einen Kosmos aufbauen. »Kosmos« ist dabei eher metaphorisch gemeint. Der Ausdruck beschreibt Standardelemente – Personal, Topographie, Soziologie etc. Die Plausibilität (und damit auch die Qualität) solcher kriminalliterarischer Kosmen stellt sich über ihre lebensweltliche Genauigkeit her. Das muss nicht in jedem

Fall Circumstantial Realism sein, obwohl der an bestimmten Stellen unabdingbar ist. Ein Polizeiroman, der keine Ahnung von Polizei hat, ist im günstigsten Fall misslungen. Das New York in Jerome Charyns Isaac-Sidel-Serie ist durch sprachliche Operationen leicht ins Visionäre (aber nicht ins Futuristische) verschoben. Charyns Delirien funktionieren nur auf dem Boden des Hier & Jetzt. Ähnliches gilt für den Harlem-Cycle von Chester Himes, für Pieke Biermanns Berlin-Serie, für das Nottingham, das John Harvey mit Inspector Resnick und den Seinen bevölkert, für William Marshalls Hongkong, auch wenn Letzteres manchmal außerdirdisch anmutet. Kategorial sind das alles auch fiktionale Welten, geschlossen, penibel ausgestattet, aber die Ausstattung hat einen Maßstab: reale Realien, nicht prognostizierte oder Freestyle-fantasierte. Das Vorausschauen und Extrapolieren bewegt sich in dem Rahmen des Realen, und mag es dann noch so surreal erscheinen. An dieser Stelle kommen sich Kriminalautoren und SF-Autoren wie Ballard sehr nahe – konzeptuell. Nur sehr selten formal.

Kriminalliterarisches in fremden Welten?
Obwohl es Genre-Crossing zwischen SF und Kriminalliteratur de facto schon immer in einer wenig diskutierten Nischenexistenz gegeben hat (siehe Bester, Harrison, Vance etc.), hatte man beide lange Zeit theoretisch als Antipoden verstanden. Auch da, wo im Zeitalter der humorlosen »Ideologiekritik« auf die Reinheit der revolutionären Lehre gesetzt wurde. So wütete Frank Reiner Scheck 1972 stramm neo-stalinistisch: »Die SF ist die Massenliteratur einer kleinbürgerlichen ›Bewältigung‹ der imperialistischen Gesellschaft. ›Bewältigung‹, weil sie, anders als Heimat-, Wildwest-, Liebes- und Kriminalroman, die elementaren Gattungen des Trivialen, nicht auf gedankliche Flucht in eine vor- oder nebenimperialistische, weitgehend realitätsentkleidete Form sinnt, sondern solche Realität, in ihrer technologischen Perspektive, zugibt.« Das ging in erster Linie gegen dystopische Texte, die Totalitarismus-kritisch argumentierten, gegen Orwell, Huxley und (erstaunlicherweise?) Samjatin.

Mit der dystopischen Verdunkelung der SF ergab sich eine neue, interessante Schnittstelle zwischen Kriminalroman und SF. Der Californian noir – ein Terminus, den Mike Davis gern benutzt, um die allmähliche Implosion des amerikanischen Traums anhand dessen optimistischster Landschaft, eben Kalifornien, bei Autoren wie Nathaniel West, James M. Cain, Horace McCoy usw. zu beschreiben – lieferte die Farbe und Atmosphäre der zunehmend dystopischen Orientierung der SF seit den späten 1950ern. Ich will hier keine Philologie betreiben, aber Philip K. Dick als Schlüsselfigur dieser Richtung bedarf keiner weiteren Ausführung. »Do Androids Dream of Electric Sheep?«, Dicks Roman aus dem Jahr 1966 (veröffentlicht 1968), bekam spätestens durch die Verfilmung von Ridley Scott als »Blade Runner« (1982) paradigmatischen Charakter. Vermutlich sogar eher durch die Verfilmung, weil die, anders als Dicks Text, neurotische Themen der 1980er überdeutlich unterstrich. Zwar ist schon der Rick Deckard des Romans ein Bounty-Killer im kriminalliterarischen Sinn, der an der potenziellen Virtualität von Realität verzweifelt, aber Scott kombinierte diesen Aspekt des Romans mit einem visuellen Surplus. In Dicks Postdoomsday-Roman ist die urbane Zivilisation in der Bay Area durch nuklearen Dauer-Outfall zusammengebrochen, wegen Unterbevölkerung und ökologischem Breakdown. Scott macht daraus eine Überbevölkerung in der prototypischen Megalopolis Los Angeles und klinkt sich damit in den Diskurs über Urbanität und Stadtkulturen ein. Für Urbanität aber stand gleichzeitig die Kunstfigur des Privatdetektivs – nicht umsonst kam es in den 1980er-Jahren in der Kriminalliteratur zu einem Revival dieser Ikone, die zudem gerade von den Sisters-in-Crime gendermäßig umdefiniert wurde. Und selbst da, wo die Figur nicht auftauchte, stellte sich die Großstadt, speziell Los Angeles, in den Cop-Romanen von Joseph Wambaugh etwa, als neuer Erfahrungsraum von Zivilisationshölle dar. Wobei natürlich die guten, alten Mean streets von Chandler & Co. die kommunikative Folie boten. Die Science-Fiction bekam von da an einen Tinge of noir, der bis heute anhält. Und sich längst vom Erdboden gelöst hat und mit der Schwärze des unendlichen Alls –

wenn auch nur metaphorisch – prächtig harmoniert. Wirklich nur metaphorisch? »Blade Runner«, der Film, und das Gesamtwerk von Dick, waren bekanntlich die Hauptinspirationsquellen des Cyberpunk. Vor allem die Konzepte der Virtual Reality rückten mit der zunehmenden Computerisierung des Alltags in den Mittelpunkt des Interesses. Die als eigen empfundenen Wirklichkeitskonzepte trugen die Omnipotenz des Machbaren schon in sich – wie naiv und unreflektiert, ganz nach Wolfgang Preisendanz, auch dieses spekulative Moment ex post zu sehen ist. Aber das Gefühl von Omnipotenz war stets dialektisch, nie euphorisch, denn über die Manipulierbarkeit nicht nur der Realität, sondern auch der Virtualität war man sich immer im Klaren. Daher stammt die dystopische Färbung dieses Zweigs der SF.

Dystopie aber gab es auch bei Dick oder Ballard oder John Brunner – allerdings ohne den direkten Bezug auf den Roman noir oder andere Formen des Kriminalromans. Diesen Bezug hat in der Tat der Cyberpunk eingeführt. Allerdings eher in Details der Ausstattung, in einer bestimmten Mentalität der Protagonisten, in einer bestimmten Grundhaltung der Welt gegenüber. Und gerade die ist ästhetisches Zitat. Die Postmoderne ordnet kulturelles Material neu – »Intertextualität« lässt sich nicht länger als direktes Zitat aus einzelnen Texten beschreiben, sondern eher als Verarbeitung ganzer (pop-)kultureller Cluster – Filme, Comics, Bücher, Videos, Musik. Man hat das richtig als »Recycling« von äußerlichen Merkmalen erkannt, weniger als substanzielle Funktionalisierung.

Gerade da, wo sich die SF am fortschrittlichsten geriert, zeigt sich klar, dass die Bilder der Zukunft aus dem Reservoir der Bilder der Vergangenheit und der Gegenwart stammen. Durch die massenhafte, allgegenwärtige mediale Verbreitung dieser Bilder von Zukunft gelingt hin und wieder sogar eine gewisse Rückkopplung in die Jetztzeit. Wenn auch nur in peripheren Bereichen wie Mode, Musik, Lifestyle.

In einem klugen Aufsatz hat Michael K. Iwoleit gezeigt, wie William Gibson als Pionier und »Großmeister« des Cyberpunk wesentlich eine neue »Attitude« des Genres bestimmt hat. Rückhaltlos zuzustimmen ist Iwoleit aber auch, wenn er resümiert, dass Gibson »nur zur Rhetorik der Science-Fiction, nicht zu ihrer Weiterentwicklung als kritisches Instrument des Weltverstehens beigetragen hat«.

Denn an den Grundproblemen hat sich nichts geändert. Von der Science-Fiction-Seite aus gesehen. Die neuen Lebenswirklichkeiten (IT, Biochemie, Genetik etc.) bzw. deren unüberprüfbare Extrapolation über Jahrtausende oder Jahrhunderte bleiben immer noch an das heute sprachlich Vermittelbare gebunden. Sie sind neue oder neu akzentuierte Themenfelder, die nicht zwingend neue ästhetische Strukturen mit sich bringen müssen. Ihr fiktiver Realismus ist gleichfalls ein Binnenrealismus, nach Maßgabe der »inneren« Plausibilität.

Bemerkenswert, von der kriminalliterarischen Seite aus gesehen, ist, dass die Figur des Privatdetektivs heutzutage in der Science-Fiction fröhlichere Urständ feiert als in ihrem Stamm-Genre. Greg Mandel aus Peter F. Hamiltons »Mind Star«-Trilogie, Tanner Mirabel von Alastair Reynolds oder Takeshi Kovacs von Richard Morgan sind zwar weitläufige Verwandte von Harry Harrisons Stahlratte Bolivar di Griz, aber gleichzeitig nähere Verwandte der desillusionierten Vietnam-Veteranen, die als Privatdetektive die Kriminalliteratur der 1980er bevölkerten.

Dass sich die heutige Kriminalliteratur ihrerseits mit ihren überlebensgroßen Serialkiller-Monstern, ihren Profilern, Gerichtsmedizinern und Wunder-Forensikern zunehmend vom realen Boden weg in die Evasiv-Welten des Horror- oder Gruselschockers, mit ihren klerikal-mystischen Verschwörungsthrillern und neo-gothischen Ambientes in Richtung der Fantasy bewegt, sei hier als nette Ironie angemerkt.

Unfreiwillige Komik
Paradigmatisch für das Revival des Privatdetektivs im Weltenall können die drei Takeshi-Kovacs-Romane des Briten Richard Morgan stehen: »Das Unsterblichkeitsprogramm« (2002), »Gefallene Engel« (2003) und »Heiliger Zorn« (2005). Das zentrale Gad-

get aller drei Romane ist die potenzielle Unsterblichkeit des Menschen. Die Seele oder die Persönlichkeit, das Wesen, das Bewusstsein oder welch mehr oder weniger metaphysischen Begriff man auch immer wählen möchte, lässt sich demzufolge digitalisieren und als Datenpaket, als »Stack« behandeln. Stirbt der Körper, kann der Stack – eine kleine Kapsel, stoß- und wasserfest, direkt unter dem Kopf in die Wirbelsäule implantiert – entnommen und in einen neuen Körper, hier »Sleeve«, also Hülse genannt, »dekantiert« werden. Ad infinitum – der Mensch an sich, reduziert auf das Datenpaket, ist unsterblich. Man kann sich, sofern man sich das in Morgans Welt leisten kann, einen jeweils neuen Körper mit bevorzugten Eigenschaften klonen lassen; man kann, wenn man nicht das nötige Kleingeld hat, sich billige synthetische Sleeves kaufen (sieht aber scheiße aus) oder als reines Bewusstsein im Datenpack vor sich hin wesen. Dumm nur, wenn übel gesonnene Zeitgenossen einem in völlig falsche Sleeves packen, in Tiere z. B. Oder eine Kopie machen und die in einen anderen Körper füllen. Ganz reiche Menschen machen zur Sicherheit natürlich regelmäßig Back-ups. Falls dann der reguläre Stack doch einmal kaputtgeht, ist nur ein bisschen erinnerte Zeit verloren, sonst aber nichts. Im Normalfall aber lebt man, solange der Sleeve hält, dann tauscht man ihn um und lebt weiter. Nur sture Sekten bestehen auf dem Recht des Menschen auf einen finalen Tod. Die haben dann Pech gehabt.

Das ist natürlich zum Schreien komisch, wenn auch leider unfreiwillig. Reiner Platon (»der Körper als Kerker der Seele«), gemischt mit der cartesianischen Gewissheit über die Seele (»eine gewisse sehr kleine Drüse, die inmitten der Hirnsubstanz liegt«, wusste René Descartes schon 1649 in »Les Passions de l'Âme«). Augustinus hätte sich gefreut – endlich ist der »sündige Leib« wieder und wieder abtötbar, Legionen von christlichen Mystikern und Asketen könnten fröhlich zur unendlichen Dauerflagellation antreten – ist ein Sleeve zerhauen, gibt's den nächsten. Diese hoffentlich nicht intentionale Anknüpfung an die regressivsten Momente von Religion, wider jede wissenschaftliche Erkenntnis ist bemerkenswert. Die SF plündert hier – und beileibe nicht nur hier – nicht nur die Reservoirs des Genres (die Idee des speicherbaren Bewusstseins ist natürlich nicht von Morgan erfunden worden, auch da führen die Spuren u. a. zu Dick zurück; sie gehört inzwischen fast zur Standardausrüstung der SF), sondern gleich das Reservoir der Philosophiegeschichte, wenngleich auf einem, nun ja, schlagworthaften Niveau. Die Zukunft ist also auf den überkommensten Relikten der abendländischen Geistesgeschichte errichtet, die man flugs zum »Menschheitstraum« umdeuten kann.

Morgans sehr erfolgreiche Romane sind auch aus anderen Gründen bemerkenswert. Seine Kovacs-Trilogie beschäftigt den intergalaktischen Privatdetektiv weniger mit metaphysischen Fragen als mit sehr irdischen Dingen, auch wenn die in fremden Sternsystemen ablaufen. Im ersten Band geht es um oligarchische Strukturen auf der Erde, um Klassenkampf sozusagen. Die Reichen, die Methusalems, können sich unbegrenzte Lebenszeit kaufen – die Armen nicht. Das gibt Ärger. Kovacs wird gegen seinen Willen engagiert, um einen Fall – die vorläufige »Ermordung« eines Methusalems – aufzuklären. Bald stößt er auf die Spuren des Organisierten Verbrechens, das überall mitmischt. Hier wird Morgan – wie auch in den anderen Romanen – gut hammett'sch. Organisiertes Verbrechen, Politik und große Wirtschaft gehen Hand in Hand, sind strukturell schon lange nicht mehr unterscheidbar. Das ist, evidentermaßen, topisch und eben von Dashiell Hammett seit 1929 dem kriminalliterarischen Diskurs »eingeschrieben«.

In Band zwei und drei begegnen wir dem »Protektorat«, dem politischen Zusammenschluss von Homo sapiens. Man siedelt auf unzähligen fremden Welten, man führt klassische Kolonialkriege gegen lokale Autonomiebestrebungen. Präziser, man übt »informelle Dominanz« aus. Das Protektorat ist vornehmlich an Stabilität im All interessiert und unterstützt die lokalen Oligarchen gegen Revolutionen aller Art. Dazu bedient es sich einer Marines-ähnlichen Elitetruppe, den »Envoys«, die zu besonders kompetenten und gefährlichen Kampfmaschinen konditioniert sind. Ein solcher Envoy war einst Kovacs, bis er in eine intellektuelle und moralische Krise angesichts des Elends der Welt geraten war, das Corps verlassen hat und jetzt eben als Söldner und Kleinunternehmer, vulgo Privatdetektiv, auf eigene Faust sein Geld verdient. Dem Protektorat ist es egal, wenn Stabilität einhergeht mit Terror, den die Oligarchen, die universalen Konzerne und das Organisierte Verbrechen ausüben. Denn die Spezies Homo sapiens ist nicht allein. Vor hunderttausenden von Jahren war der Kosmos nämlich von den Marsianern und anderen Zivilisationen bewohnt, die zwar gerade verschwunden sind (vielleicht aber auch nur einen längeren Ausflug in andere Teile des Universums machen), aber durchaus funktionstüchtige Relikte hinterlassen haben und somit ein Bedrohungspotenzial darstellen, gegen das die Einigkeit der menschlichen Rasse dringend bewahrt werden muss. So blutig dies im Einzelfall auch durchgesetzt werden muss.

Klar: Bei aller Freude am prallen Erzählen mit viel Sex 'n' Violence, das Morgan sehr gut beherrscht – die Trilogie ist eine Parabel auf das Hier & Jetzt. Die Verbrechen, mit denen Kovacs zu tun hat, sind unsere mehr oder minder verdeckten und offenen Verbrechen – informelle Dominanz mit flankierenden, militärischen Maßnahmen im Interesse von Wirtschaft und Organisiertem Verbrechen: schon längst Alltag in Afrika; die Duldung tyrannischer Regime unter dem Vorwand der Stabilität: siehe die US-amerikanische Außenpolitik seit Jahrzehnten; die Legitimierung jeglicher Schweinerei mit einer numinosen Bedrohung: Krieg gegen den Terrorismus. Und so weiter, und so traurig fort. Nichts Neues in der Zukunft.

Dass Morgan gegen unsere schlimmen Zeitläufte anschreiben möchte, sich als politischer Autor versteht, gar dezidiert »liberale« Positionen bezieht, ehrt ihn. Man kann es verstehen. Was man weniger verstehen kann, ist: warum er die Übel der heutigen Zeit in zukünftige Übel eins zu eins transponiert, zumal es keinen Druck von Zensur gibt. John le Carré schreibt seit einigen Jahren im Grunde dieselben Bücher – nur mit klarem Benennen von Ross und Reiter.

Die Zukunftsgadgets nämlich führen bei Morgan zu nichts. Sie können kaum als »V-Effekte« durchgehen. Weder literarisch-ästhetisch noch »erkenntnistheoretisch«. Dass Figuren nicht tot sind, wenn sie tot sind, das verlängert einfach ihre Teilhabe an Spaß, Frohsinn und Massaker über Jahrhunderte hinweg. Es verlängert auch ihr Leid an der Welt, in dem Kovacs in gut melancholischer Private-Eye- und Noir-Tradition des Öfteren wahrlich begeistert versinkt. Der Tinge of noir gibt bei Morgan die Atmosphäre vor, definiert die Stimmungsbilder von fremden Planeten, von menschlicher Defizienz und erfreut mit bizarren Moden und Körperstyling. Die eigene Wirklichkeitskonzeption weist wieder einmal massiv auf die üblichen bewusstseinsbildenden Faktoren zurück.

Kein Wunder, dass bei so viel Pathos Komik nicht stattfinden kann. Ausgerechnet in einem Roman außerhalb der Reihe, »Profit« (2004, im Original: »Market Forces«), zeigt Morgan nämlich, dass er sehr wohl satirisch-polemisch sein kann. »Profit« spielt nur ein paar Jahre in der Zukunft, in einem ziemlich durchthatcherisierten England, in dem Führungskämpfe im Management durch Autorennen bis zum Tode ausgetragen werden – was angesichts der Stress-Mortalität im heutigen Wirtschaftsleben gar nicht so abwegig ist. Und das Geschäftsfeld, Conflict-Investment, ist auch keine unplausible Angelegenheit. Nur »neu« ist es nicht: Investoren finanzieren in Drittwelt- und Schwellenländern gegen einen Anteil vom künftigen Bruttosozialprodukt des Landes die Konfliktpartei, die sie für letztlich durchsetzungsfähig halten – egal, wie scheußlich die im Einzelnen sein mag. Hallo, Afrika! Hallo, Lateinamerika! Aber immerhin ergibt wenigstens die satirische Überzeichnung noch einen ästhetischen Mehrwert, der SF-Faktor ist sozusagen durch die Überzeichnung »gedeckt«.

Die Kraft der Komischen
Avancierte Kriminalliteratur ist meistens komisch. Komisch nicht nur im Sinne von witzig oder lustig oder humorig. Komisch im Sinne eines Weltverständnisses, das jede Art von »ernsthafter«, seriöser Sinnprojektion subversiv unterläuft. Also mit dem Irrwitz und dem Wahnsinn, in dem wir leben, literarisch-ästhetisch

umgeht, ohne ihn mit Teleologien, Ideologien oder präformierten Ordnungsmustern zu domestizieren. Die Mittel dafür sind Karnevalisierung, das Benutzen von grotesken, bizarren, absurden Verfahren in allen ihren Nuancen.

Eine solche Komisierung scheint mir in größeren Teilen der Science-Fiction, da, wo sie kriminalliterarische Elemente benutzt, nicht stattzufinden. Zumindest nicht im Zusammenhang der dystopischen Wende. Dick war hin und wieder sehr komisch, Ballard auch – aber nie dort, wo Kriminalliteratur als Bezugsfeld in Frage kam.

Natürlich gibt es komische Science-Fiction, mit allen oben beschriebenen Eigenschaften. Aber kaum – man korrigiere mich, falls ich etwas nicht kenne – im aktuellen Genre-Crossing mit der Kriminalliteratur. Ausnahmen wie Zuck Vanco oder Gisbert Haefs bestätigen die Regel. Dort haben die Romane das Pathos der klassischen Privatdetektiv-Romane seit Chandler und Ross Macdonald nicht abgelegt. Die Konflikte lasten bleischwer auf den Protagonisten, genauso bleischwer wie die verwüstete Ökologie, die verrotteten Beziehungen unter den Menschen und die kaputten Psychen, die pathologische Gewalt. In der Kriminalliteratur galt (und gilt mancherorts immer noch) dieses Black-in-black als Ausweis eines besonders »illusionslosen«, »schonungslosen«, »tabubrechenden« Realismus. Der Verzicht auf die ästhetische Kraft der Komik, die Vis comica, verhindert aber gerade jede Art von auf literarischem Weg gewonnener Erkenntnis, die die Parameter der »eigenen, meist unreflektierten und naiven Wirklichkeitskonzeption« aufzubrechen vermag. Dieser Verzicht führt zu einem bloß gefühligen Konsens über die Schlechtigkeit der Welt. In der SF wird diese Stasis lediglich in die Zukunft verlängert – noch düsterer, noch schlechter, noch aussichtsloser. Das aber ist, bei allen sympathischen, fortschrittlichen, analytisch klarsichtigen Momenten dennoch eine lähmende Aussicht und führt zu wenig überraschenden Texten.

Desaster as usual.
Und natürlich: Desaster sells.

Also
Mestizaje es grandeza, heißt ein alter mexikanischer Spruch. Die Vermischung, Kreuzung und Hybridisierung von Stilen und Formen ist faszinierend, spannend, fruchtbar. Wenn sie funktioniert – wenn sie es fertig bringt, verblüffende, überraschende, plötzliche, choque-hafte Lichtpunkte zu setzen. Dass so etwas zwischen Kriminalliteratur und Science-Fiction zur Zeit nicht sehr befriedigend funktioniert, ist nicht die Schuld eines Parts. Es könnte ein Indiz für eine Krise beider Genres sein. Die Kriminalliteratur bewegt sich zur Zeit in evasive Beliebigkeit, die SF möchte teilweise auch Kriminalliteratur sein und bezieht doch nur schon aufgegebene Ruinen. Die Nachbarschaft der beiden Genres bleibt prekär. Für Leser kann das auch von Vorteil sein. Denn vermutlich muss man nicht im einen Genre das Gleiche lesen, was man aus dem anderen schon längst kennt.

Die Verweigerung von Eindeutigkeit
Der argentinische Zeichner Alberto Breccia und sein Beitrag zur Ästhetik des 20. Jahrhunderts

»¿Qué es eso?... Humo« (1), mit diesen vier Worten kommt ein Comic-Strip von acht Seiten aus. Er erzählt die Geschichte der Kolonisation Lateinamerikas. »Humo« – »Rauch« (»Dunst«, aber auch »Dünkel«) heißt das knappe Stück, gezeichnet von Alberto Breccias Sohn Enrique im Geist des Vaters, konzipiert von Juan Sasturaín. Natürlich »erzählt« »Humo« nicht im Sinne epischer Breite, sondern verdichtet die Spirale von Gewalt, die Lateinamerika bis heute nicht zur Ruhe kommen lässt, zu wenigen Bildern mit noch weniger Text. Die Besatzung eines britischen Kriegsschiffs metzelt die indianische Bevölkerung nieder, eine britische Tabakplantage wird errichtet, die Indianer werden als Sklaven gehalten. Ein Sklavenaufstand bricht aus, die Briten werden niedergemetzelt. Das nächste Kriegsschiff nähert sich. Ad infinitum – muss man schon nicht mehr hinzufügen.

Die Bildfolge von »Humo« schafft das narrative Gerüst, der karge Text liefert den lakonischen Kommentar, und der ganze Kontext (»Die Geschichte Lateinamerikas«) erlaubt, in »Humo« nicht eine beliebige Abenteuerepisode unter unendlich vielen möglichen anderen zu sehen. Verknappung, Konzentration und die prächtig-bunten Bilder Breccias, die ikonographische Traditionen zitieren, nur andeuten, statt sie ausführen (also alles kontraepische Verfahren), macht den kurzen Strip universell gültig. Die Erzählung einer kleinen Episode impliziert, pointiert gesagt, eine weltgeschichtliche Dimension. Deswegen ist der Strip aber trotzdem nicht symbolisch, allegorisch oder sonst dergleichen, weil die kleine Geschichte auch als kleine Geschichte trägt.
Der Comic oder die »Graphic Novel« (je nach Länge) scheint eine künstlerische Erzählform zu sein, die wegen der Kombinationsmöglichkeiten von Bild und Text andere Potenziale von »Er-

zählen« eröffnet als erzählende Prosa oder Film. Die ästhetischen Qualitäten der Bilder-Kunst von Tardi, de Loustal, Bilal und anderen sind mittlerweile auch in Deutschland gesehen und gewürdigt worden – weniger darüber nachgedacht hat man jedoch, was die Graphic Novel als eigenständiges erzählendes Medium ausrichten kann – im Gefüge der Künste als Gattung mit kommunikativer Breitenwirkung wie auch als Möglichkeit einer nicht nur »intertextuellen«, sondern »intermedialen« Kunst.

Was ich mit diesen etwas abstrakten Kategorisierungen meine, lässt sich an einigen Werken des argentinischen Zeichners und Illustrators Alberto Breccia demonstrieren, dessen Bedeutung für die Kunstentwicklung des ausgehenden 20. Jahrhunderts nicht hoch genug eingeschätzt werden kann.

Die Rezeptionsblockaden, die Breccia erst in den letzten Jahren hierzulande überhaupt haben sichtbar werden lassen, sind hinreichend bekannt: die Arroganz dem Medium Comic gegenüber, das auch wegen der sektiererischen Mentalität seiner Liebhaber lange keine Chance auf intelligente Infrastrukturen in der Öffentlichkeit hatte; die eurozentrische Anmaßung, die Kunstformen aus fernen Ländern nur als exotische Folklore begreifen kann (Duke Ellington als Entertainer, südamerikanische Musik als Modetanz oder »Weltmusik«, südamerikanische Literatur nur, wenn sie über die europäischen und eurozentrierten Metropolen Paris und Madrid nobilitiert ist); die Skepsis gegenüber allem, was seine Ursprünge in populären Formen hat (und genauso kontraproduktiv: die besinnungslose Umarmung von allem, was »Popular Culture« zu sein behauptet, unter Hintansetzung jeglicher Qualitätskriterien) – der Katalog ist allzu bekannt. Und obwohl Alberto Breccia mittlerweile (posthum) ein Name ist, der auch hierzulande hoch gehandelt wird, hat man über seinen Beitrag zur Ästhetik selten nachgedacht.

In »Mort Cinder« (2), der Aneinanderreihung von kurzen Erzählungen über einen Untoten, die Breccia 1962 zusammen mit dem Szenaristen Héctor Oesterheld zu einem frühen Meilenstein der Comic-Kunst gestaltet hat, unternehmen die beiden Verfasser es gleich in der ersten Episode »Ezra Winston, Antiquar«, eine weder graphisch umsetzbare noch mit Text materialisierbare Sensation zu thematisieren: Duft. »Der Duft war immer noch da«, lautet der Text unter einem Bild, das nichts anderes zeigt als Tuscheflecken. Bild, Text und Erzähltes treten bis zur Beziehungslosigkeit auseinander, und wenn es zwei Bilder weiter heißt: »Ich stürzte, eine Fensterscheibe zerbrach...«, zerbricht sichtbar keine Fensterscheibe, aber der Kopf des Erzählers Winston wird unendlich oft reproduziert. Mehr als ein Dutzend Winstons mit unterschiedlichem Mienenspiel blicken den Betrachter an. Das Thema von »Mort Cinder«, die diversen Identitäten des Untoten, wird auf den fiktiven Erzähler projiziert, ohne dass dies explizit so gesagt würde: Der Text erzählt etwas anderes, als das Bild zeigt, und das Bild bedeutet etwas anderes, als es zeigt. Und dennoch fügt es sich in die Chronologie des Erzählten – wie Ezra Winston allmählich auf Mort Cinder stößt – ein.

Noch ein Beispiel aus der zweiten Episode »Bleiaugen«. Mittlerweile haben sich Ezra und Mort Cinder kennen gelernt und sind auf der Flucht vor den »Bleiaugen«. Sie geraten in ein Kellergewölbe, die Verfolger sind ihnen auf der Spur. Das alles ist in der Logik der Erzählung ganz stringent, auch wenn Mort Cinder gerade einem Sarg entstiegen ist, die Bleiaugen Hirnamputierte sind und ein »Mad Scientist« sich an Ezras Gehirn zu schaffen machen will. Doch mit dieser Logik des Phantastischen begnügen sich Breccia und Oesterheld nicht: Drei Totenschädel sind auf einem Bild abgebildet, nebst drei Sprechblasen vor schwarzem Hintergrund. Die Comic-Konvention der Sprechblase nun stiftet Verwirrung. Wer sagt die Worte: »Sie sind dort am Gitter... Sie stehen starr... Es gibt keinen Ausweg?« Die aus der Schwärze des Bildhintergrunds näher kommenden Verfolger? Oder die Totenschädel? Text und Bild dementieren sich gegenseitig, und zwar dergestalt, dass es keine eindeutige Auflösung dieses Dementis gibt. Im nächsten Bild sehen wir einen Schädel, der sowohl einer der drei Totenschädel sein kann als auch eine karikierende Darstellung des Mad Scientist, der spricht: »Lebend! Ich will Mort Cinder lebend!« Der unter das Bild gesetzte Erzähltext kompliziert die Angelegenheit noch: »Das Geschrei ging weiter... So als redeten alle Totenschädel durcheinander... Irgendwo in einem benachbarten Gang.« Die Bilder haben uns nur Totenschädel gezeigt, von denen wir nicht wissen, ob sie tatsächlich reden, aber nie einen benachbarten Gang, wo es womöglich noch andere gibt. Text und Bild dementieren sich nicht nur, sie stiften eine nicht aufzulösende Unschlüssigkeit, die kategorial weiter geht als die »normale« phantastische Unschlüssigkeit (»Kann die Erzählung von Nicht-Existentem wahr sein?«). Eine Unschlüssigkeit, die so spezifisch nur mittels der Bild-Text-Kombination des Comics herstellbar ist, und dennoch eine Unschlüssigkeit, die ihre narrative Funktion, nämlich eine Atmosphäre der allumfassenden Bedrohung zu schaffen und die Protagonisten als ihr ausgeliefert zu zeigen, perfekt erfüllt.

Diese Detailbeispiele sollen genügen, um auf der Ebene des Bild-Text-Verhältnisses die narrativen Optionen von Breccia und Oesterheld anzudeuten, die aus einer einfachen phantastischen Story ein komplexes Gebilde von unauflösbaren Polyvalenzen machen. Ein Verfahren, das auf der Detailebene nur funktioniert, weil »Mort Cinder«, wie alle anderen Werke Breccias auch, seinen Reichtum an Ambiguitäten, Brechungen und Mehrfachcodierungen vor allem der Kunst der Konzeption verdankt. Es ruft vielerlei Kontexte auf: Mort Cinder sieht auf manchen Bildern deutlich aus wie Boris Karloff in »The Mummy« – einem Film des deutschen Kameramannes Karl Freund, der u. a. mit seinen innovativen Arbeiten für Murnau berühmt wurde, wobei Breccia auffällig im Umfeld solcher Stellen ungewöhnliche »Einstellungen« wählt, Achssprünge also; z. B. ist die Perspektive eines Bildes plötzlich die von Mort Cinder aus dem Sarg auf Ezra Winston, bevor Cinder als »Erzählinstanz« überhaupt eingeführt ist, und wieder dementiert der dazugehörige Text das Bild, denn er berichtet deutlich aus Winstons Point-of-view.

Oder: Ezra Winston ist hin und wieder so gezeichnet, wie Breccia später Jorge Luis Borges zeichnen wird. Auch das kein Zufall, denn die ganze Konzeption der labyrinthischen Verschlingungen von Raum, Zeit und Universen ist deutlich borgesk, während »Mort Cinder« gleichzeitig die literarischen Welten von

Poe, Lovecraft, Blackwood, Machen und anderen ebenso gewollt wie deutlich konnotiert, die wiederum von Borges später nebst anderen zur »Bibliothek von Babel« zusammengefasst wurden. Genauso souverän verlassen Breccia und Oesterheld die Milieus von Gothics und Neo-Gothics und lagern in diesen Zusammenhang Typen des Comics ein, die Comic-historisch aus weniger elaborierten Genres stammen: die Kriegsgeschichte etwa (die Episode »Charlies Mutter«), der Gangster-Strip (»Das Zuchthaus von Blue Dove«) oder der historische Abenteuer-Comic (»Die Schlacht bei den Thermopylen«) – sie lassen diese Formen als solche unbeschädigt stehen. Was auch heißt: sie disqualifizieren und denunzieren sie nicht, aber sie fügen sie in das Gesamtkonzept von Phantasmagorie und Traum, von Realismus und Phantastik, von Bedrohung, Labyrinth und vor allem von Uneindeutigkeit ein. Die Geschichte des Comics und seiner schlichten Formen geht in der Konzeption eines neuen Erzählens produktiv auf. Außerdem entwickelt Breccia in »Mort Cinder« Darstellungsformen, die sich von seinem Spätwerk her als politisch gemeint lesen lassen. Die drei Bleiaugen, die anonymen Verfolger aus Mort Cinder, sind 1962 schon so gruppiert und ikonographisch festgelegt, wie sie ab 1986 in »Perramus« (3) als Schergen der Maricales, 1993 als die Blinden in »Informe sobre Ciegos« (4) und im selben Jahr als spöttisches Selbstzitat in Gestalt von Wölfen in »Dracula« (5) auftreten. Denn dass Alberto Breccias Themen immer etwas mit der merkwürdigen Dialektik aus Utopie und Bedrohung zu tun haben, ist für einen argentinischen Künstler (auch wenn Breccia in Montevideo, Uruguay, geboren worden ist, war er doch zeitlebens ein Porteño) kein Zufall. Auch dass er immer wieder eine bestimmte Art von Literatur illustriert (Poe, Lovecraft, Ray, Stevenson, Eco etc.), verarbeitet, zitiert hat, hat mit der spezifischen argentinischen kulturellen Situation zu tun.
Wenn der mexikanische Kulturhistoriker Ilán Stavans die gesamte lateinamerikanische Literatur als Kultur des »Rewriting« europäischer Muster beschreibt, als die Kunst, »in der Nicht-Originalität originell« (6) zu sein, wenn Carlos Fuentes speziell Argentinien bezichtigt, »die eigene Kultur einer unkritischen Iden-

tifizierung mit ›Zivilisation‹ und ›Europa‹ geopfert« (7) zu haben, und wenn Tomas Eloy Martinez gar von Argentinien als »nekrophilem Land« (8) spricht, dann haben die deskriptiven Teile dieser Thesen auch für Alberto Breccia ihre Berechtigung. Denn seine Kunst orientiert sich in der Tat stark an europäischen bzw. angloamerikanischen Mustern. Originär argentinisch ist in seinen Werken auf den ersten Blick gar nichts. Breccia fügt sich also durchaus ein in die »Tragikomödie Lateinamerika«, wie Tulio Halperin Donghi (9) die soziokulturelle Gesamtdisposition des Subkontinents charakterisiert. Aber das ist nur eine mögliche Perspektive, und vielleicht eine folkloristisch-romantizistische. Denn Jorge Luis Borges, der sich prononciert auf die abendländisch-antike Kultur bezieht, hat Authentisch-Innovatives geleistet, so wie Argentiniens weltweiter Kulturexport, der Tango, und wie überhaupt die lateinamerikanische Musik, »the latin tinge«, wie der Musikwissenschaftler John Storm Roberts (10) den Paradigmenwechsel genannt hat, den lateinamerikanische Musikformen nicht nur in der Musik der USA seit den 40er-Jahren ausgelöst haben (der schon gar nicht mehr als solcher wahrgenommen wird) – und alle haben natürlich europäische Wurzeln, die aber derart transformiert worden sind, dass monokausale Zurückleitungen unsinnig wären. Deshalb ist es kein Zufall, dass Alberto Breccias Opus magnum »Perramus« (1986–89) genau diese Paradigmen (Borges, Tango, Música Latina) zum Thema hat, und aus ihnen eines der polyvalentesten, komplexesten und gleichzeitig unterhaltsamsten Kunstwerke hervorzaubert.

»Perramus« erzählt die Geschichte von drei bzw. vier Männern: dem Titelhelden, der sich von der Hure Margarita das Vergessen hat schenken lassen und sich nach einem Markennamen der Herrenoberbekleidungsbranche nennt, dem uruguayischen Metzger und Skeptiker Canelones, genannt El Negro, sowie dem einst bei einem Inseltyrannen fest als solcher angestellten Feind – El Enemigo. Die drei treffen bald auf den Vierten im Bunde: Jorge Luis Borges – und damit beginnt das hochartistische Vexierspiel, das Breccia und Sasturaín nachgerade Schwindel erregend in Szene setzen: Borges gewinnt den Nobelpreis (den er in

Wahrheit nicht erhalten hat) für sein bekanntes Werk »Ficciones«, das in der Tat ein Schlüsselwerk der lateinamerikanischen und der modernen Literatur gleichermaßen ist. Die »Ficciones« jedoch, von denen in »Perramus« die Rede ist, handeln über Perramus, El Enemigo und El Negro.

Borges kennt auch Héctor Oesterheld gut, der mit Breccia nicht nur »Mort Cinder« geschaffen hat, sondern auch den enigmatischen (real existierenden) Strip »El Eternauta«, den der fiktive Borges beiläufig zu zitieren weiß.

Die ersten beiden Bände von »Perramus« entfesseln solchermaßen ein komisch-groteskes und absurdes Pandämonium über Lateinamerika, das in der Erzählung der Abenteuer der vier Freunde folgende Themen und Kontexte behandelt oder konnotiert: Vergangenheit und Zukunft (die Handlung in Buenos Aires, das hier Santa Maria heißt, springt mühelos von einem Bild zum anderen aus dem Jahr 1936 ins Jahr 1986), diverse südamerikanische Mythen und Popularismen (Machismo, Revolutionsromantik, die »Kunst des Volkes«), die Verschiebung von Realität und massenmedialer Ver- und Bearbeitung von Realität, den US-amerikanischen Imperialismus (dessen komische, brutale und selbstzerstörerische Implikationen Breccia und Sasturaín maliziöserweise an der Produktion von Guano abhandeln, alles Scheiße sozusagen), Realpolitik und Ideologie, die Abscheulichkeiten der totalitären Regimes (da mischen die Verfasser virtuos Motive aus Chile, den diversen mittelamerikanischen Tragödien und Argentinien), die Dummheiten einer genauso borniⅇrten Gegenideologie und vieles mehr.

Als Graphic Novel ist »Perramus« dergestalt organisiert, dass die Bilder den Fortschritt der Narration organisieren, der Text von Sasturaín sich nur auf komprimierte Dialoge beschränkt, die mit einzelnen Signalwörtern wie »demasiado« (zu viel) oder »la clave« (Schlüssel) leitmotivisch dafür sorgen, dass immer dort, wo man meint, eine eindeutige Interpretation der Geschehnisse riskieren zu können, jeder »Sinn« sofort wieder hinfällig wird. So kippen allegorische Lesarten sofort in »realistische« um und vice versa. Die Bild-Text-Kombination ruft endlose Assoziationsketten auf, konnotiert die verschiedensten kulturellen Codes und beinhaltet gleichzeitig die Möglichkeit zu deren Dementi, weil ja nie dergleichen gesagt oder behauptet wird. Sieht der Inseltyrann Mr. Whitesnow tatsächlich so aus wie Henry Kissinger? Oder der weise (und feige) Altrevolutionär Tio Galapagos wie Marlon Brando als Colonel Kurtz in »Apocalypse Now«? Und hat das tatsächlich etwas mit dem Bild des Kolonialismus und Imperialismus zu tun, das Joseph Conrads Vorlage transportiert? Was hat es mit Mr. Plastico, dem Minister im Dienste des Inseltyrannen und dem Song »Plastico« von Ruben Bladés auf sich, und warum passt der Markenname »Perramus« so gut zu einem sehr ironischen Song des Salsa-Heroen Willie Chirino (»Los Diseñadores«)?

Was ist von einem Jorge Luis Borges zu halten, den Breccia und Sasturaín eben nicht als Sympathisanten der Rechten darstellen, auch wenn die graphische Darstellung dem zu widersprechen scheint: Wenn der Borges aus »Perramus« über Alberto Breccias Freund Héctor Oesterheld spricht, der während eben der Militärdiktatur spurlos verschwunden ist, die der reale Borges emphatisch begrüßt hatte, dann ist sein Gesicht in Breccias Zeichnung symmetrisch in Schwarz und Weiß gespalten – auf die rechte Seite fällt Licht, die linke bleibt im Dunkeln (11).

Im dritten Band von »Perramus« schließlich machen Breccia und Sasturaín den Aberwitz vollkommen. 1985 sind die Mariscales, die Generäle, von der Macht verschwunden (12), aber Argentinien ist ein melancholisches Land geworden, denn das Lächeln von Carlos Gardel ist verschwunden, und Borges, Perramus, El Negro und El Enemigo sollen es wiederbeschaffen, im Auftrag von Gabriel García Márquez, dem kolumbianischen Echtnobelpreisträger, der mit den Mythen des Subkontinents einem neuen Bestseller zu Rekordverkaufszahlen verhelfen will. Diese Konstellation ist von groteskem Witz, weil Breccia und Sasturaín gleich drei, im Grunde antagonistische Ikonen der südamerikanischen Kultur miteinander in Bezug bringen: Borges, García Márquez und Carlos Gardel. Warum Borges und García Márquez völlig unvereinbare Größen sind, muss nicht erklärt werden.

Carlos Gardel jedoch ist nicht nur der personifizierte Tango, sondern der »kollektive Traum« Argentiniens, ein Volksmythos, dessen Ausmaß und Bedeutung aus der Distanz kaum vorstellbar sind. Gardel ist ein nationales Idol und viel mehr: El Zorsal, die Amsel, El Busto que sonrié, die Büste, die lächelt, nach seinem Tod einfach El Mudo, der Stumme. Gardel hat Umgangssprache geprägt: »¡Anda a cantarle a Gardel!« heißt so viel wie »Das kannst du deiner Großmutter erzählen.« Kurz, Gardel steht in universaler Absicht für Tango und für mehr als Tango (13). Der Tango ist hier von solchem Interesse, weil er immer noch für Argentiniens bedeutendsten Kulturexport steht – ein populärer Musizierstil von Weltrang, der sich aus der Musik der Bordelle und Kaschemmen entwickelt hat, mutiert ist, zwischen Melancholie und Obszönität schwankt, sublimiert wurde, einerseits zum Modetanz geworden ist, andererseits mit dem Nuevo Tango zu ganz neuer, aktueller Relevanz gefunden hat. Ähnlich wie der Blues und afrokaribische und afrokubanische Volksmusik ist der »Tango« als Weiterentwicklung »einfacher Formen« zu kultureller Souveränität und Autorität gediehen. Es würde nicht verwundern, wenn Breccia und Sasturaín im Comic ein entsprechendes Potenzial vermuteten, was der Dimension von »Perramus« noch ein weiteres Bedeutungsfeld hinzufügen würde (14). Das Grab von Gardel, der 1935 bei einem Flugzeugunglück in Medellín (of all places) ums Leben gekommen ist, ist geschändet worden, dem Schädel Gardels fehlen die Zähne, und ausgerechnet Gabo (Márquez) bittet seinen zur realen Zeit von »Perramus« (1985) schon todkranken ästhetischen und politischen Antipoden Borges, diese Zähne wiederzubeschaffen – denn das Lächeln Gardels war dessen Markenzeichen, auf unzähligen Fotos und Plakaten fest dem kollektiven Gedächtnis Argentiniens eingeprägt, und es wurde bekanntlich von Perón ikonographisch zur eigenen Selbstdarstellung genutzt. Der »Linke« Márquez will also auch das Lächeln der Diktatur wieder rekonstruieren, der »Rechte« Borges lässt sich dafür mit viel Geld bezahlen – die böse-ironischen Dimensionen sind unauslotbar. Ausgerechnet der Borges zudem, der Gardel und den Tango nicht mochte und spöttisch am Tango eine ganze Kritik des argentinischen Nationalcharakters festgemacht hatte: »Vielleicht ist die Sendung des Tango folgende: den Agentiniern die Gewissheit zu geben, dass sie tapfer gewesen sind, dass sie die Forderungen des Muts und der Ehre schon erfüllt haben.« (15) Solche Prüfungen des Muts und der Ehre müssen jetzt Perramus und seine Gefährten ablegen – vom Absurdesten. In Las Vegas zum Beispiel, wo sie von Frank Sinatra zu einem Wettstreit der genitalen Art herausgefordert werden, ein traurig-komisches Kapitel des Spiels »Wer hat den Längsten?«.

Ein letztes Beispiel für die Komplexionsaufladung, die Breccia und Sasturaín für die Graphic Novel möglich gemacht haben: Frankie-Boy wird vor einem riesigen Konterfei von Richard Nixon abgebildet, dem Mann also, der an der unglücklichen Lateinamerikapolitik der USA einen nicht geringen Anteil hatte. Sinatra wirkt souverän und originell, auch wenn er den Wettkampf erstens mit unfairen Mitteln führt und zweitens schmählich unterliegt: Perramus zitiert beim Hinausgehen eine Geschichte von Roberto Fontanarrosa, »No sé si he sido claro«, die das »Wer hat den Längsten«-Spiel schon längst mit genau derselben Pointe wie beim cleveren Mafioso Sinatra durchexerziert hatte.

Die absurde Hatz auf die Zähne eines fragwürdigen Idols, in deren Verlauf Breccia und Sasturaín in bewährter Durchmischung der Zeitebenen Phänomene wie den Falkland/Las Malvinas-Krieg, die französische Neue Rechte, den großen Nachfolger von Gardel, Osvaldo Pugliese, und die Sängerin Maria Kodama integrieren, die antagonistischen Prinzipien und Poetiken Borges' und García Márquez' (den Breccia illustriert hat) einander mit maliziösen Bemerkungen traktieren lassen, dies alles macht »Perramus« zu einem Beispiel für Konzept-Kunst in einem sehr eigenen Sinn.

Am 9. November 1993 ist Alberto Breccia in Buenos Aires gestorben. Er hat zwei Bände hinterlassen, die die konzeptuellen Möglichkeiten des Comics noch einmal nachdrücklich vorführen: »Informe sobre Ciegos«, die Verarbeitung eines Fragments von Ernesto Sábato, die versucht, unsichtbare Obsessionen (des Protagonisten Fernando Olmos Vidal) in virtuosen, beklemmenden grau-schwarzen Bildern sichtbar zu machen, und der ironisch

Pop-bunte »Dracula«, der höhnisch und hilflos die Militärjunta attackiert (16). Am Ende sinkt Dracula, nachdem er E. A. Poe ausgesaugt hat, besoffen zu Boden. »Dracula« kommt ohne Worte aus, nur die Episoden-Titel unterstreichen noch einmal die allumfassende Subversion von Breccias Witz. »Die letzte Nacht im Karneval« weist auf eine Welt hin, die das Unterste nach oben und das Oberste nach unten kehrt. Diese Verweigerung von Eindeutigkeit, die andauernde Verunsicherung dort, wo eine Position zu erwarten wäre, das freie Spiel der Kunst, das sich von Funktionalisierungen frei hält, die Komik, die alle festen Werte, Konventionen, Überzeugungen produktiv zersetzt, und die Möglichkeiten des Comics, dies alles nicht als abstrakt-intellektuelle Ideenkunst betreiben zu müssen, sondern in der Sinnlichkeit des Erzählens aufgehen zu lassen, machen das Konzept von Breccia so ungeheuer innovativ. Es klinkt sich wegen dieser Innovation zugleich aus allen parametergestützten Diskussionen um Kunst oder Nicht-Kunst, Trivial-Kunst, Hochkunst und ähnlicher Korsettierungen mehr aus. Die Randlage Argentiniens bzw. Lateinamerikas und deren historische Verflechtung mit der europäischen Hochkunst und -literatur schafft Freiräume, die über eine postmoderne Zitatkunst hinausgehen. Das Verfügen über die gesicherten, kanonischen Werte des Abendlandes ist nur ein Spielstein unter anderen und ermöglicht so eine neue Souveränität. Nicht nur die großen demographischen Umwälzungen der Welt kommen von den »Rändern«, sondern die allmähliche Korrosion der Kunstkonventionen hat sich dort schon längst in neue Kreativität verwandelt.

(1) Enrique Breccia / Juan Sasturaín: »Humo«. In: Imagenes de la Historia: Norte y Sur. Vitoria-Gasteiz, 1989: Ikusager Ediciones. S. 71–80. Das Project Norte y Sur hat eine deutlich multimediale Komponente: Zu allen »Bild-Text«-Geschichten wird Musik angegeben. Im Falle Humo ist es: »Huellas del Mar del Sur« von Sixto Ramos.
(2) Alberto Breccia / Héctor Oesterheld: Mort Cinder. Aus dem Italienischen von Harald Sachse. 2 Bände, Hamburg, 1991 und 1992: Carlsen.
(3) Alberto Breccia / Juan Sasturaín: »Perramus«. Aus dem Spanischen von Harald Sachse. 3 Bände, Hamburg, 1993 und 1994: Carlsen Imago.

(4) Ernesto Sábato / Alberto Breccia: »Informe sobre Ciegos«. Mit einem Vorwort von Carlos Sampayo. Barcelona, 1993: Ediciones B.
(5) Alberto Breccia: »Dracula«. Mit einem Vorwort von Carlos Sampayo und einem anonymen Nachwort. Aus dem Französischen von Harald Sachse. Hamburg, 1994: Carlsen Lux, Bd. 36.
(6) Ilán Stavans: Wer hat Angst vor dem lateinamerikanischen Detektiv? In: Underground 4, hrsg. von Manfred Drews und Thomas Wörtche. Berlin, 1991: Reiher Verlag. S. 51-62.
(7) Carlos Fuentes: Der vergrabene Spiegel. Die Geschichte der hispanischen Welt. Hamburg, 1992: Hoffmann und Campe.
(8) Zit. nach Fuentes, S. 348.
(9) Tulio Halperin Donghi: Geschichte Lateinamerikas von der Unabhängigkeit bis zur Gegenwart. Frankfurt am Main, 1991: Suhrkamp.
(10) John Storm Roberts: The Latin Tinge. Oxford, 1979: Oxford University Press.
(11) Eine einlässlichere Analyse der Kontexte von »Perramus« siehe Thomas Wörtche: Schuh oder Stiefel. In: FREITAG vom 27. August 1993, S. 11.
(12) Besoffen grölen die Generäle und Obristen ihr »¡Volveremos!« - »Wir werden zurückkommen!« -, aber wenn man ihnen etwas in den Drink schüttet, bekommen sie Durchfall. Vgl. die Episode »Kleine Gefälligkeiten« in Perramus III.
(13) Zu Carlos Gardel sei wärmstens empfohlen: Jorge Aravena: El Tango. Die Geschichte von Carlos Gardel. Berlin, 1989: Transit. Zum Tango allgemein: Dieter Reichardt (Hrsg.): Tango. Verweigerung und Trauer. Kontexte und Texte. Frankfurt am Main, 1984: Suhrkamp Taschenbuch 1087. Gabriela Hanna: Así bailaban el tango. Berlin, 1993: Metro Verlag.
(14) Der Zusammenhang von Musik und Comic, von Jazz, Tango und Graphic Novel ist auch das Konzept von José Muñoz und Carlos Sampayo: Billie Holiday, Joe's Bar und Alack Sinner (alle in der Edition Moderne erschienen) sind kapitale Beispiele. Man darf also durchaus parallele Intentionen beim avancierten argentinischen Comic vermuten.
(15) Jorge Luis Borges: Der Krakeeler-Tango. In: Evaristo Carriego, S. 105-107 (= Jorge Luis Borges, Werke in 20 Bänden, hrsg. von Gisbert Haefs und Fritz Arnold, Bd. 2. München und Frankfurt am Main, 1991: Hanser und Fischer Taschenbuch Verlag).
(16) Die Episode »Ich bin nicht länger eine Legende« zeigt einen angesichts des realexistierenden Grauens eines folternden und mordenden Totalitarismus erschütterten Dracula: Er geht ins Kloster und trägt ein Kreuz vor sich her, wozu der gekreuzigte Jesus die Augen nach oben rollt.

Der Text entstand 1996 für eine Anthologie über Comics und Graphic Novels, die nicht erschienen ist. Nachbemerkung 2008: Unter dem Titel »Che« ist beim Carlsen Verlag die Gemeinschaftsarbeit »La vida de Che« von Alberto und Enrique Breccia und Héctor Oesterheld erschienen, 40 Jahre nach der Originalveröffentlichung in Lateinamerika.

(Musik: John Zorn: Peur sur la ville. // über den Titel laufen lassen)

Gewalt im Reich der Töne
Ein unbequemes Radiofeuilleton mit Musik

(Musik: weiter Zorn: Peur...)
ERSTENS: So sieht's doch aus ...

Die Musikgeschichte ist ein einziges Schlachtfeld. Das darf eigentlich niemanden wundern. Musik ist Kultur, und Kultur repräsentiert individuelle und kollektive Erfahrungen. Zu den mächtigen und kontinuierlichen Erfahrungen der Menschheit gehört Gewalt. Egal, in welchem Aggregatzustand, egal, in welchem Definitionsrahmen. Gewalt ist nicht »das Böse«, Gewalt ist nicht identisch mit »Macht«. Gewalt ist eine allgegenwärtige Konstante in den Beziehungen von Menschen untereinander. »Der Habitus der Gewalt kennt vielerlei Formen«, schreibt der Soziologe Wolfgang Sofsky.

(Musik: Ludwig van Beethoven: 9. Symphonie, Ode ...)
Warum sollte also ausgerechnet die Musik frei davon sein? Die Kulturpraxis Musik ist nicht ohne die Kulturpraxis Gewalt denkbar. Sogar dann nicht, wenn Musik für ein friedliches Miteinander der Menschen erklingt. Die »Ode an die Freude« ist ein Plädoyer für ein Konzept von Fraternité und somit ganz bewusst gegen ein andere Realität von Brüderlichkeit gesetzt: die von Kain & Abel. Man muss nicht etwas gegen etwas setzen, wenn es dafür nicht einen Grund oder ein Bedürfnis gibt. Beethoven hatte dieses Bedürfnis, verständlicherweise, betrachtet man seine Zeit. So ist Gewalt eine Matrix von Musik, noch in ihrem hymnischsten Ausdruck.

(Musik: John Zorn: Peur sur ... // von Anfang an)
Aber es geht auch direkter.
Mit zackigen Märschen oder frommen Gesängen geht's ab in die Schlacht. In Opern spritzt das Blut eimerweise, der Gangsta-Rap hetzt zu bewaffnetem Kampf und Vergewaltigung. Zu Wagner-Klängen stürzte das Dritte Reich in den Abgrund, Blues und Tango erzählen von Messerstechereien und Mord, Flamenco ist nicht nur Balz-, sondern auch Todesritual, Stiere werden zu den Klängen von Pasos Dobles geschlachtet. Düstere Geister wie Lou Reed & Marianne Faithfull besingen Selbstmord und Drogentod. Zu gruseligsten Gemetzeln auf der Leinwand werden liebevoll dito Musiken komponiert, und Oratorien feiern rauschend eine Hinrichtung am Kreuz, während Bänkelsänger von Schauertaten next door berichten. Rassenkämpfe werden musikalisch ausgetragen, zum Klassenkampf wird mit Musik aufgerufen. Jimi Hendrix erklärte einer ganzen Gesellschaft den Krieg, und leise Barden von Randy Newman bis Georg Kreisler tröpfeln still lächelnd ihr tödliches Gift. Live Music sorgt für echte Schlägereien seit Piccinis und Glucks Zeiten, tobende Zuhörermengen machen Kleinholz aus Sitzmöbeln, und in Altamont wurden Menschen umgebracht. Scheiterhaufen brannten zu schönen Gesängen frommer Brüder, und zarte Romantiker komponierten blutrünstige Kriegslieder wider den welschen Erbfeind. Nicht nur Coco Schumann musste vor den Öfen von Auschwitz heitere Weisen spielen.

(Musik: Zorn: Peur ... // von Anfang)
Dann sind da die Produktionsbedingungen von Musik. Nicht von aller, aber von vieler. Biographien von Musikern sind oft ein Almanach von Gewalt & Verbrechen & Tod. Viele wurden ermordet, manche waren Mörder. Musik konnte sich entwickeln, weil sie von Gangstersyndikaten gesponsert wurde. Und das Big Business geht, ohne mit der Achsel zu zucken, über Leichen.

(Musik: Zorn: Peur ... // von Anfang)
Und Musik, die mit all dem auf den ersten Blick gar nichts zu tun

hat, greift unsere Ohren an. Bewusst und volle Kanne, ob Tekkno oder Zwölftöner. Meine Hörgewohnheiten gehören zwar mir, aber auch das trainierte Ohr fühlt sich angegriffen. Weil der Komponist das will. Oder der »Markt«. Deswegen ist die Musik ja nicht böse, aber aggressiv ist sie schon. Und aggressiv kann sie machen. Denn Musik zielt erst einmal direkt aufs Soma. Das funktioniert nicht bei allen Menschen gleich, aber es wirkt bei allen.
(Musik: Schönberg: Streichquartett No. 2, Op. 10, 4. Satz // laufen lassen)

ZWEITENS: Hören wir genauer hin ...

Gewalt steckt in jeder Musik, ob »low« oder »high«, im Volkstümlichen genauso wie im Hoch-Elaborierten. Kaum eine musikalische Gattung ist a priori frei davon. Musik mag eine Universal Language sein, aber dann auch eine blutige. Es ist schon richtig: sie vereint Völker, aber notfalls auch im Blutrausch. »Mitnichten ist Kultur pazifistisch«, lesen wir bei Wolfgang Sofsky. Musik gilt als begrifflos. Trotzdem wirkt sie. Denn sie zielt direkt auch auf die Emotion. Distanz ist schwierig. Deswegen wirkt auch ihre Gewalttätigkeit direkt, Rechts-Rock und Oi-Musik machen sich diesen Umstand ohne Umschweife zunutze. Die destruktiven Energien von »Ton, Steine, Scherben« hatten lediglich ein anderes politisches Programm. Wo die Jungs auftraten, wurde hinterher ein Haus besetzt. Zum Mord aufrufen wollten sie nicht, obwohl die Mittel bereitstanden. Und die heißen: Musik. Aber es gilt auch: Musik, die gar nicht aggressiv sein soll, kann aggressiv sein und machen. Wir hören sie täglich: in Flugzeugen, in Telefonwarteschleifen, in Supermärkten und Kaufhäusern. Sie öffnet die Schleusen für Terror – für Konsumterror, zum Beispiel.
Wie gesagt: Musik ist begrifflos. Man kann ihr nichts nachweisen. Oder? Gewalt in gewissem Sinn auch. Gewalt hat schmerzhaft konkrete Folgen. Musik nur, wenn die Schmerz- und Dezi-

belgrenze überschritten wird. Letztere lässt sich messen, erstere kaum.

(Musik: Schönberg, lauter werden lassen)
Denn Musik ist auch gewaltsam gegen Musik. Neue und alte Musik stehen in einem Verdrängungskampf. Erst ab Schönbergs expressionistischer Phase hört sich das auch gewaltsam an. Es ist der Sprung von der Tonalität in die Atonalität, der aber ist nur logisch. Rein musikalisch gesehen.

DRITTENS: Musik ist schließlich auch nur eine Kunst ...
(Musik: Zorn: Peur ... // von Anfang an)

Literatur und Film haben als permanenten, gegenläufigen »subterranean stream of consciousness« den Noir, Malerei hat die Bildwelten von Höllen-Breughel über Goya zu Francis Bacon. Nur Musik soll mit den allzu düsteren Seiten von Homo sapiens weniger zu tun haben? Im Gegenteil – ihre künstliche, aber wirkmächtige Sortierung in »hoch« und »nieder« hat vermutlich genauso mit »Gewalt« zu tun.

»Die Gewalt ist nur die Konsequenz einer Kultur, die auf Transzendenz angelegt ist«, sagt Wolfgang Sofsky. Das Transzendente gilt im letztlich unbegründbaren Wertekanon als das »Hohe«. Wo keine Transzendenz zu erwarten ist, bricht das Rohe durch – und das gilt als »niedrig«.

»Hohe Musik« sublimiert Gewalt und ihre Ableitungen: Trauer, Schmerz, Pein, Qual und Angst. Sie sei »autonom«, heißt es, und sie erklingt als Oper oder Symphonie oder als Lied. Gewalt ist dort, wie Gewalt nicht ist: tragisch, mythisch, edel, schön. Aber: »Die ewigen Werte entwerten das Endliche«, sagt Wolfgang Sofsky.

»Niedere Musik« thematisiert Gewalt ohne Sublimation. Sie erzählt von ihr oder ruft zu ihr auf oder leidet ganz elementar. Sie heißt Blues oder Tango oder Salsa oder Rap oder Folk. Sie ist historisch die Musik der »Opfer der imperialen Kultur«; das Endliche zu entwerten, können die sich nicht leisten.

VIERTENS: Aber Musik ist doch schön ...
(Musik: Claudio Monteverdi: Lamento D'Ariana // bald wieder ausblenden)

»Musik ist immer schön als Spiel der Empfindungen«, sagt der Musikphilosoph Hans Heinrich Eggebrecht. Sie ist zwar manchmal »aus dem Hässlichen geboren«, artikuliert aber immer »die Sehnsucht nach dem Anderen, das anders ist als das Widrige, Banale und Verlogene der Wirklichkeit.«
Aber das ungute Gefühl, dass dies nicht so ist, lässt sich nur schlecht verbergen. Selbst hinter ganzen philosophischen Systemen nicht. So heißt es im III. Kapitel von Hegels »Ästhetik« über »alte Kirchenmusik«: »Der Hörer soll den Schmerz der Kreuzigung, die Grablegung nicht anschauen, sich nicht nur eine allgemeine Vorstellung davon machen, sondern in seinem innersten Selbst soll er das Innerste dieses Todes und dieser göttlichen Schmerzen durchleben.«
Keine Frage also, dass Hegel Musik die Potenz zuspricht, Schmerz fühlbar zu machen. Gleichzeitig ist er überzeugt, dass Musik »kein bloßer Naturschrei der Empfindung, sondern der ausgebildete Kunstausdruck derselben« ist. Und: dass Musik auch eine »musikalische Fortbewegung ist, die mit sich selbst spielt«.

(Musik: Monteverdi, Lamento // von Anfang an)
Man bekommt sie nicht getrennt, die Musik und die Gewalt. Ob man es überhaupt können soll und darf oder ob da nicht irgendetwas Prekäres, etwas zutiefst Unbehagliches angesprochen werden müsste – da scheiden sich die Geister. Denn ausgerechnet an der Stelle, an der Hegel einen entscheidenden Millimeter weiter gehen und die Frage aufwerfen müsste, ob eine Kunst, die Hinrichtungsqual transportieren kann, nicht auch selbst ein terroristisches Potenzial haben müsse, kippt seine treffliche Analyse um in normative Postulate. »Der Schmerz wird immer gelöst«, diktiert er und kartet schlicht behauptend nach: »Der Schmerz bleibt schön in einer tiefen Seele.« Das Ergebnis der Gewalt, der Tod, wird in seiner finalen Form geleugnet – nur im Auferste-

hungsgedanken darf er musikalisch schmerzhaft sein. Deswegen spricht Hegel fürderhin lieber davon, wie Musik sein »soll«. Ob das ein bewusstes Ausweichmanöver ist oder nicht, steht hier nicht zur Debatte. Es ist zumindest bemerkenswert. Weil es zu der Frage führt, welche Verdrängungsleistungen eine bestimmte Ästhetik erbringen muss, um a) sich und ihre Gegenstände zu dem Kanon zu fügen, mit dem wir es nun einmal auch heute noch zu tun haben, und um b) die Welt der Künste und der Reflexion über Künste aus dem gesamtgesellschaftlichen Zusammenhang herausnehmen und ihnen Autonomie zuschreiben zu können. Und weiter noch: um sie c) in einen Zusammenhang zu überführen, in dem *in aestheticis* nur noch die »Fortbewegung, die mit sich selbst spielt« wichtig sein wird und damit alle unschönen Implikationen von Kunst in einem künstlichen Binnenraum domestiziert bleiben. So gedachte Kunst schließt die Fenster zur Außenwelt und wird zur Monade.

Wichtig ist jedoch, dass damit eine Hierarchie geschaffen wird – auch eine Hierarchie der Rezipienten übrigens, denn Hegel führt ausgerechnet in diesem Zusammenhang die Unterscheidung zwischen »Laie« und »Kenner« ein, wobei nur Letzterem die Urteilshoheit über das gelungene oder misslungene Umsetzen des normativen Programms zufällt.

FÜNFTENS: Wer ist der Schurke?
(Musik: Zorn: Peur ... // von Anfang an)

Weil Musik begrifflos operiert, fällt es zunächst schwer, sie mit Gründen in gute und schlechte, wertvolle und wertlose Musik zu scheiden. Bei Gemälden oder Literatur lassen sich die »Inhalte« leichter angreifen – und auch die Machart. Bei Musik ist das schwieriger. Aber anscheinend notwendig.

Ausgerechnet Hegels ästhetiktheoretischer Vorläufer, der ganz und gar nicht musensinnige Kant, hat mit dem bösen Blick des kalten Vernunftmenschen eine Eigenschaft von Musik erkannt, die ihre potenzielle »Gewalttätigkeit« ausmacht: Ein Buch kann man zuklappen, ein Gemälde an die Wand drehen. Musik kann man, wenn sie stattfindet, unter Umständen schwer fliehen. Denn, so Kant im § 53 der »Kritik der Urteilskraft«: Es hängt der Musik an, »dass sie, vornehmlich nach Beschaffenheit ihrer Instrumente, ihren Einfluss weiter, als man ihn verlangt, (auf die Nachbarschaft) ausbreitet, und so sich gleichermaßen aufdringt, mithin der Freiheit andrer, außer der musikalischen Gesellschaft, Abbruch tut. Der, welcher sein parfümiertes Schnupftuch aus der Tasche zieht, traktiert alle um und neben sich wider ihren Willen und nötigt sie, wenn sie atmen wollen, zugleich zu genießen.« Das ist nicht so verschroben, wie es sich anhört – und wer je in einem Kaufhaus mit Muzak gequält wurde, weiß auch heute noch, von was Kant schon damals redete.

(Musik: La Marseillaise // langsam hochziehen...)
Hegel jedoch verwandelt diese Erkenntnis flugs in ein Denkverbot, denn: »Wir dürfen deshalb keine abgeschmackte Meinung von der Allgewalt der Musik als solcher« haben, spricht er – und muss immerhin ein paar Zeilen weiter dann doch zugestehen, dass »die Gewalt der Marseillaise, des Ça ira usf.« nicht zu leugnen ist. Dass das so ist, bekommt er nicht wegdiskutiert, belässt es aber dabei.

(Musik: La Marseillaise // runterfahren und aus)
Wir nicht, weil gerade die Marseillaise und das Ça ira ganz ohrenfällig mit ihren geschichtlichen Kontexten zu tun haben. Das aber gilt für alle Musik. Gerade dort, wo diese Kontexte geleugnet werden sollen.
Denn soll Musik etwa der Locus amoenus sein, den es sonst nirgends gibt außer im Kitsch? Eine solche Forderung kann nur da auftauchen, wo Kitsch, Sentiment und Terror zusammenstoßen. Von wem stammt wohl die Verfügung, dass »Musik als Kunst eine Gemeinschaft voraussetzt«? Von des Führers Leibdirigent Wilhelm Furtwängler, allerdings aus dem Jahr 1954. Da handelt es sich plötzlich um »eine Liebesgemeinschaft, die auf Gegenseitigkeit beruht«, wo es vor 1945 noch die Volksgemeinschaft gewe-

sen war. Solche Herzigkeit per Tagesbefehl nach dem Massenmord, den Furtwängler so liebevoll & sammetweich orchestriert hatte, macht misstrauisch. Musik als Telos *in aestheticis*, wo nur noch Liebe obwaltet – so ist es ganz offensichtlich nicht.

SECHSTENS: Spielwiesen und No-go-Areas ...
(Musik: Der Hohenfriedberger Marsch)

Wenn von Musik & Gewalt dann hin und wieder doch die Rede ist, sind die »Felder« vorgegeben, auf denen man darüber sprechen darf und soll. Nämlich ideologiekritisch.
Gerne darf man fragen: Kann es Rock von rechts geben? Rufen die Gangsta-Rapper zum Bürgerkrieg auf? Hat Wagner Schuld an den Nazis? Ist Musik zu Kriminalfilmen schlechte Musik? Ist Jazz kriminell?
Fast nie jedoch: Kann Musik das einzige Medium sein, in dem bestimmte Gruppen von Menschen ihre Erfahrung mit Gewalt artikulieren können? Oder: Werden Opern-Gemetzel schöner, weil sie in erhabene Töne gekleidet sind? Oder: Warum delektieren sich feinsinnige Bürger an Musik, mit der man Menschen in Schlachten gejagt hat?

(Musik: Hohenfriedberger // kurz ganz laut hochziehen, dann wieder runter)
Oder: Darf man gleich von »gewalttätiger Musik« sprechen, wenn sie von Gewalt bloß erzählt? Oder: Gibt es musikalische Strukturen, die per se und ohne Worte gewalttätig sind? Oder: Kann Musik etwas dafür, dass man mit ihr zur Gewalt aufruft oder Gewalt ausübt?
Wir reden hier von Affekten – und über Affekte lässt sich schlecht reden. Man bleibt notgedrungen im Metaphorischen – oder man muss nachweisen, dass bestimmte Dezibel, bestimmte Frequenzen dem menschlichen Gehör handfeste Verletzungen zufügen. Wenn man akustisch töten kann, dann haben das Menschen auch getan.

SIEBTENS: Wie hört sich musikalische Gewalt an?
(Musik: Astor Piazzolla: Camorra 3; letzte 5 Minuten // laufen lassen)

Ich kann niemanden zwingen, diese Glissandi von Astor Piazzolla als – fast unerträgliche – Gewalt wahrzunehmen; niemandem beweisen, dass die »jauchzende Gewaltverherrlichung«, die Joachim Köhler in Wagners »Siegfried« hört, als Teil eines »antisemitischen Galimathias« zu verstehen ist. Nur Dissonanzen scheinen unseren Ohren unumstritten Gewalt anzutun. Und die sind nun ausgerechnet gerade nicht a priori gewalttätig, weil sie historisch & kulturell »relativ« sind.

(Musik: Piazzolla // wieder hochziehen)
Ich sauge mir das ja nicht aus den Fingern. Ich zitiere einen unverdächtigen Zeugen: Thomas Mann & den Diskurs über Musik in der deutschen Hochkultur schlechthin, den »Doktor Faustus«: »Kreatürliche Furcht vor dem Werk« empfindet da zum Beispiel Dr. Serenus Zeitblom, als er Stücke der »Apocalipsis« des Tonsetzers Adrian Leverkühn hört – und an diese Empfindung schließt sich keineswegs zufällig eine mehrseitige Passage Gedankenprosa zum Komplex Gewalt & Kultur an. Und flugs läuft die Diskussion auf die beiden gar nicht so antagonistischen Begriffsbrüder »Ästhetizismus« und »Barbarei« hinaus.
Alle Kunst ist missbrauchbar, könnte man einwenden, also auch die Musik. Aber was wäre dann der richtige Gebrauch von Kunst?
Am Anfang ist Musik vermutlich »kultisch« gewesen, auf jeden Fall nicht »autonom«. Das sollte sie erst viel später werden – als Programm. Ob sie es je war & ist, ist eine andere Frage. Thomas Mann sorgt sich in diesem Zusammenhang über »die Gefahren«, die die »Erneuerung kultischer Musik aus profaner Zeit« haben könnte. An solchen Stellen übrigens scheint – je feinsinniger der Denker, desto krasser – immer ein ganz bestimmtes extrem »gewalttätiges« Muster durch: der Rassismus. Auch für Thomas Mann besteht kein Zweifel: Das »Tier im Menschen« lasse sich

genau beschreiben in seiner Musik, dem »magisch-fanatisch-negerhaften Trommeln und Gong-Dröhnen«. Im Gegensatz dazu: »höchste Musik«.
Es geht nicht darum, Thomas Mann bei einer Political Incorrectness ertappt zu haben. Es geht um die Vertracktheit des Themas. Dass »Musik«, die des frühen Menschen oder die des »Negers«, etwas mit gewalttätigen Zuständen zu tun haben kann, scheint ihm außer Frage – genauso, dass dies bei »höchster Musik« nicht der Fall sei. Weil »Kultur« mittels des »Prozesses der Zivilisation« anscheinend zähmt. Aber: »Die domestizierte Sittlichkeit, welche die Despotie der Ordnung ersetzen sollte, steigert das Bedürfnis nach Entfesselung. Der Exzess lauert auf seine Stunde«, heißt es bei Wolfgang Sofsky.
Gewalt & Aggression sind Kategorien, die High & Low aushebeln – auch weil bei allen Unterschieden (und seien sie noch so kategorial) das musikalische Material selbst anscheinend ein gewisses Gewaltpotenzial in sich trägt.

(Musik: Astor Piazzolla // hochziehen und wieder ausblenden)
Wenn Serenus Zeitblom Glissandi für »anti-kulturell« und »anti-human« hält, ja gar für »Dämonie«, sobald sie in Adrian Leverkühns Kompositionen auftauchen, dann hat er ja recht: Dämonisch und aggressiv sind die Glissandi, die wir gerade gehört haben.
Mit der jeweiligen »Intention« hat das nicht unbedingt zu tun – auch das lässt sich aus dem »Doktor Faustus« entnehmen: Denn die ganz allgemein als schrill, dissonant, eben als gewalttätig empfundene Schönberg'sche Musik und ihre seriellen Folgen kann man ja auch verstehen als höchstes rationales Ordnungsprinzip, als rein logische Kalkulation, die sich allen Affekten entzieht. Und Piazzolla hat ja nur den proletarischen Tango zur Kunstmusik hochgeschrieben, musikalisch ganz logisch.
Merkwürdig bloß, dass bei beiden der Sofsky'sche »Exzess« schon nicht mehr nur lauert.

ACHTENS: Wo überall Gewalt steckt ...
(Musik: Duke Ellington: Anatomy of a Murder)

Es gibt auch viel weniger theoretische, sondern erheblich handfestere historische und soziale Verbindungen zwischen Musik und Gewalt. Lassen wir mal die Funktionalisierung von Musik für allerlei explizit gewalttätige Akte – militärische, sakrale oder rituelle – beiseite. Der Jazz zum Beispiel wäre vermutlich eine andere Musik oder würde gar nicht so existieren, wie er existiert, wenn er nicht konstitutiv mit »Kriminalität« verbunden wäre. Damit der Jazz sich ästhetisch entfalten und ausprobieren und überhaupt erst entstehen konnte, brauchte er eine Art »Sponsoring« - und die Sponsoren waren nun einmal die Kriegsgewinnler der Prohibition – die Racketeers und Gangster, die die Infrastruktur für diese Musik bereitstellten. »Where there is crime, there is culture« – dieser Satz des New Yorker Romanciers Jerome Charyn trifft auf den Jazz der 20er- und 30er-Jahre paradigmatisch genau zu. Duke Ellington hätte seinen Big-Band-Stil, der zum Folgenreichsten gehörte, was im 20. Jahrhundert Musik wurde, anders oder gar nicht entwickelt, wenn nicht ein unschönes Syndikat den »Cotton«- und andere Clubs betrieben hätte, der die Musiker bezahlen konnte, mit denen Ellington seine Ideen hat entwickeln können. Man kann von derlei materiellen Grundlagen nicht absehen. Und ob die amerikanische Schlager-&-Pop-Musik sich so entwickelt hätte, wie sie sich entwickelt hat, ohne Meyer Lansky und seine Jungs in Las Vegas & Chicago, die Frankie Boy und seine Kumpane Sammy Davis jr. und Dean Martin protegiert, alimentiert und distribuiert haben – wer weiß? Schön mag das alles nicht sein – aber es geht auch nicht weg, wenn man so tut, als gäbe es diese Zusammenhänge nicht.

NEUNTENS: Was machen wir damit?
(Musik: La Marseillaise)

Am musikalischen Material kann es nicht liegen. Selbst da, wo es um die schiere Physik der Akustik geht, sind schon immer »semantische« Besetzungen mit im Spiel. Man kann es drehen und wenden, wie man will: Musik wird komponiert und gehört, gespielt, gesummt, geträllert, gepfiffen und gebrummt. Das kommt daher, dass sie immer und überall mit Affekten zu tun hat. Affekte und musikalisches Material kann man in ihren vieltausendfachen Beziehungen nicht »systematisieren«. Aber das heißt nicht, dass sie nichts miteinander zu tun hätten.

Goethe war als dilettierender Naturwissenschaftler immer auf der Jagd nach Systematisierungen, vermutlich weil ihm die intuitiven Erkenntnisse seiner Kunst als Schriftsteller suspekt waren, und er, wenn schon nicht vor Gott, so doch vor dem höchsten Naturgesetz eine Letztbegründung dafür wollte, dass er die Sachen völlig richtig sieht. Goethe baut seine »Tonlehre« in umständlichen, systematischen Tabellen, nur um das »Dur-Moll«-Problem ein für alle Mal lösen zu können. Doch was ist das Ergebnis dieser umständlichen und gelehrten Operation? Dass letztlich auch Dur und Moll nur Ausdruck einer »grundsätzlichen Polarität« seien, die sich im Wechselspiel zwischen major und minor ausdrückt – und wo dieses (zugunsten der Mollseite) entfalle, entstehe musikalische Gewalt: Er habe, schreibt er, »nie etwas Schrecklicheres gekannt als einen kriegerischen Marsch aus dem Mollton«. Und jetzt kommt's: »Das eminenteste Beyspiel giebt uns der Marseiller=Marsch.«

Ob der Marseiller-Marsch nun wegen seiner Moll-Struktur oder wegen seiner Kontexte, in denen er jahrzehntelang in Europa erklungen ist, das »Herz quetscht«, scheint mir recht eindeutig zu entscheiden zu sein. Wir sind dem perfiden Stück bei Hegel ja schon begegnet, auch der gruselte sich vor ihm. Vermutlich aus den gleichen Gründen wie Goethe. Wo die Marseillaise ertönte, sie hatte, ob man sie nun politisch begrüßen oder beklagen mochte, Tod und Gewalt im Schlepptau. Zum vorerst letzten Mal bei Waterloo. Das konnte einem sensiblen Beobachter (und Napoleon-Fan) wie Goethe nicht verborgen geblieben sein – er verlegt nur die Kontexte dieser Musik in die Struktur von Musik selbst. Ein vermutlich unbewusstes, aber typisches Manöver, um die De-facto-Semantisierung von Musik zu leugnen.

Dass Musik aber immer de facto semantisiert wird, das lässt sich durch noch so raffinierte »Überbaue« nicht aus der Welt schaffen. Und wenn dies so ist, dann ist Musik eben auch gewalttätig, weil sie gewalttätig wirkt und als gewalttätig wahrgenommen wird. Außerhalb dieses Bezugsrahmens kann sie nicht existieren. Dasselbe gilt auch für »heitere« oder »erotisierende« Musik aller Art – aber das ist anscheinend niemandem ein Problem.

ZEHNTENS: Tales of Terror
(Musik: Miles Davis: Street Scenes / You're Under Arrest // leise durchlaufen lassen)

Was macht Miles Davis da? Er verdichtet in diesem Stückchen Musik eine ganze Reihe Erlebnisse, die er mit der Polizei seines Landes hatte. Gewalttätige Erlebnisse. 1959 wurde er zu den Worten »Du bist festgenommen!« von weißen Polizisten zusammengeschlagen, wegen seiner diversen schicken Sportwagen des Öfteren schikaniert und auf die nächste Wache gezerrt. »You're under arrest« – der einzelne Titel und das ganze, 1985 zur Hoch-Zeit der Reagan-Ära erschienene Album, sind ein musikalischer Reflex auf reale, hier: rassistische Gewalt in den USA.
Und die ist nicht transzendent. Sie ist nicht mit Auferstehungsgedanken oder anderen Abwehrgefechten wider die Sterblichkeit des Menschen abgepolstert. So steht Miles Davis in einer ganz bestimmten Tradition: in der Tradition derer, die »Gewalt« auf einem bestimmten künstlerischen Weg reflektieren müssen, weil ihnen zunächst aus ganz handfesten Gründen kein anderer zur Verfügung steht. In einfachen Gesängen wird Gewalt reflektiert, indem sie schlicht zum Thema wird.

(Musik: Willy DeVille: Hey Joe // etwas länger laufen lassen, mindestens bis zur »blue steel .44«)
Der Blues kennt ganze Ketten von Gewaltsongs, die seit dem Aufkommen der Musikkonserve bis heute immer wieder eingespielt, immer weiter entwickelt werden – desgleichen der Tango,

die Salsa, die Narco-Corridos. Willy DeVille hat eine Art Essenz daraus in seiner genialen Version des Hendrix-Hits zusammengepackt. Da ist Gewalt nicht irgendwie aufgehoben, sondern als existenzielle Erfahrung einfach da. All diese Musik betrachtet die »Gewalt« von der anderen Seite. Das schlägt sich auch im Umgang mit den Tönen nieder. Ohne Transzendenz lässt sich anders musizieren.

ELFTENS: Spiel mir das Lied vom Tod ...
(Musik: Derek Raymond & The Clit Cops: Changeless Susan)

Musik dient prächtig zur Illustration von Gewalt. Sie wird ihr auf den Leib geschrieben. Der britische Schriftsteller Derek Raymond liest den Monolog eines Serialkillers zu der Art schwer lastender Klänge, von der Komponisten meinen, sie sollte auf der Leinwand erklingen, wenn der Mörder seine Axt schwingt. Schließlich haben das Legionen von Filmkompositeuren vorgeführt. Musik kann sich leicht die Dominanz über die Bilder erobern. Die Duschszene in Hitchcocks »Psycho« wirkte ohne die Töne von Bernard Hermann nur halb so erschröcklich, und eine Menge Horrorfilme ist ohne Soundeffekte kein bisschen horribel. Das liegt daran, dass Musik Affekte verstärken kann – oder abschwächen, je nachdem. Jeder Hörspielmacher weiß das, jeder siebtklassige TV-Komponist klaut deswegen bei Miles Davis' epochaler »Fahrstuhl-zum-Schafott«-Musik. Aber es funktioniert nur in der Kombination mit Bildern. Über das Gewaltpotenzial von Musik sagen diese Fälle wenig – nur darüber, was man mit Musik alles machen kann. Vieles, natürlich ...

ZWÖLFTENS: Musik ist Gewalt
(Musik: Jimi Hendrix: Star Spangled Banner // allmählich hochfahren)

Wenn je musikalisch evident mit Gewalt auf Gewalt geantwortet wurde, dann bei Jimi Hendrix' »Star Spangled Banner«. Das Militärsignal, das er einbaut und dann dekomponiert, und das Reißen und Fetzen am nationalen Heiligtum der Hymne wurden weltweit genau so verstanden, wie er es gemeint hatte. Einen Streit der Exegeten konnte es nicht geben. Die Ohrfeige saß, die Attacke hat getroffen. Öffentliche Empörung kam auf, weil Hendrix Gewalt »oppositionell« eingesetzt hat, subversiv, gegen einen gesellschaftlichen Konsens.

Keine öffentliche Empörung, nur eine in ästhetischen Zirkeln dagegen bei Schostakowitsch:
(Musik: Dimitri Schostakowitsch: Symphonie No. 2, 1925 // bei den Chören einsetzen)
Diese musikalischen Spruchbänder und die bombastische Hysterie, mit der sie akustisch geschwenkt werden, sind Gewalt pur. Allerdings im Einklang mit der »Gesellschaft«, die sie feiern: Revolutionsgesänge 1925, zum Lobpreis der »Vernichtung der Klassengesellschaft«. Die Machthaber applaudierten. Ästhetische Zirkel fanden die Musik zwar abscheulich, rühmten aber ihre »Ironie«. Die wiederum musste die Machthaber nicht stören. Sie nahmen nur die willkommene Gewalt wahr, die sich hier musikalisch artikuliert. Musikalische Gewalt braucht, wie die physische, ein Umfeld, das mit ihr sympathisiert, das mit ihr konform geht.

Aber selbst feinste ästhetische Zirkel hielten den Mund bei folgender Musik:
(Musik: Richard Wagner: Walküre, Walkürenritt)
Es kam Empörung auf. Nicht über Wagners »Walkürenritt«, seinen musikalisch verklausulierten Antisemitismus, seine merkwürdige Rezeptionsgeschichte als Role Model für zentrale Aspekte des Nazi-Staates, seine xenophoben Schwülstigkeiten, problematisch und voll bratzender Gewaltsättigung. Empörung darüber hält sich immer noch in Grenzen. Zorn richtete sich gegen einen Mann, der das Gewaltpotenzial dieser Musik richtig gesehen und logisch eingesetzt hat: Francis Ford Coppola. Der berühmte Hubschrauber-Angriff in »Apocalypse Now« ist keine

Funktionalisierung, kein »Missbrauch« unschuldiger Musik, sondern die konsequente Umsetzung von deren eigener, musikalischer Gewalttätigkeit in Bilder.

DREIZEHNTENS: Und jetzt?
(Musik: John Zorn: Peur...)
Gewalt steckt überall. Im niedersten Kommerz und im »höchsten« Kunstwerk. Es wäre schon viel gewonnen, wenn wir das akzeptieren könnten. Gewaltfreie Zonen gibt es nicht – Musik ist ganz bestimmt keine. Gewalt ist in ihr lediglich auf verschiedene Stilebenen verteilt. Ob sublimiert oder unsublimiert – macht keinen wesentlichen Unterschied.

Wohl aber einen praktischen: Denn das Ergetzen an den eher sublimierten Formen nährt die Illusion, es mit »reiner Kunst« zu tun zu haben. Eine solche Illusion ist aber nur Teil eines größeren illusionären Zusammenhangs, den Wolfgang Sofsky die Illusion über die »Versöhnlichkeit von Kultur« genannt hat. Richard Wagner hat Auschwitz weder verhindert, noch gemildert, noch erträglich gemacht. Warum er dann aber zivilisatorisch bedeutendere Musik gemacht haben soll als zum Beispiel ein Talking-Blues-Barde aus dem Mississippi-Delta, ist mir schleierhaft.

Das hat nichts mit Ideologie und Political Correctness zu tun, wohl aber mit tiefem Misstrauen vor angeblich auf »Autonomien« begründeten Systemen, die glauben, dort einen moralfreien Ort gefunden zu haben.

»Moral« ist das Konstrukt, das uns Optionen an die Hand gibt, mit Gewalt umzugehen. Das allerdings müssen wir. Das erspart sie uns nicht, weil sie eben überall drinsteckt.

(Musik: Zorn: Peur... // langsam rausgehen, eventuell im Hall verklingen lassen)

Quellennachweise

Die Kapitel *Kriminalliteratur tanzt, schwimmt und rudert auf vielerlei Grenzlinien* sowie *The making of metro...* sind Originalbeiträge für diese Sammlung.
Alle übrigen Texte sind – für dieses Buch leicht überarbeitet – an folgenden guten Orten erstmals abgedruckt:

TWs seltsame Rankings
(mit neuen Zwischentexten für diese Sammlung)
10 deutschsprachige Classics. In: Bücher Spezial. Herbst 2006.
15 begründete Vorlieben, international:
Thomas Adcock. In: Freitag (Cream of Crime). Mai 1993.
Robert W. Campbell. In: Freitag (Cream of Crime). April 1993.
Liza Cody. In: Freitag (Cream of Crime). September 1995.
Didier Daeninckx / Jacques Tardi. In: taz (Cream of Crime). Dezember 1998.
Pablo de Santis: Nachwort zu *Voltaires Kalligraph*. Unionsverlag metro 2004.
Garry Disher: Nachwort zu *Drachenmann*. Unionsverlag metro 2001.
Joe Gores. In: Freitag (Cream of Crime). Mai 1994.
Imre Kertész. In: Freitag (Crime Watch). Februar 2005.
Robert Littell. In: Freitag (Crime Watch). August 2006.
William Marshall. In: Nachwort zu *Manila Bay*. Unionsverlag metro 2000.
Andreu Martín. In: Freitag (Cream of Crime). März 1994.
James Sallis. In: Freitag (Crime Watch). Oktober 2007.
Paco Ignacio Taibo II: Nachwort zu *Vier Hände*. Unionsverlag metro 2004.
Luis Ferdinand Verissimo. In: Freitag (Crime Watch). Mai 2001.
Donald Westlake. In: taz (Cream of Crime). Dezember 1998.

Sprengfallen. Eric Ambler und die Poetik des Pragmatischen. Nicht gedruckter Text für ein nicht realisiertes Projekt.

Das Versagen der Kategorien. Über Georges Simenon. Vortrag anlässlich des Symposiums »Poetik- und Ästhetik-Diskussion im europäischen Kontext« an der Friedrich-Alexander-Universität Erlangen-Nürnberg, gehalten am 12.11. 1997.

It Does Make Sense! Chester Himes und sein 20. Jahrhundert in den USA und Europa [Chester Himes]. In: Wespennest 113 (Crime Fiction). Wien: 1998.

Rätsel Ripley oder Ripley, revisited [Rätsel Ripley]. In: Krimijahrbuch 2006. Hrsg. von Dieter Paul Rudolph. Wuppertal: Nordpark 2006.

Das Mörderische und das Komische: Vortrag, gehalten in der Evangelischen Studienakademie Haus Villigst, Schwerte, bei der Tagung: »Schöne Kunst? Simple Kunst? Keine Kunst? Zur Ästhetik der Kriminalliteratur.« 31.10.–1.11. 2006.

Kriminalliteratur, weltweit [Global Crime]. Vortrag, gehalten in der Evangelischen Akademie Iserlohn zu der Tagung »Verbrochene Welten. Zur internationalen Aktualität des Kriminalromans.« 21.–22.1. 2006.

Krimis und Kriminalliteratur. Vortrag zur Eröffnung der Veranstaltungsreihe »Cream of Crime« im Brechthaus. Berlin: 1995.

Desaster as usual. Science-Fiction, Kriminalliteratur und eine ungeklärte Nachbarschaft [Desaster as usual]. In: Das Science Fiction Jahr 2007. Hrsg. von Sascha Mamczak und Wolfgang Jeschke. München: Heyne 2007.

Die Verweigerung von Eindeutigkeit. Der argentinische Zeichner Alberto Breccia und sein Beitrag zur Ästhetik des 20. Jahrhunderts. Ungedruckter Text für ein nicht realisiertes Projekt.

Gewalt im Reich der Töne. Ein unbequemes Radiofeuilleton mit Musik. Funkmanuskript: Ausgestrahlt unter dem Titel »Was kann die Musik für die Gewalt?« im Bayerischen Rundfunk, BR 2, am 28.12. 1999.

Nicht aufgeführt sind die Druckorte diverser Varianten von einigen dieser Texte ...

Libelle und das Mörderische neben dem Leben

Yasmina Reza
»Der Gott des Gemetzels«
Aus dem Französischen von
Frank Heibert und Hinrich Schmidt-Henkel
96 S., gebunden, mit Fotos aus der Zürcher Inszenierung
ISBN 978-3-905707-15-1

Ein Elternabend mit furiosem Verlauf, in dem die dünne Haut bürgerlicher Kultiviertheit platzt. Vier Erwachsene verlieren die Fassung. Und auf dem Schlachtfeld dieser Komödie sinkt nicht nur ein Handy in die Tulpenvase...
»*Ein geniales Stück!*« Gerhard Stadelmaier, FAZ

Jiří Weil
Sechs Tiger in Basel
Erzählungen. Ausgewählt von Urs Heftrich und Bettina Kaibach.
Übersetzt und mit einem Nachwort von Bettina Kaibach.
224 S., gebunden • ISBN 978-3-905707-16-8

Ein unverwechselbarer Erzähler, der in einem mörderischen 20. Jahrhundert zwischen alle Fronten geriet.

»*Oft sublimiert er die absurden Geschehnisse in jenem typischen tschechischen Humor, der die Absurdität des Tatsächlichen nur schon durch schonungslose Benennung entlarvt.*« Ulrich M. Schmid, NZZ

Ulrich Ritzel
Schwemmholz
Ausgezeichnet mit dem »Deutschen Krimi Preis«
416 S., gebunden • ISBN 978-3-909081-89-9

Der Hund des Propheten
Ausgezeichnet mit dem »Burgdorfer Krimipreis«
448 S., gebunden • ISBN 978-3-909081-94-3

Im 20. Jahr der Libelle begannen wir Kriminalliteratur zu verlegen. Mit zwei seiner vier Berndorf-Krimis errang Ulrich Ritzel dann höchste Ehren. Das Mörderische hinterm Wohlanständigen; »Ulm« in spannender Literatur.

Libelle: Literatur, genauer besehen

Jochen Greven
Robert Walser – ein Außenseiter wird zum Klassiker
Abenteuer einer Wiederentdeckung
296 S., Klappenbroschur, mit einem Umschlagmotiv von Jan Peter Tripp
ISBN 978-3-909081-39-4

»Es ist, da von dem Hauptakteur in völlig uneitlem, stets um die Sache bemühten Ton geschrieben, zugleich die beste Robert-Walser-Rezeptionsgeschichte, die man sich denken kann.« Manfred Koch, NZZ

Manfred Bosch
Bohème am Bodensee
Literarisches Leben am See von 1900 bis 1950
3., erw. Aufl., foliantengroß, 624 Seiten, 464 Abb., gebunden
Die weltumspannende Kulturgeschichte über das Künstlerleben am See
in mehr als 70 biografischen Kapiteln.
ISBN 978-3-909081-75-2

»Das erste, nicht zu übertreffende Kompendium über die Literatur am Bodensee ...« Hermann Kinder, FAZ

Bernadette Conrad
Nomaden im Herzen
Literarische Reportagen
144 S., engl. Broschur, mit einem Umschlagbild von Matthias Holländer
ISBN 978-3-905707-08-3

Begegnungen mit Aharon Appelfeld, Paul Bowles, Paula Fox, Jonathan Franzen, Nadine Gordimer, A. L. Kennedy, Alona Kimhi, Doris Lessing, Jonathan Lethem und Adriano Sofri

Angelika Overath
Vom Sekundenglück brennender Papierchen
Wahre Geschichten
260 S., engl. Broschur, mit einem Umschlagbild von Matthias Holländer
ISBN 978-3-909081-27-1

Mit literarischen Porträts von Ana Blandiana, Lenka Reinerová, Arnold Kübler, Annemarie Schwarzenbach sowie den Gebrüdern Enzensberger

Nach nur wenigen Jahren geduldiger Nachfrage,
wie es denn wäre, diesen abundant, zeitnah und mit seltener Kennerschaft
in Vorträgen, Zeitungskolumnen, Nachworten, Jury-Sitzungen und Blogs,
aber never ever in Buchform sich zur guten Sache der weltweiten
Kriminalliteratur und des Global Crime äußernden Thomas Wörtche
nun endlich doch einmal im immer noch haltbarsten,
allen Stromausfällen und Akkuschwächen widerstehenden Medium
mit einigen seiner besten Texte zitierbar zu machen ...

Nach nur wenigen Jahren, in denen TW meist geschäftig abwinkte,
weil er zum Beispiel gerade ein Krimiprogramm aufbaute (s. o. S. 131ff.),
sodass wir das Projekt fast ein wenig vergaßen,
in der Zwischenzeit bei Robert Musil lasen und auch dort Passendes fanden
über Verfasstheiten des Menschen
(»Will das anständige Leben die Rohheit? Bedarf das Friedliche der
Grausamkeit? Verlangt die Ordnung nach Zerrissenwerden?«),
und einstweilen andere Bücher verlegten, die mit Unordnung & Gewalt
im Kleinen sowie den Verbrechen im Großen zu tun hatten (s. o. S. 205) –
Yasmina Reza, »Der Gott des Gemetzels«,
Jiří Weil, »Sechs Tiger in Basel«
– ist es nun endlich so weit.

Buchgestaltung: PhloxArt

Gedruckt und gebunden bei Pustet in Regensburg

1. Auflage 2008

ISBN 978-3-905707-21-2

© 2008 Libelle Verlag
Alle Rechte vorbehalten